PAR LE PEUPLE, POUR LE PEUPLE

Ouvrages des mêmes auteurs

Yves Mény

Centralisation et décentralisation dans le débat politique français, Paris, L.G.D.J., 1974.

Center-Periphery Relations in Western Europe (en collab. avec V. Wright), Londres, Allen and Unwin, 1985.

The Politics of Steel : Western Europe and the Steel Industry in the Crisis Years, 1974-1984 (en collab. avec V. Wright), Berlin, De Gruyter, 1986.

Politique comparée, Paris, Montchrestien, 5e éd., 1996 (trad. italienne et grecque).

Government and Politics in Western Europe (en collab. avec A. Knapp), Oxford, Oxford University Press, 3e éd., 1998.

Idéologies, partis politiques et groupes sociaux. Pour Georges Lavau, Paris, Presses de la FNSP, 1989.

Politiques publiques (en collab. avec J.-C. Thoenig), Paris, PUF, 1990 (trad. italienne et espagnole).

Le Système politique français, Paris, Montchrestien, coll. « Clefs », 4e éd. 1999 (trad. anglaise et espagnole).

Dictionnaire constitutionnel, dir. (en collab. avec O. Duhamel), Paris, PUF, 1991 (trad. arabe).

La Corruption de la République, Paris, Fayard, 1992.

La Riforma amministrativa in Europa, dir. (en collab. avec V. Wright), Bologne, Il Mulino, 1994.

Il Consiglio di Stato in Francia e in Italia, dir., Bologne, Il Mulino, 1994.

Politiques publiques en Europe (en collab. avec P. Muller et J.-L. Quermonne), Paris, L'Harmattan, 1995 (trad. anglaise).

Démocratie et corruption en Europe (en collab. avec D. della Porta), Paris, La Découverte, 1995 (trad. anglaise, italienne et portugaise).

The Future of European Welfare State : a New Social Contract ? (en collab. avec M. Rhodes), Londres, MacMillan, 1998.

Yves Surel

L'État et le livre, Paris, L'Harmattan, 1997.

L'Analyse des politiques publiques (en collab. avec P. Muller), Paris, Montchrestien, coll. « Clefs », 1998.

Yves Mény & Yves Surel

PAR LE PEUPLE, POUR LE PEUPLE

Le populisme et les démocraties

Fayard

« L'espace du politique »
Collection dirigée par Pierre Birnbaum

Hanna Arendt, *L'Impérialisme.*
Claude Aubert, Yves Chevrier, Jean-Luc Domenach, Hua Chang-Ming, Roland Lew et Wojtek Zafanolli, *La Société chinoise après Mao. Entre autorité et modernité.*
Bertrand Badie, *Les Deux États. Pouvoir et société en Occident et en terre d'Islam.*
–, *L'État importé. L'occidentalisation de l'ordre politique.*
–, *Un monde sans souveraineté.*
Georges Balandier, *Le Détour. Pouvoir et modernité.*
Alain Bergounioux et Gérard Grunberg, *Le Long Remords du pouvoir. Le Parti socialiste français, 1905-1992.*
Pierre Birnbaum, *La France imaginée.*
–, *La Logique de l'État.*
Martin Broszat, *L'État hitlérien. L'origine et l'évolution des structures du Troisième Reich.*
Robert Castel, *Métamorphoses de la question sociale. Une chronique du salariat.*
Christophe Charle, *Les Élites de la République, 1880-1900.*
Jacques Donzelot, *L'Invention du social. Essai sur le déclin des passions politiques.*
François Dupuy et Jean-Claude Thoenig, *L'Administration en miettes.*
Pierre Favre, *Naissances de la science politique en France, 1870-1914.*
Nancy Green, *Les Travailleurs immigrés juifs à la Belle Époque. Le « Petzl » de Paris.*
Maurice Godelier, *La Production des grands hommes. Pouvoir et domination masculine chez les Baruya de Nouvelle-Guinée.*
Catherine Grémion et Philippe Levillain, *Les Lieutenants de Dieu. Les évêques de France et la République.*
Jürgen Habermas, *Après Marx.*
–, *Théorie de l'agir communicationnel*, t. I : *Rationalité de l'agir et rationalisation de la société*; t. II : *Critique de la raison fonctionnaliste.*
Guy Hermet, *Le Peuple contre la démocratie.*
–, *Les Désenchantements de la liberté. La sortie des dictatures dans les années 90.*
Albert O. Hirschman, *Deux Siècles de rhétorique réactionnaire. Effets pervers, inanité et inopérance.*
–, *Bonheur privé, action publique.*
–, *Défection et prise de parole. Théorie et applications.*
Paula Hyman, *De Dreyfus à Vichy. L'évolution de la communication juive en France, 1906-1939.*
Christophe Jaffrelot, *La Démocratie indienne.*
Georges Lavau, *À quoi sert le Parti communiste français ?*
Yves Mény, *La Corruption de la République.*
Serge Moscovici, *La Machine à faire des dieux. Sociologie et psychologie.*
Pascal Perrineau, *Le Symptôme Le Pen. Radiographie des électeurs du Front national.*
Jacques Rancière, *La Nuit des prolétaires. Archives du rêve ouvrier.*
Jacques Rondin, *Le Sacre des notables. La France en décentralisation.*
Richard Sennett, *Autorité.*
Theda Skocpol, *États et révolutions sociales. La Révolution en France, en Russie et en Chine.*
Zeev Sternhell, *Aux origines d'Israël. Entre nationalisme et socialisme.*
Charles Tilly, *La France conteste, de 1600 à nos jours.*

Remerciements

Nos remerciements vont à tous ceux qui, d'une manière ou d'une autre, ont contribué à la naissance de ce livre : à Pierre Birnbaum et Denis Maraval, qui n'ont pas désespéré en dépit du retard dans la livraison de l'ouvrage; à Jean Leca, dont la lumineuse analyse des systèmes démocratiques fut le point de départ de ce travail; à toute l'équipe du Centre Robert-Schuman de l'Institut universitaire européen de Florence et en particulier à Luís de Sousa, qui a mis en forme une partie du manuscrit.

Ce livre est dédié à Hugo et Manon Surel, Baptiste et Jérémie Horn, citoyens du troisième millénaire.

INTRODUCTION

La décennie 1990, et de façon plus aiguë encore les premiers mois de l'an 2000, ont été marqués par l'émergence bruyante sur la scène politique des mouvements qualifiés – souvent faute de mieux – de « populistes ». Cette étiquette a été généreusement distribuée tant par les chercheurs que par la presse et les commentateurs politiques : elle rassemble aussi bien le Front national en France que Ross Perot ou Buchanan aux États-Unis ; la Ligue lombarde et son leader Umberto Bossi mais aussi, de temps à autre, Berlusconi et son « club » politique, Forza Italia ; le parti des automobilistes en Suisse (AutoPartei), mais plus encore l'Union démocratique du centre conduite par Christophe Blocher, qui a obtenu près d'un quart des voix lors des dernières élections législatives suisses d'octobre 1999 ; le Vlaams Blok flamand et les diverses variantes des mouvements protestataires scandinaves, Partis du progrès au Danemark et en Norvège, Nouvelle Démocratie en Suède ; et *last but not least*, le Parti de la liberté (Freiheitliche Partei Österreich ou F.P.Ö.) de Jörg Haider, dont la participation au gouvernement de l'Autriche témoigne de son succès présent et de ses ambitions futures.

Les mots « populisme » ou « populiste » sont employés de manière plus extensive encore lorsqu'ils désignent l'action, l'attitude ou les déclarations de tel ou tel personnage politique, dont les références démocratiques ne sont pas pour autant remises en cause. Chirac, Thatcher, Clinton, Blair, pour ne citer que quelques figures éminentes du panthéon politique contemporain, se sont vu traiter ainsi de « populistes », et pas seulement par des adversaires politiques ou par des médias portés à la polémique. La perplexité naît lorsque l'on se souvient que le même label fut utilisé pour qualifier Perón, Nasser et quelques autres leaders du tiers monde.

Parlons-nous de la même chose ? Le terme fait-il encore sens si l'on peut l'utiliser aussi aisément pour des réalités aussi diverses ? Comment expliquer que ce mot et ce concept soient utilisés selon des cycles récurrents, pour tomber entre-temps dans les oubliettes de la science politique et des médias ? Le populisme est-il seulement de droite, voire plutôt d'extrême droite ? Est-il une menace pour la démocratie, comme semble l'indiquer l'émotion suscitée par l'arrivée au pouvoir des proches de Haider, ou constitue-t-il un élément du jeu démocratique, comme semblerait l'indiquer l'expérience américaine ? La réponse à cette question fondamentale dépend évidemment de ce que l'on met sous l'étiquette « populiste ». Si, en effet, ce n'était que l'autre dénomination ou l'autre face de l'extrême droite, les choses seraient relativement simples. Un parti ou un mouvement xénophobe, raciste, affichant ses sympathies pour le passé fasciste ou nazi de l'Europe ne soulève pas d'incertitude : il est bel et bien contraire aux valeurs et aux principes qui fondent les démocraties d'après guerre. Mais les choses sont-elles aussi simples ? Et si le populisme s'identifiait au fascisme ou au nazisme remis au goût du jour, pourquoi alors ne pas appeler les choses par leur nom et donner à ces partis ou mouvements la seule qualification qu'ils méritent ?

Il existe donc un usage à la fois extensif et englobant du populisme qui étend si loin ses frontières qu'il en perd toute signification et toute capacité à rendre intelligible la réalité politique ; l'opération conceptuelle d'assimilation entre populisme et extrême droite risque de brouiller davantage encore la compréhension du phénomène en ne retenant que l'aspect le plus conjoncturel et le plus marquant d'une question plus complexe. On dénoncera ainsi comme populistes les partis de Le Pen en

France ou de Haider en Autriche. On mettra en évidence leur caractère nationaliste en les baptisant « national-populistes » au risque d'ajouter un peu plus de confusion du fait des images et des rappels historiques qu'un tel label ne peut éviter de susciter[1]. On n'hésitera pas non plus à y associer un mouvement tel que la Lega Nord (Ligue bombarde) en Italie en le faisant basculer par cette opération de classification parmi les mouvements de droite, voire d'extrême droite. Or une telle typologie ignore par exemple que Bossi, le leader de la Lega, n'a pas hésité à traiter de « parti fasciste » Alleanza nazionale (l'héritier du Mouvement social italien – MSI –, auquel son leader Fini a cherché à donner une respectabilité démocratique), et que le caractère exécrable de leurs relations a contribué à faire éclater la coalition péniblement construite par Berlusconi en 1994. Cet exemple montre combien certaines catégorisations sont fragiles et sujettes à caution. Elles le sont encore davantage lorsque le problème est appréhendé dans sa diversité géographique et dans sa profondeur historique. Le mouvement populiste américain, par exemple, de ses origines à la fin du XIXe siècle jusqu'à la Seconde Guerre mondiale, se voulait réformiste et progressiste. Ce n'est qu'à partir des années 1940 que le discours protestataire contre la captation de la démocratie par les élites fut préempté par la droite religieuse et fondamentaliste du Sud, dont George Wallace, Ross Perot et Pat Buchanan furent les ultimes représentants.

Cette réduction du populisme à l'extrême droite résulte d'une double convergence, politique et intellectuelle. Politique, car, compte tenu de la menace que l'émergence de nouveaux partis d'extrême droite fait peser sur de nombreux partis conservateurs, voire sur l'ensemble d'un système de partis souvent cartellisés, le discours des partis en place comme celui des médias s'est polarisé sur cette frange la plus dynamique, la plus dérangeante de l'ordre établi. Mais la perception de la réalité a été aussi affectée par le choix de certains chercheurs de qualifier de populistes les nou-

---

1. Taguieff P.-A., « Le populisme et la science politique. Du mirage conceptuel aux vrais problèmes », *Vingtième Siècle. Revue d'histoire*, n° 56, 1997.

veaux partis d'extrême droite en Europe. Ce choix est par lui-même parfaitement justifié : pour autant que l'on puisse définir ce qu'est le populisme, il n'apparaît pas inapproprié d'accoler ce qualificatif aux mouvements concernés. L'étude la plus exhaustive en ce sens, celle de Hans-Georg Betz, définit simplement le populisme comme « un appel à l'homme ordinaire et à son bon sens supposé supérieur[1] ». Sur cette base, il s'intéresse au Front national, au FPÖ de Haider, au Vlaams Blok en Flandre, aux Republikaner allemands. Sont également couverts par l'étude la Lega Nord, les partis suisses AutoPartei et Ligue du Tessin, les Partis du progrès en Norvège et au Danemark, Nouvelle Démocratie en Suède. Cette seconde catégorie, beaucoup plus hétérogène que la première, est aussi plus difficile à qualifier, sans quelques précautions, d'extrême droite, alors même que le terme plus flou de « populiste » est susceptible de les réunir tous. Une définition aussi large de l'extrême droite[2] montre les limites de son association étroite avec le populisme : celui-ci comprend bien en général l'extrême droite, mais pas toujours (l'extrême droite française des années 1960-1970 ne pouvait pas être définie comme « populiste ») ; en revanche, il a une vocation potentielle à aller bien au-delà de cette partie du spectre politique, surtout si l'on est incapable – comme on le verra plus loin – de définir le populisme par un contenu idéologique et programmatique relativement homogène.

En réalité, l'utilisation multiforme et anarchique du mot « populisme » est un élément essentiel. Elle traduit certes l'ambiguïté et l'imprécision du concept, sa capacité à s'ajuster à des situations diverses et composites, mais témoigne aussi de la diffi-

1. Betz H.-G., *Radical Right-Wing Populism in Western Europe*, New York, St Martin's Press, 1994, p. 4. *Cf.* également l'ouvrage collectif dirigé par H.-G. Betz et S. Immerfall, *New Politics of the Right : Neo-Populist Parties and Movements in Established Democraties*, Basingstoke, Macmillan, 1998.

2. *Cf.* l'article de Cas Mudde pour une tentative de synthèse des acceptions attachées à l'extrême droite, « The War of Words. Defining the Extreme Right Party Family », *West European Politics*, vol. 19, n° 2, pp. 225-248.

culté des observateurs à qualifier de manière plus précise les nouveaux modes d'expression politique qui sont apparus dans de nombreux pays au cours de la dernière décennie[1]. La fin du deuxième millénaire est en effet caractérisée par une profonde remise en cause des idées, des organisations sociales, des institutions politiques. Le vaste remue-ménage qui recouvre la globalisation, la *new economy*, la crise du *welfare state*, les nouvelles régulations, la suprématie du marché et des préceptes néolibéraux, la démocratie triomphante (en tant que principe de gouvernement) ébranle les structures politiques péniblement instaurées depuis la fin du XIXe siècle. Celui-ci a vu se mettre en place deux puissantes idéologies rivales, libéralisme et marxisme, capables de donner sens et de structurer l'ensemble de l'activité humaine, de l'économique au politique en passant par le social. Les partis, sur le plan politique, constituaient l'expression de clivages historiques, dont celui de classe était incontestablement le plus puissant[2]. Aujourd'hui l'ensemble des fondations de cette construction est ébranlé et un monde nouveau, encore inconnu, encore informe, émerge. Et comme toujours, l'expression politique de cette révolution est encore plus inachevée et confuse que ses soubassements économiques et sociaux.

Le vieux monde de la politique est probablement mort, mais ses oripeaux sont encore présents et nous ne savons pas lire les linéaments d'un futur incertain. L'interprétation est en effet d'autant plus délicate que le nouveau se construit avec les matériaux du passé. Les référents, les concepts, les valeurs, les principes, même lorsqu'ils donnent lieu à une interprétation nouvelle ou à une relecture constructive, sont profondément ancrés dans l'his-

---

1. Dalton R. et Kuechler M. (dir.), *Challenging the Political Order. New Social and Political Movements in Western Democracies*, Cambridge, Polity Press, 1990.

2. *Cf.* les ouvrages classiques de Lipset S.M. et Rokkan S. (dir.), *Party Systems and Voter Alignments*, New York, The Free Press, 1967, et de Michelat G. et Simon M., *Classe, religion et comportement politique*, Paris, Presses de la Fondation nationale des sciences politiques, 1977.

toire, la connaissance, le subconscient. La démocratie, par exemple, est une vivante illustration de cette permanente transformation à partir d'un concept discuté depuis Aristote et sans cesse reconstruit et réinterprété.

L'ambiguïté de la question populiste pour les démocraties tient dans le terreau commun où elles plongent leurs racines et dans la prétention des populistes d'incarner la démocratie, détournée selon eux de ses objectifs fondamentaux, à savoir l'établissement d'un gouvernement « du peuple, par le peuple et pour le peuple ».

Du bon usage du peuple

Le peuple : pas de terme plus célébré mais aussi plus galvaudé que celui qui sert de soubassement légitime au pouvoir depuis la Grèce et Rome[1] jusqu'aux régimes démocratiques d'aujourd'hui, dont l'apparent triomphe a pu faire penser à la « fin de l'Histoire[2] ». Son ambiguïté est en quelque sorte consubstantielle à ses origines : les Grecs définissent le *dêmos* de façon singulièrement restrictive (le peuple d'Athènes ne comprenait ni les femmes, ni les étrangers, ni les esclaves...) ; la République romaine invente pour sa part la combinaison de la légitimité populaire avec sa propre limitation par des institutions de contrepoids : *Senatus populusque romanus*, le sénat et le peuple romains.

Par la suite, dès lors que le peuple devient le référent essentiel et progressivement unique de légitimation du pouvoir à l'époque moderne, c'est autour de lui, de son signifié, de ses implications politiques et institutionnelles que s'engage le combat. Parfois,

1. *Cf.* le livre essentiel de Finley M., *L'Invention de la politique*, Paris, Flammarion, 1985.

2. Fukuyama F., *La Fin de l'Histoire et le dernier homme*, Paris, Flammarion, 1992.

comme aux États-Unis, la victoire est immédiate : « *We, the people* », ainsi commence la Constitution américaine au nom du peuple qui n'a pas été consulté... Ailleurs, comme en France, l'illusion de la Révolution est rapidement contestée par d'incessants combats d'arrière-garde tout au long du XIXe siècle : le roi est-il roi de France ou roi des Français ? Le peuple doit-il s'effacer et se fondre dans l'entité symbolique et unificatrice de la nation ?

Même lorsque la notion de peuple s'enracine de manière définitive, la bataille ne fait que commencer : qui compose le peuple, quels sont ceux qui peuvent en être légitimement exclus ? Suffrage universel, suffrage censitaire, vote masculin, vote des femmes, tels vont devenir entre autres les objets de lutte de la construction démocratique. Dès lors que ces assises de la démocratie sont consolidées – autrement dit lorsque la source populaire du pouvoir, sans être unanimement acceptée, fait l'objet d'un accord quasi général –, il y a place pour une discussion sur le rôle effectif du peuple. Est-il seulement un référent nécessaire, mais abstrait et lointain, sans impact sur l'exercice réel du pouvoir ? Quelles sont les modalités de son intervention dans des systèmes qui impliquent nécessairement la représentation, la délégation et donc la formation de nouvelles aristocraties issues de l'élection au lieu de l'être de la fortune ou de la naissance ? Quelles sont les institutions les plus adéquates pour permettre au peuple de faire entendre sa voix ? Sans médiation à travers des procédures de consultation directe, ou plutôt grâce à des structures capables de former et de cristalliser l'expression de la volonté populaire, c'est-à-dire les partis ?

Face à ces dilemmes les choix ne manquent pas : les plus radicaux consistent à se placer hors du champ démocratique et à dénier au peuple la légitimité et la capacité à gouverner. Toutefois, cette option, qui fut puissante à l'aube de la construction démocratique, est de plus en plus inavouable et inavouée même si elle reste forte, voire dominante en dehors du champ de la politique *stricto sensu* : dans le domaine économique, par exemple (en dépit de la rhétorique sur l'actionnariat), ou en matière religieuse où le « peuple des fidèles » doit avoir pour qualité première d'être... fidèle au leader qui dispose d'attributs de droit divin[1]. Une autre solution, dont le siècle qui s'achève a mis en évidence les aspects multiformes, est de capter et de détourner la formidable énergie politique que confère la souveraineté populaire au profit d'un dictateur ou d'un parti. Du fascisme italien à tous ses succédanés postérieurs, du nazisme aux dictatures militaires les plus bornées et sanguinaires, du régime soviétique à ses multiples émules, tous ont su manipuler le référent populaire pour le mettre au service de totalitarismes.

Mais la contestation peut aussi être interne au système démocratique lui-même : l'idéologie démocratique est suffisamment incertaine, voire contradictoire dans la mise en œuvre de ses principes, suffisamment diverse dans ses manifestations historiques, suffisamment disparate dans ses expressions nationales et géographiques pour donner lieu à des interprétations divergentes. C'est dans cette « fenêtre » que se situe une forme particulière de contestation, le populisme, un mouvement et un terme nés avec le développement démocratique de la fin du XIXe siècle, et qui refont épisodiquement surface.

Alors que la plupart des partis politiques peuvent être situés par rapport à des filiations historiques, définis au regard d'un ensemble de valeurs (positives et négatives), identifiés sur une échelle gauche/droite, les partis ou mouvements populistes se montrent rebelles à toute tentative systématique de classification ou d'identification. Avec humour, Isaiah Berlin a comparé la quête de cette définition à un « complexe de Cendrillon » par quoi cet auteur entend la chose suivante : « il existe une chaussure – le mot "populisme" – pour laquelle, quelque part, il existe un pied. Il y a tous les genres de pieds qui s'y adaptent à peu près, mais nous ne devons pas être piégés par ces pieds approximatifs. Le prince se balade toujours avec la chaussure ; et quelque part, nous le sentons avec certitude, nous attend quelque chose qui s'appelle le populisme pur. C'est le noyau du populisme, son essence[2] ».

1. Bien entendu, la confusion entre religion et politique dans les systèmes théocratiques réduit quasi au néant la place du peuple.

2. Cité par Canovan M., *Populism*, New York and London, Harcourt Brace Jovanovich, 1981, p. 7.

La tentative la plus systématique visant à relever ce défi conceptuel, l'ouvrage dirigé en 1969 par Ghita Ionescu et Ernest Gellner[1], est stimulante mais reste inachevée. Pas moins problématique, même si elle se cantonne à deux pays, la Suède et les États-Unis, est l'analyse qu'a tentée récemment Westhind à partir de la notion de *popular identity*[2]. Margaret Canovan, pour sa part, avait renoncé en 1981, dans son ouvrage *Populism*, à aller au-delà d'une typologie des diverses variantes de populisme[3].

L'approche aujourd'hui la plus répandue, mais intellectuellement la moins convaincante, repose sur une analyse normative du populisme défini comme une *pathologie* de la démocratie[4]. Elle ne saurait être critiquée ou rejetée au seul nom de son caractère normatif : la démocratie elle-même, en particulier dans sa version libérale la plus diffuse, n'est-elle pas saturée de valeurs ? On ne saurait donc *a priori* écarter cette interprétation du populisme pour la seule raison qu'elle porterait un jugement sur les principes invoqués ou mis en cause. Mais il est clair aussi que cette stratégie implique une définition – parfois explicite, souvent implicite – de la démocratie. La pathologie n'a de sens que par rapport à une normalité dont il faut définir les traits. Or cette définition est problématique, car la démocratie est à la fois un ensemble de valeurs fondamentales, de principes de gouvernement (séparation des pouvoirs, indépendance judiciaire), de mécanismes institutionnels et procéduraux caractérisés par leur évolution et leur diversité dans le temps et l'espace. On peut bien qualifier les États-Unis d'aujourd'hui de démocratie comme le faisait Tocqueville en 1840, mais parle-t-on de la même chose ? On peut également

---

1. Gellner E. et Ionescu G. (dir.), *Populism*, London, Weidenfeld and Nicholson, 1969.

2. Westhind D., *The Politics of Popular Identity : Understanding Recent Populist Movements in Sweden and the United States*, Lund, Lund University Press, 1996, p. 7.

3. Canovan M., *Populism, op. cit.*

4. L'une des premières interprétations de ce type date de l'article de Wiles P., « A Syndrome, Not a Doctrine », *in* Gellner E. et Ionescu G. (dir.), *Populism, op. cit.*

souscrire à l'idée que les Pays-Bas comme la France, la Grande-Bretagne comme le Canada sont des démocraties, mais à condition de mettre l'accent sur les valeurs qui les unissent plutôt que sur les arrangements juridiques et politiques qui caractérisent chacun de ces systèmes, uniques en eux-mêmes. Définir le populisme comme une pathologie impliquerait non seulement de qualifier ainsi les mécanismes qui, dans certains pays, en permettent l'émergence et l'expression (procédés de démocratie directe en Suisse ou aux États-Unis, par exemple) mais aussi toutes les formes de contestation du *statu quo* démocratique.

La pente est dangereuse tant il devient aisé de qualifier de pathologique tout ce qui ne rentre pas dans le répertoire feutré et balisé des procédures bénéficiant d'un brevet de respectabilité démocratique. À ce titre, une manifestation qui se déroule selon les règles en vigueur et les canons de bonne conduite pourrait être considérée comme relevant de la normalité démocratique tandis qu'une protestation plus violente ou l'occupation d'une église par des grévistes de la faim relèveraient de la pathologie. Comme on le sait, une telle opération de taxinomie entre le bon et le mauvais est à la fois aléatoire, sujette à caution (brûler le drapeau national est-il pathologique ou une forme d'expression parmi d'autres ?) et hautement conjoncturelle. Les expressions scandaleuses et « pathologiques » d'hier sont souvent la réalité policée d'aujourd'hui. Cela ne signifie pas que toute forme de « populisme », tout discours ou tout programme populistes soient bons à prendre en refusant de porter un jugement de valeur, notamment par rapport à l'« acquis démocratique » du moment. Ce que nous voulons dire, c'est que l'identification de l'expression populiste comme une maladie ne permet ni de donner une pleine intelligibilité du phénomène ni de saisir la complexité de sa relation avec la démocratie. À cet égard, l'approche de Paul Taggart qui définit le populisme comme « la pathologie des démocraties représentatives »[1]

1. Taggart P., « Populism and the pathology of representative politics », *Workshop on Populism*, European University Institute, 14-15 janvier 2000, non publié.

est plus nuancée et montre bien où le bât blesse : moins au niveau de la démocratie en tant que telle que dans les mécanismes de représentation constitutifs de la démocratie libérale.

Cette définition du populisme comme pathologie dérive de deux filons principaux : le premier trouve sa source, comme on l'a déjà indiqué, dans l'assimilation du populisme en tant que catégorie générale à son expression particulière que constituent les formations d'extrême droite. Il se trouve en particulier stigmatisé pour le contenu déplaisant, voire franchement répugnant du programme ou des discours de ces partis. C'est particulièrement vrai en Europe où la catégorie « populisme » a été jusqu'aux années 1980 soit occultée par la prédominance d'autres catégories plus pertinentes et plus fortes (fascisme, nationalisme), soit confondue avec ces dernières dans la période contemporaine (*cf.* la catégorie « national-populisme »). Le second filon découle de l'approche dite réaliste (ou élitiste) de la démocratie. Ce n'est pas d'hier que datent les observateurs des tendances oligarchiques au sein des systèmes démocratiques. Au début de ce siècle, nombreux furent ceux qui ont analysé les limites ou les faux-semblants de la démocratie, pour en tirer d'ailleurs des conclusions divergentes : les uns invoquent ce nécessaire désenchantement comme une salubre hygiène mentale et civique, les autres concluent à l'impossible réalisation de la démocratie. Ostrogorski, Schumpeter, Mosca, Pareto et Michels[1] ont chacun à sa manière contribué à mieux faire comprendre les limites d'une « démocratie » fondée sur la représentation, la médiation, et donc constitutive *per se* d'oligarchies plus ou moins compétitives entre elles.

Le flambeau de l'école réaliste a été repris après la Seconde

1. Ostrogorski M., *La Démocratie et les partis politiques*, nouv. éd. Paris, Fayard, 1993 ; Schumpeter J., *Capitalisme, socialisme et démocratie*, Paris, Payot, 1990 ; Mosca G., *La Classe politica*, Bari, Laterza, 1974 ; Pareto V., *Traité de sociologie générale*, Genève, Droz, 1968 ; Michels R., *Les Partis politiques*, Paris, Flammarion, 1971.

Guerre mondiale par de brillants théoriciens de la démocratie, parmi lesquels émergent Robert Dahl[1], l'analyste des « polyarchies pluralistes », ou davantage encore Giovanni Sartori[2], chez qui l'explicatif et le normatif sont étroitement entremêlés, au point qu'on a vu en lui l'apôtre de l'« élitisme démocratique », selon l'expression critique de Peter Bachrach[3]. Dahl comme Sartori, sur la base notamment des conclusions pessimistes des premières véritables enquêtes de sociologie électorale[4], soulignant l'apathie, voire l'indifférence des citoyens, développèrent alors une vision « pessimiste » des régimes démocratiques. Si la démocratie libérale n'est – et ne peut être – qu'un gouvernement par des élites en compétition pour les votes qui leur donneront le pouvoir, il est clair que toute contestation de cette vision peu idyllique et désenchantée sera reçue comme une menace potentielle. La perception d'un certain nombre de phénomènes politiques sera donc dépendante de cette matrice interprétative fondamentale : l'abstention, par exemple, sera interprétée négativement par ceux qui souhaitent une participation populaire active mais positivement par ceux qui y voient un consentement passif (qui ne risque donc pas de perturber le fonctionnement harmonieux de ce gouvernement des meilleurs) ; un excès de participation, façon années 1960-1970, sera jugé au contraire comme une menace potentielle sur un système surchargé (*overload*). Du moins fut-ce l'opinion de la Commission trilatérale exprimée à travers le rapport de Crozier, Huntington et Watanuki[5]. La critique des élites, de la représentation et la revendication de procédures de

1. Dahl R., *A Preface to Democratic Theory*, Chicago, University of Chicago Press, 1956.

2. Sartori G., *Théorie de la démocratie*, Paris, Colin, 1973.

3. Bachrach P., *The Theory of Democratic Elitism. A Critique*, Boston, Little Brown, 1967.

4. *Cf.* également les ouvrages classiques de Lipset S.M., *L'Homme et la politique*, Paris, Le Seuil, 1963, ou de Schattschneider E., *The Semisovereign People. A Realistic View of Democracy in America*, Hinsdale, Dryden Press, 1975.

5. Crozier M., Huntington S. et Watanuki J., *The Crisis of Democracy. Report on the Governability of Democracies to the Trilateral Commission*, New York, New York University Press, 1975.

démocratie directe sont également ressenties comme une pathologie au sens où elles sont souvent exprimées dans des termes souvent « politiquement incorrects » ou dans des formes non acceptées ou mal reçues par le répertoire d'action politique usuel. Mais la question ne mériterait-elle pas d'être posée : le populisme est-il *la* pathologie ou ne serait-il pas la manifestation d'une pathologie installée au cœur du système démocratique lui-même ? Ou, pour le dire autrement, en poursuivant le recours à la métaphore médicale : le populisme ne serait-il pas la manifestation – la « fièvre » – de la maladie qui affecte la démocratie, c'est-à-dire la carence de la présence populaire dans ce qui devrait ou est censé être son habitat naturel ?

Le malaise démocratique

Affirmer que les démocraties traversent une phase de malaise – certains parlent même de crise – est à la fois peu étonnant (les symptômes de ce malaise sont innombrables) et paradoxal au regard de l'expansion universelle et désormais sans rival du système politique occidental. Pourtant cette situation est moins surprenante qu'elle ne peut le paraître au premier examen.

En premier lieu, la situation de monopole ou de quasi-monopole ne procure qu'un confort vite dissipé. Dès lors qu'il semble ne plus exister d'alternative au système vainqueur, critiques et mécontentements se déplacent et se concentrent sur l'unique objet d'attention et de « possibilité ». La désillusion succède alors aux espérances et l'objet adoré d'hier peut rapidement devenir la cible de critiques et de passions virulentes. Trop hautes étaient les attentes, trop médiocre est la réalité. On a pu, en l'espace d'une décennie, observer cette transformation de l'opinion publique dans les anciennes sociétés communistes de l'Europe de l'Est, y compris là où les conditions économiques et financières de transition ont été plutôt favorables, comme dans l'ex-RDA par exemple. Le signe le plus tangible de ce spleen démocratique se manifeste par la résurgence des anciens partis communistes souvent revenus au pouvoir dans le cadre et sous les couleurs de la démocratie pluraliste[1]. Les anciens régimes communistes, les dictatures d'Amérique latine, d'Asie ou d'Afrique ne pouvaient que susciter le rêve et l'espoir de la démocratie chez ceux qui devaient souvent affronter le double joug de la tyrannie politique et de la stagnation économique. À l'euphorie de la première étape – le renversement du tyran – succède la dureté de lendemains qui déchantent : au mieux l'affirmation de droits et libertés nouveaux, dont l'application reste aléatoire et partielle, au pire le fléau d'une crise économique résultant de l'effondrement des structures économiques et politiques. Enfin parfois, comme en Russie ou dans d'autres pays d'Europe de l'Est, une captation, par des élites corrompues et mafieuses, de la démocratie dont le nom reste alors identifié à une économie et à une politique de prédation.

En deuxième lieu, faute de concurrents sérieux, la démocratie libérale perd ses anticorps immunitaires les plus précieux. En dépit de leurs difficultés, de leurs tares et de leurs multiples problèmes, les démocraties d'Europe ont survécu et ont servi de modèles en partie grâce aux vertus de la comparaison. Jamais autant que dans les années 1950-1970 l'aphorisme de Winston Churchill n'a paru si vrai et vérifiable : la démocratie était bien le pire de tous les régimes à l'exception de tous les autres ! Les régimes communistes étaient à certains égards une menace mais aussi une bénédiction, puisque, en constituant le modèle à exclure par excellence, ils permettaient de relativiser les déficiences des démocraties et d'assurer la permanence des coalitions gouvernementales autour du rejet partagé du communisme, notamment en Italie. Le discours contestataire des partis communistes a progressivement perdu de sa fascination et de son attrait (fondés, rappe-

1. Même en Allemagne l'évolution est sensible, puisque le PDS, héritier du parti communiste d'Allemagne de l'Est, a recueilli 5,1 % des voix lors des législatives de 1998 (19,5 % des voix dans les Länder de l'Est), entrant de ce fait au Bundestag.

lons-le, sur l'idéal d'une société meilleure et plus juste que l'occidentale) en raison même de l'image projetée par le socialisme réel. La démocratie idéale promue par les Soviétiques avait en effet tout pour séduire, puisque la vision du monde qu'elle proposait était encore plus « enchantée » que celle de la démocratie libérale : la liberté et l'égalité « réelles », la fin des privilèges et des dominations de classe, la juste distribution des richesses, la prise en charge collective de tous les besoins sociaux, etc. Au moins sur le papier, la société socialiste constituait un sérieux défi pour le modèle libéral, au point que celui-ci devait d'ailleurs emprunter beaucoup à cette alternative théorique : la construction du *welfare state* européen peut à cet égard être vue également comme un produit indirect de la « question sociale », cet élégant euphémisme pour désigner la capacité révolutionnaire des prolétaires.

En troisième lieu, le malaise démocratique ne doit pas surprendre si l'on part du présupposé que les démocraties en action constituent des « bricolages » imparfaits, parfois baroques, des systèmes où se confrontent – en principe pacifiquement – des valeurs, des intérêts antagonistes, des constructions historiquement stratifiées mais soumises aux pressions de l'adaptation et du changement. Il n'est sans doute pas excessif de dire que le malaise démocratique est consubstantiel à la démocratie elle-même. Il n'y a ni fin de l'Histoire, ni terre promise, ni point d'équilibre optimal et stable. Comme a pu l'écrire Przeworski, la démocratie c'est l'incertitude[1]. Un regard rétrospectif sur l'histoire des démocraties, de *toutes* les démocraties sans exception, montre que l'insatisfaction des citoyens de tel ou tel aspect du système est une constante : le débat et le combat peuvent porter sur les choix politiques – et c'est le moindre mal, puisque la démocratie est précisément construite pour résoudre ce type de conflits – mais aussi sur les institutions, les valeurs, les droits, le rôle de l'État. Ce ne sont donc pas l'insatisfaction et le mécontentement populaires qui constituent en soi un problème mais leur degré d'intensité,

1. Przeworski A., *Capitalism and Social Democracy*, Cambridge, Cambridge University Press, 1985.

leur nature et leurs manifestations. Des divergences sur les impôts exprimées par une pétition ou une protestation devant le ministère des Finances, voilà qui relève de la banalité quotidienne de tout système démocratique. Le recours au terrorisme ou à la violence systématique devient évidemment une préoccupation plus sérieuse. Mais tout aussi dangereuse bien que plus insidieuse peut se révéler la perte de confiance voire l'hostilité aux valeurs constitutives de la démocratie : les droits ou les institutions, par exemple. C'est dans ce contexte et au regard de cette différenciation des problèmes qu'il faut examiner la question du malaise démocratique contemporain.

Ce malaise peut être localisé à différents niveaux du système politique :

– mécontentement à l'égard des partis politiques accusés d'être aveugles ou insensibles aux problèmes réels de la population ou à ses aspirations ;

– mécontentement résultant du fossé entre promesses électorales et réalisations effectives ;

– incapacité du personnel politique à affronter et à inscrire sur l'agenda politique certains problèmes, notamment en structurant la forme du débat politique ;

– manque d'instruments institutionnels ou procéduraux permettant de canaliser et faire émerger les vues ou idées non conventionnelles susceptibles de perturber l'ordre établi des choses au sein des partis ou des institutions ;

– insatisfaction à l'égard des politiques suivies, en particulier dans le domaine économique et social ;

– perte de confiance dans les hommes politiques et les institutions, voire dans les règles démocratiques elles-mêmes, en particulier après la révélation des « affaires » et de la corruption d'une partie du personnel politique[1].

De nombreuses monographies (telles celles de Pascal Perrineau et Nonna Mayer sur le Front national ou de Renato Mann-

1. Pujas V. et Rhodes M., « Party Finance and Political Scandal in Italy, Spain and France », *West European Politics*, vol. 22, n° 3, 1999, pp. 41-63.

heimer et Ilvo Diamanti sur la Lega Nord[1]) ou des études plus comparatives et systémiques (telles celles de Klingemann et Fuchs, de Dalton ou encore de Norris[2]) mettent en lumière les formes et l'intensité de ce malaise démocratique. Nonna Mayer montre par exemple que si les électeurs du Front national sont profondément méfiants à l'égard des hommes politiques, voire des institutions, ils ne remettent pas en cause, pour la plupart d'entre eux, le système démocratique lui-même. Cette attitude est confirmée par les sondages d'opinion sur un échantillon représentatif de la population française : la même attitude ambivalente tend à prévaloir. Confiance dans les valeurs de la démocratie ; suspicion à l'égard des hommes politiques, des partis, du Parlement, de la justice, etc.

On a pu suivre par exemple l'évolution de l'attitude des Français à l'égard de la politique et de la représentation grâce à l'enquête annuelle qu'effectue depuis 1977 la Sofres[3]. Le dernier sondage connu, réalisé en 1999, illustre le déclin continu de la confiance des citoyens à l'égard de la politique combiné avec la relative stabilité de l'opinion pour ce qui est de la démocratie. Une majorité de personnes interrogées (57 % contre 40 %) estime que « la démocratie fonctionne bien » en France. Mais ce jugement d'ensemble positif à l'endroit du régime contraste fortement avec la piètre opinion des citoyens vis-à-vis de la politique et des politiciens. Interrogés sur leurs sentiments à l'égard de la politique, ils réagissent massivement par des opinions négatives qui oscillent

---

1. Perrineau P., *Le Symptôme Le Pen*, Paris, Fayard, 1997 ; Mayer N., *Ces Français qui votent FN*, Paris, Flammarion, 1999 ; Mannheimer R., *La Lega lombarda*, Milano, Feltrinelli, 1991, et « L'eletoratto della Lega Nord », *Polis*, 2, août 1993, pp. 253-274 ; Diamanti I., *La Lega : geografia, storia e sociologia di un nuovo soggetto politico*, Roma, Donzello, 1995.

2. Klingemann H. D. et Fuchs D., *Citizens and the State*, Oxford, Oxford Univeristy Press, 1998 ; Dalton R., *Citizen Politics. Public Opinion and Political Parties in Advanced Industrial Democracies*, Chatham, Chatham House, 1996 ; Norris P., *Critical Citizens. Global Support for Democratic Government*, Oxford, Oxford University Press, 1999.

3. Sofres, *L'État de l'opinion*, Paris, Le Seuil, 2000.

entre la méfiance (57 %), l'ennui (27 %) et le dégoût (20 %). Les opinions positives se distribuent, quant à elles, entre l'espoir (26 %) et l'intérêt (20 %), le respect n'attirant que 7 % des réponses. L'attitude à l'égard des hommes politiques est encore plus négative et semble sortir du répertoire critique d'un leader ou mouvement populiste : 62 % des personnes sondées estiment que « les hommes politiques se préoccupent très peu ou pratiquement pas de ce que pensent les Français », 61 % souscrivent à l'affirmation selon laquelle « les élus et les dirigeants politiques français sont plutôt corrompus », et ce pourcentage atteint 75 % chez les jeunes de 18 à 24 ans. Ces résultats sont d'autant plus frappants que ce sondage d'octobre 1999 a été réalisé avant la résurgence de nouvelles affaires (mise en examen de Dominique Strauss-Kahn) et durant une période d'accalmie sur le front des scandales.

Klingemann et Fuchs[1] confirment cette divergence de vues et soulignent que ce qui est en jeu n'est pas tant une crise de la démocratie qu'un défi à l'encontre du mode de fonctionnement des systèmes démocratiques, ce qui implique, selon Dalton, que « les démocraties doivent s'adapter pour survivre. [...] La démocratie est menacée quand le credo démocratique n'est pas pris au sérieux et que nous rejetons ces défis[2] ». Toutefois, concluent de leur côté Klingemann et Fuchs, peut-être de manière un peu trop optimiste, les démocraties occidentales ont su jusqu'ici absorber et traiter ces tensions. Il n'y a pas de raison pour que ce ne soit pas le cas dans le futur.

Confiance dans la démocratie, méfiance à l'égard des institutions, des procédures, des hommes du système, telle semble être la caractéristique principale du malaise démocratique contemporain. Comment expliquer cette apparente contradiction ? Deux interprétations stimulantes ont été récemment suggérées. La pre-

1. Klingemann H. D. et Fuchs D., *Citizens and State, op. cit.,* notamment le chapitre conclusif.

2. Dalton R. J., *Citizen Politics in Western Democracies : Public Opinion and Political Parties in the United States*, Britain, West Germany and France, Chatham NJ, Chatham House, 1988.

mière a été avancée par Robert Dahl, dont l'œuvre scientifique est centrée sur l'analyse des systèmes démocratiques (qu'il préfère qualifier de polyarchies pluralistes), la seconde par Margaret Canovan qui, quant à elle, a consacré une grande part de ses recherches à la question du populisme.

Dahl suggère d'interpréter le paradoxe par l'existence d'une tension entre l'univers idéal de la démocratie d'une part et sa réalisation pratique d'autre part. Son point de départ est d'abord l'identification de six règles ou principes du gouvernement démocratique qu'il considère comme fondamentaux[1] :

1. Le contrôle de l'action gouvernementale est confié par la Constitution à des représentants élus.
2. Les représentants sont choisis selon des mécanismes électoraux à fréquence régulière et selon des procédures justes excluant la coercition.
3. Les citoyens ont droit à l'expression libre sans risque d'être sanctionnés.
4. Les citoyens ont le droit de rechercher des sources d'information indépendantes et alternatives.
5. Les citoyens, pour garantir leurs droits, ont aussi le droit de s'organiser en groupes et en partis.
6. Aucun résident permanent ne peut se voir dénier les droits qui sont reconnus aux citoyens.

Sur cette base, Dahl propose de considérer la démocratie selon deux dimensions qui permettent de mieux discerner, au sein du système démocratique, l'idéal de la réalité. Selon lui, la première dimension présuppose l'existence de droits exigibles. Ceux-ci ne sont pas de simples déclarations ou obligations morales. Ils doivent bel et bien exister. Leur mise en œuvre effective dépend des citoyens (voter ou ne pas voter, par exemple) et non de la bonne volonté des gouvernements. La seconde dimension relève

1. Dahl R. A., *The Past and Future of Democracy*, Occasional Papers, Circap, Siena, n° 5, 1999, p. 5.

de la participation réelle à la vie politique. Là encore, c'est au citoyen de participer ou non, d'agir ou non. Et Dahl de souligner qu'en se penchant sur le désenchantement démocratique beaucoup d'interprètes ne se préoccupent que de la seconde dimension, comme si leur évaluation positive de la démocratie dépendait de leur degré de participation. Or, prétend le même auteur, la distance constante entre soutien à la démocratie et désillusion à l'égard de son fonctionnement résulte d'une définition erronée de la démocratie, laquelle découle de la combinaison des deux dimensions et pas seulement de la réalité de la participation. Cette distinction entre monde idéal et monde réel de la démocratie est intéressante car elle permet de relativiser l'ampleur du malaise démocratique. Fondamentalement, les valeurs démocratiques ne sont pas contestées. En revanche, c'est le fonctionnement au quotidien qui fait problème. Par conséquent, s'il est regrettable que les citoyens ne participent pas davantage ou qu'ils soient insatisfaits, il ne faut pas en tirer trop rapidement de conclusions pessimistes. La démocratie n'est pas remise en cause dans ses principes, le système retrouve un fonctionnement satisfaisant lorsque les « niveaux » du réel et de l'idéal tendent à se superposer. Toutefois, cet optimisme n'est justifié que si la distance entre fonctionnement réel et idéal n'est pas insurmontable. Si, par exemple, pour un électeur communiste, le modèle idéal est la démocratie soviétique, il n'y a aucun espoir que s'opère le rapprochement puisque ses références sont « ailleurs ».

Or on peut émettre l'hypothèse que le jugement négatif porté par une partie de l'opinion sur le fonctionnement de la démocratie ne résulte pas d'une confrontation entre la réalité et le modèle idéal, mais plutôt *de l'opposition entre la situation vécue et une autre conception de ce que pourrait être la démocratie*. Autrement dit, il n'est pas certain que la démocratie rêvée soit par exemple une démocratie représentative caractérisée par une forte séparation des pouvoirs et/ou la multiplication des poids et contrepoids visant à empêcher l'excès de pouvoir.

Il se peut que la démocratie idéalisée soit identifiée à un régime où le peuple peut s'exprimer plus directement et sur tous les sujets, de l'économique au judiciaire en passant par la définition des droits ou des valeurs. L'actualité européenne récente nous fournit d'ailleurs un exemple éclatant de cette distorsion, de cette situation où la réalité est confrontée à un modèle inadéquat : lorsque les partis euro-sceptiques ont déclenché une polémique à propos du déficit démocratique de l'Union européenne, les désillusions de la pratique quotidienne étaient suffisamment amples pour n'être contestées par personne. En revanche, dans ce débat critique, nul ne prit la précaution de définir le modèle de référence qui pût servir d'étalon de mesure pour évaluer la distance entre idéal et réalité. Faute d'une référence adéquate et définie, il devient impossible de porter remède au problème, comme l'illustre la mésaventure de ce diagnostic d'origine académique transformé par la politique en slogan. Quand l'universitaire britannique David Marquand mit en lumière ce déficit, le Parlement européen était encore désigné au suffrage universel indirect. Sa suggestion, pour remédier en partie au déficit, était d'instaurer l'élection des parlementaires au suffrage universel direct. L'histoire a montré ensuite que le remède était insuffisant mais surtout que la persistance du diagnostic (le déficit) se faisait sans référence à un modèle, si ce n'est, de manière implicite, au modèle national de démocratie. Était-ce bien pertinent, compte tenu des caractéristiques de l'Union ?

Autrement dit, et pour conclure sur cette première interprétation de l'attitude ambiguë des citoyens, il n'est pas sûr que le modèle de référence diffus de ces citoyens déçus soit bien celui de la démocratie représentative classique. Ils sont bien en faveur de la démocratie, mais ne le seraient-ils pas d'une démocratie où le *dêmos* constituerait l'alpha et l'oméga du politique sans les contrepoids mis en place par le libéralisme politique ? C'est en tout cas une hypothèse que nous examinerons ultérieurement de manière plus approfondie.

Margaret Canovan part de prémisses différentes mais qui ne sont pas malgré tout sans parenté avec l'opposition binaire de

Dahl. La perspective adoptée par Margaret Canovan[1] se présente comme une tentative de situer le populisme par rapport à la démocratie en partant du paradoxe apparent que peut constituer la classification du populisme comme antidémocratique alors même qu'il se situe par rapport au peuple, son référent constant. S'inspirant des travaux de Oakeshott[2] sur le rationalisme en politique, Margaret Canovan s'appuie sur l'opposition que celui-ci établit entre « la politique de la foi » et « la politique du scepticisme ». La politique fondée sur la foi nécessite une mobilisation enthousiaste et la croyance dans la capacité de l'être humain à changer radicalement le monde. Toutes les barrières, par exemple de nature juridique, sont perçues comme autant d'obstacles à écarter. Par contraste, la « politique sceptique » se méfie tout à la fois de l'emballement des passions et du pouvoir, ce qui implique que les attentes y sont limitées. La politique est conçue comme un moyen de réduire et d'accommoder les tensions grâce à des institutions et procédures appropriées. De ce point de vue, l'État de droit est un concept central et fondamental. Bien entendu, ces deux pôles opposés ne sont que des idéaux-types, car, dans la réalité, la politique est faite de ces deux composantes selon des équilibres et des combinaisons variables.

Margaret Canovan propose de voir dans la démocratie le point de rencontre entre ces deux visions qu'elle qualifie respectivement de « *redemptive* » et « *pragmatic* ». La démocratie, comme Janus, présente ces deux faces et peut donc faire l'objet de deux lectures contrastées. La démocratie présente en effet une vision rédemptrice (le meilleur mode de gestion de la cité), mais c'est aussi, plus banalement, un mode de gestion et de régulation des conflits à travers des règles et procédures *ad hoc*. Par ailleurs la notion de pouvoir du peuple est au cœur de la vision rédemptrice

---

1. Canovan M., « Trust the people ! Populism and the Two Faces of Democracy », *Political Studies*, vol. 47, n° 1, 1999, pp. 2-16.
2. Oakeshott M., *The Politics of Faith and the Politics of Scepticism*, New Haven, Yale University Press, 1996.

(*cf.* la formule de Lincoln), tandis que la définition schumpetérienne (la compétition pour la sélection de ceux qui gouvernent) nous rappelle à la vision pragmatique (ou réaliste). Enfin l'approche rédemptrice fait référence au pouvoir total et direct du peuple (le souverain) tandis que le pragmatisme requiert la limitation du pouvoir et l'institutionnalisation de son exercice.

La démocratie, toute démocratie est donc construite sur cette tension, sur ce lien indissoluble entre utopie et réalisme, foi et pragmatisme. La foi est nécessaire, pour ne pas réduire la démocratie à des rituels ennuyeux et peu convaincants ; le scepticisme ou le pragmatisme ne le sont pas moins pour réduire les attentes et tempérer les risques dont peuvent être porteurs les enthousiasmes débridés ou les utopies du volontarisme politique. Le problème n'est pas tant dans la coexistence de ces contraires que dans l'équilibre (ou le déséquilibre) qui s'établit entre eux. Lorsque la dimension pragmatique ou sceptique l'emporte de manière excessive sur les attentes mises dans la démocratie, il y a place, souligne Margaret Canovan, pour l'émergence du populisme.

Bien qu'il n'y soit pas fait référence, l'argument de Canovan n'est pas sans rappeler celui du plus illustre commentateur de la Constitution britannique à la fin du XIXe siècle, Walter Bagehot. Celui-ci, dans une distinction restée depuis célèbre, oppose les deux éléments constitutifs qui font, à son avis, le succès et garantissent le bon fonctionnement des institutions anglaises. Il y a, dit-il, des éléments qui « suscitent et maintiennent la révérence populaire [*the dignified parts*] et d'autre part les éléments grâce auxquels, en fait, la Constitution fonctionne et gouverne [*the efficient parts*] »[1]. Et Bagehot de souligner fortement qu'il ne s'agit pas d'une distinction entre l'obsolète et le vivant, l'inutile et l'utile. Les deux éléments sont indispensables, le second fonctionnant sous l'impulsion du premier. Autrement dit, les systèmes démocratiques représentatifs sont faits d'un mixte complexe – et

1. Bagehot W., *The English Constitution*, London, Walts and Co., 1964, p. 61.

souvent ambigu – qui explique pour une part les tensions à l'œuvre entre conceptions de la démocratie et expressions du populisme.

Démocratie et populisme

À la différence des mouvements de droite traditionnels ou des partis fascistes, le populisme ne se présente pas comme un mouvement antidémocratique. Bien au contraire, une grande partie de sa rhétorique se polarise sur la dénonciation des perversions qui affectent les démocraties et sur la nécessité d'y porter remède. Loin de prôner une autre forme de régime, les populistes s'engagent le plus souvent dans une sorte de surenchère démocratique en utilisant les ambiguïtés et la polysémie qui caractérisent le terme démocratie. Ils proposent donc de la « régénérer » en la nettoyant de toutes ses scories et en revenant aux « vrais » principes et valeurs. Cette attitude, assez généralisée parmi les mouvements populistes, que ce soit en Europe ou aux États-Unis, au XIXe comme au XXe siècle, trouve son origine dans la contradiction jamais surmontée entre la démocratie idéale (qui devrait permettre un réel accès des masses à la politique) et la démocratie en action (qui ne réalise qu'imparfaitement cet idéal ou qui cherche précisément à canaliser l'impact populaire). Cet écart est propice à toutes les revendications – légitimes –, mais aussi à toutes les manipulations – plus douteuses. Démocratie et populisme sont à la fois proches par leur référent – l'une et l'autre se réclament du peuple – et éloignés par la place qu'ils lui donnent et le sens qu'ils lui accordent. Comme le souligne avec justesse Pierre-André Taguieff, « "populisme", dans le langage ordinaire d'aujourd'hui, fait coexister, dans la tension, l'idée de démophilie et celle de démagogie. Il s'ensuit que le "populisme", dans son ambiguïté constitutive, peut être considéré comme une corruption idéologique de la démocratie, si cette dernière, étant fondée sur des principes transmissibles, implique, selon le mot de Proudhon, une "démopédie", c'est-à-dire le souci d'instruire et d'éduquer le peuple, plutôt que de le séduire pour le faire agir dans le sens voulu[1] ».

Il ne peut y avoir de populisme sans référence à la démocratie ou du moins aux mythes qui l'accompagnent. Le populisme est presque toujours présent dans la démocratie tantôt à travers des mouvements populaires qui contestent plus ou moins vigoureusement le cadre démocratique en place, tantôt sous une forme atténuée dans les discours et programmes des partis et des leaders politiques. La démocratie occidentale, de son côté, fait une place plus ou moins large aux mécanismes d'intégration des masses, du peuple, dans ses modes de fonctionnement, que ce soit au niveau de la délibération, de la décision ou du contrôle des gouvernants. C'est dire que la ligne de partage des eaux n'est pas claire, d'autant que, à la différence d'un parti fasciste qui se proclame tel ou d'un parti communiste fier de sa dénomination, le qualificatif « populiste » n'est jamais librement choisi par ceux auxquels il s'applique. Il existe bien des partis du peuple, des *people's movements*, des partis du contribuable ou de l'*uomo qualunque*, il n'existe presque jamais de partis populistes. Le mot « peuple » a ses deux dérivés, l'un plutôt positif (« populaire ») l'autre à connotation négative (« populiste »). Le mot « populiste » n'est jamais autorevendiqué, il est toujours attribué, généralement, par les critiques de ces mouvements. Il en fut ainsi dès l'origine, par exemple en Russie où les intellectuels qui se posaient en défenseurs des paysans furent dénigrés sous la qualification de *narodnichestvo*, populistes. Comme l'a rappelé Andrjef Walicki dans son étude minutieuse, la position de Lénine à l'égard de ce mouvement n'est pas sans rappeler celle de Marx vis-à-vis des hégéliens de gauche et de l'« idéologie allemande » : « Ce fut Lénine qui donna [au populisme] une connotation historique et sociologique plus concrète, en insistant sur le fait que le populisme était

1. Taguieff P.-A., « Le populisme et la science politique. Du mirage conceptuel aux vrais problèmes », *Vingtième Siècle. Revue d'histoire*, n° 26, p. 11.

une protestation contre le capitalisme de la part des petits producteurs qui, ruinés par le développement de l'économie capitaliste, voyaient en elle une régression, tout en demandant parallèlement l'abolition des anciennes formes d'exploitation féodales[1]. »

On retrouve la même opposition sémantique, la même inversion de signes (positif/négatif) dans de nombreuses langues : *popular/populista* en espagnol, *popolare/populista* en italien, *popular/populist* en anglais, *völkisch/populistich* en allemand, *popular/populista* en portugais, etc. C'est ce qui permet à Kraushaar d'écrire que le populisme est « une espèce de crêpe conceptuelle. Plate, étalée, aux contours mal définis, [...] sa polysémie le prédestine à être un slogan éprouvé dans les controverses politiques : il est facile de le balancer à la figure de l'adversaire. Il ne blesse pas, mais livre l'agressé au ridicule[2] ».

La même ambiguïté préside à la définition de la démocratie. Sans revenir ici sur le caractère mixte de systèmes qui n'incorporent la volonté du peuple que pour partie et selon des propositions changeantes, notons que le terme a connu suffisamment de variations (y compris les plus paradoxales comme celle de « démocratie populaire » pour désigner des régimes socialistes autoritaires, voire totalitaires) pour qu'il fasse l'objet d'appropriations hétérogènes et contradictoires. Le nominalisme est ici d'un précieux appui pour les manipulateurs de tout poil : la référence au peuple, à la démocratie est d'autant plus facile qu'il n'en existe ni définition unique ni critère absolu. Nul n'est propriétaire de concepts, de valeurs, de réalités qui sont à la fois intemporels et contingents. Nous employons le même terme pour l'appliquer à des républiques mais aussi à des monarchies, à des régimes parlementaires, présidentiels ou collégiaux ; à des fédérations ou des régimes centralisés ; à des pays d'économie de marché et à des systèmes mixtes, etc. Nous disons de Le Pen ou de Bossi qu'ils sont populistes et la qualification ne suscite guère de polémique.

1. Walicki A., « Russia », *in* Gellner E. et Ionescu G., *Populism, op. cit.*, p. 65.

2. Kraushaar W., « Die Neue Leutseligkeit », *in* H. Dubiel (dir.), *Populismus und Aufklärung*, Frankfurt am Main, Suhrkamp, 1986, pp. 278-315.

Attribuer le même adjectif à Jacques Chirac, Margaret Thatcher, Gerhard Schroeder ou Tony Blair pose en revanche problème. Le *concept-stretching*, pour reprendre l'expression de Giovanni Sartori, induit en erreur au lieu d'éclairer.

La confusion s'accroît encore lorsque des systèmes politiques qui n'ont pas grand-chose à voir avec la démocratie en utilisent certains instruments (tels les élections ou le référendum) pour mieux les manipuler au service d'un leader charismatique plus ou moins autoritaire ou dictatorial. C'est ce détournement de certains aspects de la « mécanique » démocratique au mépris de la substance qui a permis de qualifier de populistes certains régimes autoritaires du tiers monde. Disons clairement que nous excluons radicalement de notre propos cette instrumentalisation du populaire dans les régimes non démocratiques. Ce à quoi nous nous attachons fondamentalement est l'étude du défi populiste au sein des systèmes représentatifs occidentaux[1]. La confusion sur le sujet est grande et le récent débat sur l'accession du parti de Haider au gouvernement de l'Autriche en est l'ultime épisode. Ce qui fut gagné sur le front du combat politique fut perdu sur celui de la clarification des concepts. C'est à cette tâche, ardue mais nécessaire, que s'attaque ce livre.

1. De ce point de vue, nous souscrivons totalement au postulat de Paolo Pombeni lorsqu'il souligne que « le populisme ne prend de sens que dans le cadre de systèmes constitutionnels fondés sur la représentation ». Pombeni P., « Typologie des populismes en Europe (XIXe-XXe siècle) », *Vingtième Siècle. Revue d'histoire*, n° 56, 1998, pp. 48-77.

CHAPITRE PREMIER

Entre constitutionnalisme et populisme : l'ambiguïté démocratique

Jusqu'à la veille des révolutions américaine de 1787 et française de 1789, la démocratie relève de l'idéal pur, voire de l'utopie : admirable dans ses principes, exigeante dans son fonctionnement mais, de ce fait même, réservée à un peuple de dieux ou à tout le moins à de petites cités[1]. La démocratie est tout bonnement impensable, inconcevable pour les grands États. Les révolutions auront d'ailleurs un autre objectif, l'établissement de la République. Le miracle institutionnel, c'est-à-dire la faisabilité démocratique au-delà du modèle idéal et idéaliste de la cité grecque, résulte de la combinaison inattendue du principe de représentation avec le principe démocratique. Cette union des contraires ne sera ni facile, ni linéaire, ni constante dans son développement. Les épousailles du radicalisme démocratique et de la modération libérale seront tumultueuses et les tensions à l'intérieur du couple une constante de l'histoire constitutionnelle, politique et idéologique des deux derniers siècles. Ces tensions, présentes dès l'origine dans les débats des *Founding Fathers* (« pères fondateurs ») américains, ne se sont pas éteintes avec le cours du temps, y compris dans les plus anciennes démocraties, comme la France où

1. *Cf.* la phrase célèbre de Rousseau : « S'il y avait un peuple de dieux, il se gouvernerait démocratiquement. Un gouvernement si parfait ne convient pas à des hommes », *Du contrat social*, Paris, Garnier-Flammarion, 1966, p. 108.

le débat entre « républicains » (qui privilégient le couple peuple/ État) et « libéraux » (qui insistent sur la modération du pouvoir et un système équilibré de *checks-and-balances*) trouve des raisons d'être – ou des prétextes – à un renouvellement continu de son argumentaire.

À cette tension essentielle au cœur de la démocratie, le populisme, en tant que schème idéologique récurrent, appose une lecture particulière. Tout en rappelant le message originaire de la souveraineté populaire, il pointe en effet sur l'impossible représentation fidèle des citoyens par les élus, ces derniers étant suspects de trahison de la volonté populaire. D'où une valorisation induite de la démocratie directe, qui peut déboucher, dans certains cas, sur une vision *descriptive* de la représentation légitime.

Les deux piliers de la démocratie

Comme l'a souligné avec force et clairvoyance Jean Leca dans un article de 1994, toutes les démocraties sont confrontées en permanence à la tension entre ces deux composantes fondamentales, le populisme d'une part, le constitutionnalisme de l'autre. Pour lui en effet, le populisme constitue par essence « un phénomène social lié à l'accès des masses à la politique entendue comme la lutte pour l'allocation des ressources, le contrôle du pouvoir coercitif et pour leur légitimation dans un cadre dépassant les communautés tenues pour prescrites [1] », qui équilibre et coexiste avec une autre tension essentielle, le constitutionnalisme, « "l'état de droit" protégeant des sphères de droits spécifiques contre le pouvoir arbitraire (ou plutôt "discrétionnaire") de l'État, même si ce pouvoir devait être l'expression de la volonté majoritaire [2] ».

1. Leca J., « Types de pluralisme et viabilité de la démocratie », Communication au XVIe Congrès de l'AISP, Berlin, août 1994, p. 5.

2. *Ibid.*, p. 7. Voir également Leca J., « La démocratie à l'épreuve du pluralisme », *Revue française de science politique*, vol. 46, n° 2, 1996, pp. 225-279.

En effet, en dépit de leurs histoires propres, de leurs cultures et de leurs préférences, la plupart, si ce n'est toutes les démocraties reflètent cette composition duale, ce mélange imprévu résultant de l'histoire et désormais à la base de toute nouvelle construction démocratique : une sorte d'« acquis démocratique », de codification génétique indissociable de cette forme particulière de gouvernement.

En premier lieu et avant toute chose, les démocraties sont l'expression de la volonté et du vote populaires. Il n'est pas de démocratie sans libre association des citoyens, sans élections libres, sans libre expression des opinions politiques. La démocratie, c'est d'abord le pouvoir du *dêmos*. Avant 1787-1789, on eût dit : c'est *seulement* le pouvoir du *dêmos*, du peuple. Malgré les arrangements politiques et institutionnels qui ont relativisé et, pour certains, édulcoré ce principe central, la plupart des citoyens sont encore convaincus que la démocratie est exclusivement le pouvoir du *dêmos*. Hommes politiques et partis ont également conservé l'habitude de parler de la démocratie comme si elle n'était *que* l'expression des choix populaires à travers des mécanismes électoraux variés et des systèmes de contrôle eux aussi différenciés. L'une des plus radicales illustrations de cette confusion des esprits est exprimée par la fameuse apostrophe de Lincoln définissant la démocratie comme « le gouvernement du peuple, par le peuple, pour le peuple ». Belle par sa formulation autant que simple, voire simpliste, par son contenu, cette déclaration possède la vigueur des slogans dont la carrière est promise à la pérennité. Malheureusement, la réalité de la démocratie est bien éloignée de ce rêve (ou de ce cauchemar ?). Toutes les démocraties, d'hier et d'aujourd'hui, sont « impures » par rapport à l'idéal avancé. Elles sont faites d'un mixte, le versant populaire, dont les origines remontent à la pensée grecque, et le versant constitutionnaliste, hérité de la tradition libérale, elle-même mêlée de pratiques héritées de la féodalité et de la monarchie limitée. Toutefois, ce caractère composite de la démocratie est lui-même un idéal-type. Nulle part l'équilibre entre les deux composantes n'est exactement le même. Nulle part il n'est figé. Il varie dans le temps et l'espace selon un équilibre instable et sans cesse renouvelé. En réalité, le débat récurrent sur la démocratie dans chaque système politique, les batailles autour du rôle du peuple, des partis, des organisations représentatives, les luttes à propos des dispositifs constitutionnels, les conflits sur le rôle respectif de l'État et du marché sont les expressions multiformes, changeantes, mais persistantes d'un conflit de frontières résultant de l'ambivalence congénitale des démocraties constituées. Contrairement à ce que dit l'étymologie (« démocratie » signifie littéralement le « pouvoir du peuple »), les démocraties ne peuvent être réduites au pouvoir populaire. C'est ce qu'exprime de façon volontairement provocatrice Giovanni Sartori dans sa formule à l'emporte-pièce : « La démocratie est le nom pompeux de quelque chose qui n'existe pas[1]. »

Mais que constate-t-on aujourd'hui ? Non seulement le nombre des démocraties a beaucoup augmenté depuis la Seconde Guerre mondiale et surtout au cours de la dernière décennie du XXe siècle, mais, de façon plus insidieuse et sans doute moins spectaculaire, leur nature s'est quelque peu infléchie. Dans un premier temps, la construction démocratique de l'après-guerre s'est beaucoup ressentie du désastre totalitaire et de l'effondrement démocratique qui avait présidé à sa naissance et à son développement. La preuve avait été dramatiquement faite que le fonctionnement équilibré et durable d'un régime démocratique ne pouvait être assuré par le seul jeu des élections et des partis. Dès lors que ni le principe du suffrage universel ni celui des élections libres n'étaient plus discutés comme exigences minimales de la démocratie, une plus grande attention fut portée aux mécanismes de *checks-and-balances* permettant un fonctionnement harmonieux et durable de la démocratie et empêchant que d'un populaire débridé et incontrôlé ne sorte un pouvoir autoritaire ou dictatorial. Dans la foulée de la victoire alliée sous la direction des

1. Sartori G., *Théorie de la démocratie, op. cit.*

États-Unis, ce dernier pays allait aussi se faire l'apôtre et l'acteur d'une vision plus « constitutionnaliste » de la démocratie. De façon éclatante au Japon et en Allemagne, mais aussi, de manière plus indirecte, dans de nombreux autres pays, le pilier constitutionnel allait faire l'objet de toutes les attentions, sous le regard et l'impulsion du protecteur américain.

Pour la première fois, dans de nombreux pays et en particulier en Europe, certains concepts déjà présents dans la culture juridique et politique mais souvent dépourvus d'efficacité pratique allaient prendre effet : séparation des pouvoirs, indépendance judiciaire, droits de l'homme, contrôle de constitutionnalité, dévolution territoriale des pouvoirs à des unités décentralisées devenaient des composantes substantielles – et pas seulement rhétoriques – des démocraties nouvelles. Le processus fut plus long là où l'enracinement démocratique était plus ancien : en Grande-Bretagne bien entendu, du fait de l'absence d'une Constitution écrite formelle, mais en France également où la tradition républicaine restait bien plus forte que celle du libéralisme politique.

Conséquence mécanique de cette évolution, l'espace laissé au « populaire », c'est-à-dire dans la plupart des cas aux institutions porteuses, partis et Parlement, s'est contracté[1]. Bien plus, cette évolution est elle-même cumulative : la jurisprudence des cours suprêmes par exemple, en garantissant à la fois l'exécution – et l'expansion – des droits, contribue au fil du temps à brider de plus en plus le législateur[2]. Le *dêmos* reste bien la première et l'ultime référence, le point d'ancrage du discours politique et la source fondamentale de la légitimité politique, mais tout se passe parfois comme si l'élément rhétorique de ce référent finissait par l'emporter sur sa portée réelle et pratique.

---

1. Il nous semble que cette conclusion reste valide, même si l'on prend en compte l'impact de la décentralisation dans la diffusion des règles et procédures de la légitimité démocratique.

2. *Cf.* notamment Stone A., *The Birth of Judicial Politics in France : the Constitution Council in Comparative Perspective*, New York, Oxford University Press, 1992; Drago G., François B. et Molfessis N. (dir.), *La Légitimité de la jurisprudence du Conseil constitutionnel*, Paris, Economica, 1999.

Le caractère contingent et changeant de ce partage entre populisme et constitutionnalisme a été de nouveau illustré avec éclat au cours de la dernière décennie, après la chute du mur de Berlin et l'effondrement du socialisme réel. Cette fois, le rejet du passé se manifesta non seulement sur le terrain des institutions et de la démocratie mais aussi sur celui de l'économie. Toutefois, ce n'est pas seulement l'économie planifiée à la soviétique qui est rejetée pour son inefficacité et son incapacité à créer richesse et bien-être. L'intervention de l'État, donc du politique, devient elle-même illégitime. La vague néolibérale, s'appuyant sur les blocages suscités par l'interventionnisme étatique et le coût croissant des systèmes de *welfare state*, a conquis les esprits d'autant plus aisément que les pays pionniers dans cette croisade (Grande-Bretagne et États-Unis) affichaient une insolente croissance face à la stagnation et à l'endettement de la plupart des autres démocraties occidentales[1]. Peu à peu le message de Margaret Thatcher – « *there is no alternative* » – est passé du statut de proclamation militante à celui de constat réaliste. Le nouveau rapport de forces n'est pas sans conséquence sur le contenu de la démocratie, en particulier sur la capacité de soumettre le marché au contrôle et à la direction des autorités publiques choisies démocratiquement. Au cours des années 1990, la tendance, bien que chaotique, est univoque : les gouvernements perdent leurs prérogatives en matière de propriété (privatisation[2]), de contrôle (dérégulation[3]) et d'orientation générale (mort de la planification). La prétention au gouvernement démocratique de l'économie recule et s'efface au profit du marché et de sa main invisible, ou d'acteurs dont

1. Mény Y. et Rhodes M. (dir.), *The Future of European Welfare : a New Social Contract ?*, Basingstoke, Macmillan, 1998. Sur les conditions pratiques de ce changement en Europe, *cf.* notamment Jobert B. (dir.), *Le Tournant néolibéral en Europe*, Paris, L'Harmattan, 1994.

2. Wright V., *Les Privatisations en Europe : programmes et problèmes*, Arles, Actes-Sud, 1993.

3. Majone G., *Deregulation or Re-regulation : Regulatory Reform in Europe and the United States*, London, Pinter, 1990.

l'intervention ne répond plus aux exigences de la légitimité démocratique. Leur légitimité est ailleurs : dans l'obtention de résultats optimaux, dans leur capacité d'expertise, dans leur indépendance à l'égard de la compétition électorale. Banques centrales indépendantes, autorités autonomes de régulation, agences *ad hoc*, juridictions ou quasi-juridictions spécialisées se multiplient, contribuant à restreindre encore un peu plus la marge de manœuvre du politique, des partis, de l'idéologie, et donc du « populaire » dont ils sont l'émanation directe ou indirecte.

Autrement dit, puisqu'il n'existe aucune définition préconçue et préalable du champ du politique, le rapport entre la branche populiste et le rameau constitutionnaliste de tout système démocratique est une affaire contingente, profondément dépendante de la vision du monde dominante à un moment de l'Histoire et en un lieu déterminé. À vrai dire, la variable temporelle tend à devenir cruciale tandis que la variable spatiale perd de son impact du fait de la globalisation. Celle-ci concerne non seulement les intérêts économiques mais aussi les idées et les référents qui priment indépendamment du lieu de leur expression ou diffusion. Nul doute à ce sujet : le « moment néolibéral » a balayé quasiment toutes les résistances au cours des quinze dernières années. Pour reprendre les termes employés par Luc Boltanski et Ève Chiapello[1], l'« idéologie dominante » est bien celle du libéralisme qui a réussi – momentanément ? – à émanciper dans une large mesure le marché de la tutelle démocratique. Les garde-fous qui subsistent – lorsqu'ils survivent – relèvent de l'appareillage « constitutionnaliste » et presque jamais du populaire. L'argument invoqué est aussi simple que brutal : l'économie est une affaire trop importante pour être abandonnée à la politique (c'est-à-dire aux partis et à leurs électeurs).

Cet équilibre instable et changeant n'est pas par lui-même un problème, au contraire : puisqu'il est un élément constitutif de la démocratie réelle (réalisée et non rêvée), sa fonction d'utilité est

1. Boltanski L. et Chiapello E., *Le Nouvel Esprit du capitalisme*, Paris, Gallimard, 1999.

cruciale. C'est ce jeu de balance qui permet la nécessaire adaptation de la démocratie et sa flexibilité face à des contextes économiques, sociaux, idéologiques changeants. Toutefois, le problème naît lorsque ce relatif équilibre est mis en péril, lorsque l'écart s'accroît entre les perceptions diffuses et confuses que propage l'idéal démocratique (où le *dêmos* est au cœur des choses) et une réalité caractérisée par le rétrécissement du champ laissé à la volonté politique. On peut certes voir dans cette réduction du possible une saine entreprise de désenchantement de la vie politique, une révision salutaire des capacités réelles d'action des acteurs gouvernementaux. Mais il y a certainement une limite à l'exercice : si la politique n'est plus qu'une compétition relative à la sélection de ceux qui gouvernent, le risque est grand de voir ce programme minimum soit rejeté par ceux qui placent encore quelque espoir dans l'idéologie et le volontarisme politique, soit, alternativement, perçu comme trop peu attractif pour justifier l'action et la mobilisation politiques. Coincés entre protestation et anomie, les systèmes politiques démocratiques seraient alors minés de l'intérieur. La suprématie du marché et la supériorité de la démocratie comme modes de gestion de l'économie et de la politique reposeraient alors sur des positions bien fragiles.

Cette conception critique des évolutions récentes doit sans doute être nuancée. D'abord parce que les modalités de participation existent et se développent au-delà de la seule sphère électorale. Comme l'avaient déjà noté Roger Cobb et Charles Elder dans les années 1970, la participation des acteurs sociaux à la genèse de l'agenda des politiques publiques, par le biais de mobilisations collectives, l'organisation de groupes d'intérêt et la promotion de revendications spécifiques, est déjà en soi un élément de participation des individus et des groupes dans les processus politiques entendus au sens large[1]. De la même façon, pour ce qui concerne les règles du marché, il est clair que des mécanismes

1. Cobb R. et Elder C., *Participation in American Politics. The Dynamics of Agenda-Building*, Baltimore, Johns Hopkins University Press, 1972.

de re-régulation, même s'ils demeurent souvent incomplets et instables, se mettent en place, notamment à l'échelle supranationale. L'exemple le plus emblématique de ce point de vue est certainement le processus d'intégration européenne, avec toutes ses implications sur la conduite des politiques publiques et sur l'évolution des comportements et attitudes des acteurs[1].

Cependant, même si des éléments de « compensation » existent ou se développent, leur caractère incertain et trop souvent marginal est encore incapable de modifier dans l'immédiat ce déséquilibre identifié au profit de la composante constitutionnaliste de la démocratie. De ce point de vue, la phase constituante de l'après-guerre reste bien caractérisée par la recherche d'instruments capables de contenir le pouvoir, quand bien même ce dernier dériverait de la légitimité populaire. Le traumatisme issu de l'investiture – formellement régulière – d'un Mussolini, d'un Hitler ou d'un Pétain, conjugué avec l'observation de la fragilité des démocraties naissantes d'Europe centrale et orientale, ne pouvait que contribuer à la recherche d'idées et de solutions nouvelles pour garantir non seulement l'instauration de la démocratie, mais surtout son enracinement et sa consolidation.

Ce nouveau mode de conception des institutions démocratiques fut appliqué avec une vigueur particulière là où l'influence des vainqueurs et en particulier des Américains pouvait se faire sentir le plus. Trois pays d'Europe étaient particulièrement concernés du fait de leur rôle et de leur importance démographique, économique, militaire, l'Allemagne, l'Italie, la France, tous trois directement visés par la faillite de leurs institutions parlementaires et par une expérience plus ou moins longue et radicale de totalitarisme ou d'autoritarisme antidémocratique. Toutefois, la France, du fait de son statut officiel de vainqueur au sein de la coalition alliée, fut moins soumise à la pression du chan-

1. *Cf.* notamment sur ce point Majone G., *La Communauté européenne : un État régulateur*, Paris, Montchrestien, coll. « Clefs », 1996; Scharpf F., *Gouverner l'Europe*, Paris, Presses de Sciences Po, 2000.

gement, et les adaptations de nature constitutionnaliste restèrent de nature cosmétique, comme en témoigne par exemple la caricature de contrôle de constitutionnalité résultant de la création du Comité consultatif constitutionnel sous la IVe République. Bien plus, le contre-modèle gaulliste, qui défiait le modèle parlementaire classique, ne fit que renforcer par réaction les traits du modèle républicain jacobin. Le Sénat fut bien réintroduit sous forme de Conseil de la République sous la pression des gaullistes, mais son rôle politique et sa capacité d'influence demeurèrent quasi inexistants[1].

En revanche, l'Italie et l'Allemagne innovèrent plus radicalement, en conformité avec l'air du temps, en développant des mécanismes institutionnels insérés dans leurs régimes par référence à l'exemple américain. Des contrepoids furent établis dans une double direction, territoriale et fonctionnelle. Sur le plan territorial, la pression fut particulièrement nette tant il fallait éviter que la centralisation ne serve d'instrument facilitant l'accès et l'exercice du pouvoir à un dictateur potentiel. En Allemagne, par exemple, on vit une étrange coalition prônant les vertus du fédéralisme : les Américains sincèrement convaincus des mérites de la dévolution du pouvoir ; les Français profondément convaincus du contraire et tellement persuadés de la supériorité de la centralisation qu'ils voyaient dans un fédéralisme accentué la solution idéale pour maintenir l'Allemagne en position de faiblesse et d'infériorité ! En Italie, l'instauration du régionalisme et la marginalisation des préfets obéissaient à la même logique : éviter que la centralisation ne facilite la dictature. Que les péripéties de l'Histoire n'aient pas permis à la régionalisation de se développer avant les années 1970 dans les régions à statut ordinaire (cinq régions à statut spécial purent s'autonomiser pour le meilleur et

1. Sur les logiques politiques et institutionnelles de la IVe République, voir notamment Julliard J., *La IVe République*, Paris, Calmann-Lévy, 1981 ; Rioux J.-P., *La France de la IVe République*. I. *L'Ardeur et la Nécessité, 1944-1952* ; II. *L'Expansion et l'Impuissance, 1952-1958*, Paris, Le Seuil, 1980 et 1983.

pour le pire dès la fin des années 1940) est une autre affaire. L'important fut la mise en place d'une conception alternative du rapport entre démocratie et territoire : à la conception d'un peuple unifié s'exprimant à travers des institutions nationales détenant seules la souveraineté et la légitimité succède une approche pluraliste et moins dogmatique de la nation, du pouvoir, des nécessaires diversification et segmentation du pouvoir. L'indivisibilité n'est plus sacro-sainte, ou plutôt semble un principe du passé encore affirmé mais contredit pragmatiquement par le jeu des nouvelles institutions.

Tout aussi radicale est l'innovation majeure que constitue sur le plan fonctionnel l'instauration d'instruments nouveaux (ou rénovés) permettant une meilleure séparation des pouvoirs : en ce domaine, le nouvel équilibre résulte de la convergence de nombreux éléments. Certains sont radicalement inédits dans le contexte européen, si l'on excepte quelques tentatives avortées entre les deux guerres. Il en est ainsi par exemple de la création de cours constitutionnelles en Allemagne et en Italie malgré l'échec de l'expérience autrichienne impulsée par les écrits et l'influence de Hans Kelsen dans l'entre-deux-guerres[1]. Les Européens du continent sont à vrai dire réticents à se défaire du concept de suprématie incontestable de la loi, si indissolublement lié au concept de souveraineté du peuple (et, par ricochet, du Parlement). Ce fut le cas de l'Italie dont la classe politique mènera un combat d'arrière-garde, retardant jusqu'en 1955, date de la nomination effective des juges, la mise en marche de la Corte costituzionale. En témoignent aussi les réticences françaises lors de l'élaboration de la Constitution de 1958 : le Conseil constitutionnel représente certes une innovation remarquable par rapport aux deux siècles passés de tâtonnements constitutionnels, mais, loin d'être conçu comme le garant de l'équilibre des pouvoirs et des droits, il sera le gardien juridique d'un partage du pouvoir désormais favorable au pouvoir exécutif.

1. Kelsen H., *La Démocratie : sa nature, sa valeur*, Paris, Economica, 1988.

La transformation de l'équilibre entre le « populisme » et le « constitutionnalisme » (entendus ici comme les tensions essentielles inhérentes à la démocratie) en Allemagne et en Italie est fondamentale pour le développement des décennies suivantes : en premier lieu, il est clair que cette tendance met en place une nouvelle configuration démocratique, même si celle-ci est encore hésitante et diversifiée. L'Allemagne en constitue en quelque sorte le prototype à succès. L'Italie – qui conserve par ailleurs nombre d'éléments du modèle parlementaire traditionnel en les combinant avec des éléments populaires tels que le référendum abrogatif – emboîte le pas avec plus d'hésitation et moins de succès.

Mais – et c'est là le second point important – ce modèle gagne progressivement en prestige et en capacité attractive. De plus en plus de juristes finissent par souscrire à l'affirmation de Lamennais selon laquelle, parfois, « c'est la loi qui opprime », et par voir dans le spectre du « gouvernement des juges » un anathème trop commode et simpliste pour être honnête. De plus en plus d'hommes politiques se détachent de la vision continentale de la démocratie inspirée par la Révolution française et ses variantes internationales, surtout quand une partie de l'héritage est reprise par ces héritiers douteux que sont les partis communistes de l'Est et de l'Ouest. Témoignage de cette lente évolution au profit du constitutionnalisme, la transformation de la Ve République elle-même : le référendum, capté par l'exécutif, devient inutilisable, et la réforme introduite en 1995 par Jacques Chirac ressemble davantage à une mise en bière qu'à une cure de jouvence ; le Conseil constitutionnel s'émancipe à partir de 1971 avec sa décision sur la liberté d'association pour se rapprocher du modèle des autres cours constitutionnelles occidentales. Plus spectaculaire encore, le bourgeonnement démocratique qui succède à la chute des dictateurs de droite dans le sud de l'Europe d'abord, à l'effondrement des régimes socialistes derrière le rideau de fer ensuite. Lorsque l'Espagne émancipée du franquisme élabore sa nouvelle charte fondamentale, ce n'est pas vers Paris ou vers Londres que se tourne son attention, mais vers le modèle rhénan.

Aujourd'hui, le contrôle de constitutionnalité est obligatoire dans toute construction constitutionnelle. Certes, les variantes à partir du modèle sont multiples, mais l'imitation va très loin : ce ne sont plus seulement les structures ou les procédures qui sont reproduites, mais parfois également les solutions jurisprudentielles, comme on le voit par exemple en Hongrie où les décisions de la cour constitutionnelle sont souvent de véritables copies conformes du tribunal de Karlsruhe. Cette évolution prend même une signification beaucoup plus vaste et plus lourde de conséquences sur les principes et les modes de fonctionnement des régimes démocratiques lorsqu'elle est associée à une dynamique d'intégration régionale, comme c'est le cas pour la Cour de justice au sein de la construction européenne[1].

L'émergence et la diffusion des cours constitutionnelles représentent ainsi probablement l'innovation la plus radicale sur le plan politico-juridique, car elles portent le fer au cœur même d'une conception de la démocratie tout entière centrée sur le peuple (et, par dérivation, sur le pouvoir du Parlement). Désormais, le peuple – et ses représentants – n'est plus totalement libre de ses mouvements. Il est subordonné non seulement à la charte fondamentale, mais aussi aux normes et valeurs souvent imprécises des déclarations des droits de l'homme. En leur donnant valeur juridique et efficacité politique, les cours bornent le pouvoir populaire/parlementaire et remettent en cause deux siècles de républicanisme français et continental. Si le député socialiste André Laignel avait prononcé sa fameuse apostrophe à la droite (« Vous avez juridiquement tort parce que vous êtes politiquement minoritaires ») en 1960 ou 1965, il n'aurait pas choqué grand monde et n'aurait probablement suscité aucune protestation de l'opposition, elle-même convaincue de la véracité et de la légitimité d'une telle proclamation. En 1982, ce fut un beau tollé. Nul – sauf quelques hommes de gauche de la vieille tradition

1. *Cf.* Dehousse, R., *La Cour de justice des Communautés européennes*, Paris, Montchrestien, coll. « Clefs », 1997.

jacobine ou quelques juristes d'arrière-garde – n'était plus prêt à accepter une telle conception du principe de majorité et de la légitimité démocratique. La phrase a même permis à André Laignel de passer à la postérité puisqu'elle marqua le chant du cygne d'une République censée être l'expression de la volonté populaire et univoque et laissant place à une approche pluraliste et libérale de la démocratie.

Ce tournant ne signifie pas que toute tension ait disparu : on le voit bien en Italie, où les discours ampoulés du Parti communiste italien (PCI) sur la centralité du Parlement servaient d'excuse à son insertion un peu honteuse dans les circuits du pouvoir ; en Allemagne, où le Tribunal constitutionnel lui-même a redonné au *dêmos* une vigueur inattendue dans sa décision controversée sur la ratification du traité de Maastricht ; en France aussi où la « résistance » s'exprime de manière multiforme : refus d'étendre les pouvoirs du Conseil constitutionnel, refus de l'européanisation et émergence de partis « souverainistes », critique de la cohabitation (et donc d'une certaine forme de pluralisme institutionnel et politique) au nom de la nostalgie d'un « vrai » pouvoir fort et monocolore, etc.

Toutefois, la rapide expansion des cours constitutionnelles, qui a transformé les équilibres de la plupart des démocraties européennes – l'exception la plus notable étant la Grande-Bretagne[1] –, ne résume pas à elle seule la montée en puissance du constitutionnalisme. Parallèlement à cette révolution juridique s'opérait une révolution de même ordre sur le plan de la politique économique, là aussi dans la foulée de l'expérience américaine. Il s'agit de l'émancipation progressive des banques centrales de leurs tuteurs politiques, les gouvernements nationaux (ou, depuis la création de la Banque centrale européenne, ou BCE, des gou-

1. Les récentes réformes territoriales de Tony Blair amenuisent cependant le fameux principe de suprématie du Parlement et nécessiteront, un jour ou l'autre, l'instauration d'une cour de type constitutionnel, ne serait-ce que pour régler les conflits entre pouvoir central et autorités régionales autonomes.

vernements de l'Union économique et monétaire européenne). Une fois de plus, la combinaison de l'expérience américaine et du désastre économique allemand consécutif à la crise de 1929 et à l'inflation galopante du moment a constitué un élément crucial du changement.

L'indépendance de la Banque fédérale américaine (la Federal Reserve) a été elle-même l'objet d'une lente évolution et l'occasion de batailles passionnées entre partisans et adversaires d'une banque centrale d'abord, de son autonomie ensuite[1]. Il est remarquable à cet égard qu'à la fin du XIXe siècle les mouvements populistes américains aient fait du combat contre la Banque centrale l'un de leurs principaux chevaux de bataille[2] et que leurs arguments ne soient pas sans rappeler ceux qu'utiliseront un siècle plus tard les adversaires du traité de Maastricht et de la nouvelle Banque centrale européenne qu'il instituait. Sur ce point, l'argumentaire développé par Jean-Pierre Chevènement à l'occasion de la réforme du statut de la Banque de France reposait sur l'idée que « l'indépendance de la Banque de France ne détruira pas, à elle seule, l'unité de la République, mais elle participe de ce mouvement de sape qui, à travers un fédéralisme rampant, la renaissance des féodalités, l'abaissement du Parlement, une "médiacratie" qui n'a de comptes à rendre qu'au pouvoir de l'argent, la prolifération des hautes autorités indépendantes du suffrage universel, s'inscrit dans un mouvement continu qui tend à vider de leur substance la démocratie et la citoyenneté de notre pays[3] ».

Du point de vue de l'évolution des démocraties européennes, l'important est de souligner que le succès prodigieux du modèle économique allemand (croissance sans inflation) a été lié, surtout

---

1. *Cf.* l'article de Broz J. L., « The Origins of Central Banking : Solutions to the Free-Rider Problem », *International Organization*, 52, 2, 1998, pp. 231-268.

2. *Cf.* notamment les développements sur ce point dans Kazin M., *The Populist Persuasion. An American History,* Ithaca, Cornell University Press, 1998 ; Hertzke A., *Echoes of Discontent. Jesse Jackson, Pat Robertson, and the Resurgence of Populism,* Washington, Congressional Quarterly, 1993.

3. *Journal officiel*, Assemblée nationale, 8 juin 1993, p. 1117.

dans les années 1970-1980, à la politique monétaire menée de manière indépendante par la Bundesbank. Il importe peu que cette relation de cause à effet soit vérifiée ou non[1]; ce qu'il faut retenir, c'est que cette perception dominante a nourri l'idée d'une « sagesse » allemande qui contrastait avec les incohérences présumées des pays voisins où la politique monétaire était aux mains des politiques. C'est donc tout naturellement que s'est imposé le modèle allemand de banque centrale, d'autant que l'Allemagne, réticente à l'idée d'abandonner le deutschmark, était en mesure d'imposer ce « modèle gagnant », celui de la Bundesbank[2]. Non seulement cette dernière a inspiré la BCE, mais les autres banques nationales des pays de l'Union monétaire ont dû réformer leur statut et couper le cordon ombilical avec le pouvoir politique. La Grande-Bretagne elle-même, bien que ne faisant pas partie de l'Union monétaire, s'est alignée[3].

Parallèlement, le mouvement néolibéral, en prônant et en favorisant la dérégulation et les privatisations, a créé les conditions de l'autonomie du marché par rapport au politique. De nouvelles régulations échappant au politique (donc aux partis et indirectement au pilier populaire de la démocratie) ont été mises en place, comme l'atteste la multiplication dans tous les systèmes

---

1. Certaines études récentes ont par exemple souligné que le « miracle allemand », loin d'être le produit de la seule indépendance de la Bundesbank, était également lié à la structure corporatiste des relations sociales, qui permettait de contrôler l'évolution des salaires sans mécontentement social. *Cf.* notamment Hall P. et Franzese R., « Mixed Signals : Central Bank Independence, Coordinated Wage-Bargaining and European Monetary Union », *International Organization*, 52, 3, 1998, pp. 505-536.

2. *Cf.* notamment les études de McNamara K., *The Currency of Ideas*, Ithaca and London, Cornell University Press, 1998, et de Balleix-Banerjee C., *La France et la Banque centrale européenne*, Paris, PUF, 1999. Pour une vue plus générale, voir Moravcsik A., *The Choice for Europe. Social Purpose and State Power from Messina to Maastricht*, London, UCL Press, 1998.

3. *Cf.* Surel Y., « Comparer des sentiers institutionnels. Les réformes des banques centrales au sein de l'Union européenne », *Revue internationale de politique comparée*, vol. 7, n° 1, 2000.

démocratiques développés de nouvelles institutions aux statuts et compétences variés : agences, autorités quasi juridictionnelles, autorités de régulation, *quangos* (*quasi non-governmental agencies*), etc[1]. Elles sont souvent caractérisées par leur nature ambivalente (productrices de règles, autorités de contrôle, quasi-juridictions), mais surtout par leur autonomie vis-à-vis du politique, dont l'autorité se limite souvent à la nomination des membres par diverses institutions ou « branches du gouvernement » garantissant ainsi dès l'origine un pluralisme minimal. Pour le reste, l'interférence du politique est prohibée et toute tentative de manipulation par les partis ou la classe politique risquerait d'être contre-productive et source potentielle de scandale. L'idée que les détenteurs momentanés du pouvoir puissent se saisir du contrôle des appareils politiques, administratifs et économiques dans leur ensemble est devenue progressivement illégitime, quand bien même ce coup de main serait effectué au nom de la souveraineté populaire. Le pluralisme social est une réalité empirique. Le pluralisme institutionnel, qu'il soit politique ou économique, est devenu une obligation idéologique.

Cette transformation radicale n'est pas dépourvue d'ironie, car elle est le fruit de l'action des hommes politiques eux-mêmes. Ce fut parfois le choix idéologique conscient et affiché des formations néolibérales. Ce fut souvent l'option retenue, y compris par des hommes politiques se rattachant à la tradition démocratique classique du parlementarisme et de la « partitocratie », sous la pression des forces économiques et sociales, face à la délégitimation progressive de la politique partisane ou à l'excès des problèmes portés sur l'agenda politique gouvernemental (*overload*). Une certaine désillusion de la politique quant à sa capacité à

---

1. Pour la France, *cf.* Gentot M., *Les Autorités administratives indépendantes*, Paris, Montchrestien, 1994. Pour le contexte européen récent, *cf.* Kreher A., « European Agencies », *Journal of European Public Policy,* vol. 4, n° 2, 1997, pp. 225-291 ; Dehousse R., « European Institutional Architecture after Amsterdam. Parliamentary System or Regulatory Structure ? », *Common Market Law Review*, vol. 35, n° 3, 1998, pp. 595-627.

embrasser et à gérer l'ensemble des problèmes, en particulier économiques, n'est pas non plus absente : après l'épuisement des charmes de la planification et le désenchantement à l'égard des capacités de changement à travers les nationalisations vint le moment de la célébration de l'économie mixte et de l'harmonieuse complémentarité de l'État et du marché. Finalement, la reconnaissance par la plupart des gouvernements sociaux-démocrates (Lionel Jospin s'inscrivant lui-même dans le courant) que l'État ne peut administrer l'économie constitue l'étape ultime (et finale ?) de l'« évidement » (*hollowing out*) de l'État.

La globalisation, et sur notre continent le développement de l'Union européenne, ont encore ajouté à ce *non possumus* des hommes politiques. Il leur est difficile d'avouer leur nudité mais tout aussi difficile de la nier. Il est de plus en plus clair que la congruence entre espace politique et espace économique qui a accompagné la naissance et le développement de la plupart des démocraties n'existe plus et que ce décalage croissant mine l'ancienne prétention des hommes politiques à être « maîtres des horloges ». Elmar Altwater met bien en évidence ce grand écart lorsqu'il écrit : « Au vu de l'autorité du marché, la substance de la démocratie politique apparaît comme bien mince, même si la forme reste forte[1]. »

À plusieurs reprises, Giandomenico Majone a eu l'occasion d'analyser cette transformation des modes de régulation et d'expliquer « pourquoi les démocraties ont besoin d'institutions non majoritaires[2] ». La crédibilité des politiques publiques et celle des engagements à long terme sont des conditions nécessaires au bon fonctionnement du marché, mais ces deux propriétés sont rarement fournies par les autorités politiques soumises aux

---

1. Altwater E., « The Relation of Material and Formal Democracy », *in* Shapiro I. et Hacker-Córdon C. (dir.), *Democracy's Edges*, Cambridge, Cambridge University Press, 1999, p. 51.

2. Majone G., « Temporal Consistency and Policy Credibility : Why Democracies Need Non-Majoritarian Institutions », *Working Paper RSC*, n° 96/57, European University Institute, 1996.

contraintes et aléas de l'échéancier électoral et de la compétition politique. En conséquence, il y a un besoin de régulation par des autorités professionnelles et indépendantes. Majone est bien conscient de ce que l'émergence de cette « *fourth branch of government* » (selon l'expression souvent utilisée par les Américains pour désigner les agences indépendantes) met en péril le traditionnel principe de responsabilité à l'égard du peuple (*accountability*). Il affronte cette question en s'appuyant sur la distinction entre problèmes d'efficacité et problèmes de redistribution. Ces derniers posent des questions distinctes qui devraient être traitées selon des modalités différentes : les politiques visant à l'efficacité cherchent à augmenter le bien-être collectif, c'est-à-dire à améliorer le sort de tous ou presque tous, individus ou groupes, au sein de la société, tandis que l'objectif des politiques redistributives est d'améliorer la situation d'un groupe aux dépens d'un autre. Alors que les politiques redistributives, explique Majone, doivent être décidées à la majorité (puisqu'elles entraînent des différences dans l'allocation des coûts et bénéfices), les politiques tournées vers l'efficacité – où, en principe, chacun et tout le monde peut gagner – devraient en principe être décidées à l'unanimité. En raison de la difficulté d'utiliser cette option au sein des grandes collectivités, une solution de rechange (qui permet d'obtenir crédibilité, expertise, etc.) consiste à déléguer cette tâche à des institutions composées d'experts et échappant au contrôle de la majorité (politique). Majone ne dissimule pas les problèmes découlant de cette option, c'est-à-dire ceux de la responsabilité et de la légitimité. Toutefois, estime-t-il, cette légitimité dérivera des résultats obtenus (*ouput legitimacy*).

Cette idée a été récemment reprise par Fritz Scharpf [1] à l'occasion du débat sur le déficit démocratique de l'Union européenne. Estimant que la légitimité par l'*input* (c'est-à-dire le soutien du *dêmos* qui, en tant que tel, n'existe pas au niveau européen) est

1. Scharpf F., *Gouverner l'Europe*, Paris, Presses de Sciences Po, 2000.

faible et aléatoire et qu'il n'y a guère d'espoir que cette situation se modifie avant longtemps, Scharpf suggère lui aussi de se rallier à cette légitimation. Cette hypothèse n'est pas un mirage : la FED et la Bundesbank sont de remarquables illustrations de cette légitimité non démocratique par la performance (*outputs*). Toutefois, cette solution a aussi ses faiblesses : en cas d'insatisfaction, le peuple n'a pas d'autre choix pour manifester son mécontentement que de se replier sur les voies classiques de la démocratie, c'est-à-dire de sanctionner des représentants et des gouvernements qui n'en peuvent mais... Singulier paradoxe de la démocratie contemporaine où le champ de la politique se restreint tandis que celui de la responsabilité politique s'accroît ! Les Italiens ont un merveilleux raccourci pour souligner combien les gouvernants sont responsables de tous leurs maux, y compris ceux dérivant de phénomènes naturels : « *Piove ? Governo ladro*[1] ! »

Bref, la période récente témoigne du considérable changement intervenu dans les modes de régulation de l'économie au niveau national, mais aussi européen ou international. Ces nouveaux modes ont sans doute une multitude de qualités, mais il leur en manque une, cruciale, la légitimité à l'égard du *dêmos*. De nouveau, soulignons que le problème n'est pas tant dans la coexistence de divers modes de régulation et de responsabilité que dans l'éventuel déséquilibre entre le pilier populaire et le pilier constitutionnel. Le correctif constitutionnaliste de l'après-guerre ou des années 1970-1990 répondait à une nécessité historique précise et a eu de nombreux effets bénéfiques. Mais n'est-on pas allé trop loin en faisant pencher la balance de manière excessive dans la direction opposée ?

La démocratie américaine offre à cet égard un contrepoint intéressant à la présente évolution de l'Europe. Les États-Unis d'Amérique ont été les premiers à développer de manière réfléchie et méthodique un système de contrepoids destiné à compenser l'influence (jugée potentiellement dangereuse) du peuple. La

1. « Il pleut ? Gouvernement de voleurs ! »

Constitution originelle, par exemple, ne prévoyait ni l'élection du Sénat ni celle du président au suffrage universel, tandis que la Cour suprême instaurait rapidement le contrôle de constitutionnalité des lois, que la création d'une banque centrale devenait, nous l'avons vu, le centre d'âpres débats tout au long du XIXe siècle, etc. À la fin du siècle, les problèmes économiques, en particulier ceux des agriculteurs, suscitèrent des protestations populaires contre les élites économiques et politiques et la revendication d'une plus grande participation du peuple au gouvernement central. Le mouvement populiste échoua dans ses tentatives de faire élire ses candidats successifs à la présidence, mais réussit cependant à profondément marquer le cadre politique et institutionnel, légitimé dans ses revendications par le rappel des mots qui ouvrent la Constitution : *We the people...*

Se voulant progressiste dans ses objectifs de démocratisation, farouchement critique des partis et des politiciens incompétents et corrompus, le populisme américain de la fin du XIXe siècle et du début du XXe va marquer durablement le système politique en inscrivant dans les Constitutions des États de nombreuses dispositions à caractère populiste : sélection des candidats à la présidence par des primaires plutôt que par des *caucus* des partis (manipulés par les appareils) ; élection populaire des titulaires de nombreuses fonctions non seulement politiques, mais aussi administratives et judiciaires au niveau des États et des villes ou localités ; instauration dans de nombreux États, en particulier dans l'Ouest et le Sud, de procédures de démocratie directe (référendums, initiatives populaires, *recalls*) ; interdiction dans certaines villes de faire campagne sous une étiquette partisane pour éviter la captation de la politique par les partis ; recours au système du *city-manager* dans la gestion des villes pour éviter le clientélisme et la corruption au profit des machines partisanes. Bref tout un arsenal, souvent disparate, appliqué ici ou là en fonction des décisions étatiques ou locales, expression fréquente de pulsions plus ou moins respectables (égoïsmes locaux, xénophobie, racisme, etc.). Mais en toute hypothèse un contrepoids indéniable à l'extension et à la sophistication des multiples *checks-and-balances* des institutions américaines et un canal très utile pour la manifestation des opinions, y compris les moins dicibles. Le constitutionnalisme parfois exacerbé du niveau fédéral est ainsi compensé – et influencé – par le populisme non moins débridé qui se déploie au niveau local.

Le système américain n'est certes pas un modèle et nombre de ses institutions, procédures ou pratiques sont inexportables en Europe. Mais la question n'est pas dans la recherche d'une alternative à imiter. Elle est dans l'identification de l'équilibre – optimal ? souhaitable ? – à trouver entre les deux piliers. La plupart des systèmes politiques européens ont oscillé d'un excès à l'autre. Se fondant presque exclusivement à l'origine sur le peuple, s'identifiant exclusivement à la nation, le système démocratique en Europe n'a pas su mesurer les risques de dérive majoritaire (la tyrannie de la majorité) ou autoritaire (le peuple assujetti au leader). Après les amères expériences de l'entre-deux-guerres, le balancier s'est opportunément déplacé vers le pôle libéral-constitutionnaliste marqué à ses origines par la peur des masses. Depuis cinquante ans, l'évolution a été univoque et les exceptions à la tendance sont restées ponctuelles et marginales (référendums liés à l'intégration européenne, par exemple). La question aujourd'hui est simple : ne sommes-nous pas allés trop loin ?

Les populismes et la démocratie des populistes : une lecture sélective

La vision de la démocratie par les populistes est évidemment sujette à variations selon les époques, les pays et les contextes. Mais, au-delà des inflexions conjoncturelles ou culturelles, leurs vues convergent sur trois points essentiels : le fondement de la démocratie, le type de démocratie, les dysfonctionnements de la démocratie.

Le fondement de la démocratie

La théorie démocratique comme les mouvements populistes s'accordent sur un point : le peuple est le fondement de ce mode de gouvernement. On aura plus loin l'occasion d'analyser plus en détail combien la définition populiste du peuple s'éloigne, pour parfois lui devenir étrangère, du concept de peuple qui est à la base de la démocratie. Laissons de côté pour l'instant la difficile ambition d'identifier ce qu'est réellement le peuple. Comme le remarque Robert Dahl, « les partisans de la démocratie – y compris les philosophes politiques – font le postulat, de manière caractéristique, qu'il existe déjà "un peuple". Son existence est supposée être un fait, une création de l'histoire. Cependant, la "réalité" de ce fait peut être mise en question, ce qui est notamment le cas lorsque, comme aux États-Unis en 1861, le débat est réglé non pas par le consentement ou le consensus, mais par la violence[1] ». Par-delà cette difficulté, contentons-nous pour l'instant d'identifier le rôle que le populisme accorde au peuple dans sa vision idéaliste de la démocratie.

Le mythe d'une démocratie sortant tout armée de la volonté populaire est – il faut bien le dire – profondément ancré dans les mentalités, et pas seulement celles des leaders populistes. Chez la plupart de ces tribuns, les « facultés d'empêcher » à la Montesquieu qui structurent les systèmes occidentaux sont considérées comme autant de parasites, autant d'obstacles et de barrières à la volonté qu'exprime le peuple. On ne s'étonnera donc pas que tous les mécanismes institutionnels ou procéduraux qui brident l'expression directe des masses fussent l'objet de critiques acerbes. Banques centrales, commissions indépendantes, règles électorales, procédures législatives ou administratives sont perçues comme autant de filtres entravant l'expression de la volonté populaire. Ainsi, pour Jörg Haider, leader du FPÖ, le sys-

---

1. Dahl R., *Democracy and its Critics*, New Haven and London, Yale University Press, 1989, p. 3.

tème corporatiste autrichien, engoncé dans un carcan de règles et d'institutions, aboutit à l'apparition et au maintien d'une caste particulière, « les multifonctionnaires [...], des personnes qui cumulent tellement de fonctions et de responsabilités qu'elles n'arrivent même plus à travailler, parce qu'elles ne font plus que coordonner leurs tâches et parce que la seule chose qu'elles savent encore faire c'est donner partout leur numéro de compte en banque[1] ».

Ce discours critique à l'égard des institutions du libéralisme politique et du pluralisme institutionnalisé est cependant rarement homogène et rigoureux. Il n'existe pas de véritable « théorie » démocratique populiste, seulement un ensemble de discours virulents mettant en valeur le peuple, sa vertu, sa souveraineté absolue mais « captive », pour reprendre les mots d'André Tardieu dont l'influence s'exerça sur Michel Debré et indirectement sur le général de Gaulle, à travers sa critique acerbe de la classe politique de la IIIe République[2]. Les positions de ce futur président du Conseil sont à bien des égards éclairantes quant au rapport ambigu de la démocratie et du populisme : son discours est violemment hostile à la classe politique et l'accent de ses anathèmes pas très éloigné de certaines philippiques contemporaines. Mais ses propositions (extension du suffrage aux femmes, recours au référendum) n'avaient rien, c'est le moins qu'on puisse dire, d'antidémocratique.

La démocratie version populiste est davantage le rejet des *impedimenta* du libéralisme et du pluralisme politique et social qu'une vue cohérente et systématique. Fondamentalement, cette option d'une démocratie « pure » n'a ni précédent ni référent historique qui ne soit tantôt une caricature (péronisme), tantôt une faillite (1793). Les populistes peuvent cependant de temps à autre, ici et

1. Hassenteufel P., « Structures de représentation et l'"appel au peuple". Le populisme en Autriche », *Politix*, n° 14, 1991, pp. 97-98. La citation de Haider est extraite d'une interview à la télévision autrichienne du 13 novembre 1986.

2. Tardieu A., *La Révolution à refaire*. I. *Le Souverain captif*, Paris, Flammarion, 1936.

là, marquer des points en faisant évoluer le curseur vers le pôle du *dêmos* au détriment du pôle *checks-and-balances*. De ce point de vue, même si les arguments du populisme sont parfois frustes, élémentaires et biaisés, ils ne peuvent rester sans réplique ni réponse. Comme on l'a déjà dit, la fièvre populiste est peut être un indicateur d'une démocratie souffrante.

Dès lors que le populisme fonde la démocratie exclusivement sur la volonté du peuple, toute la volonté du peuple, il en résulte une préférence pour un certain type de démocratie, essentiellement la démocratie directe. Aux yeux des mouvements populistes, le système représentatif, en instaurant une médiation entre le peuple et le pouvoir, ne peut qu'introduire des distorsions, des déformations de la volonté populaire. Cette analyse n'est pas nouvelle. Burke en était déjà conscient en 1774 lorsqu'il s'adressait à ses électeurs de Bristol pour leur signifier qu'il n'avait pas été élu pour satisfaire leurs revendications mais pour exercer au mieux son intelligence et sa raison dans l'exercice des décisions.

Cette même analyse, plus dialectique, est au cœur de la réflexion des pères fondateurs de la démocratie américaine et traverse toute l'histoire des États-Unis[1]. De toutes les démocraties occidentales, ce sont en effet eux qui ont connu la plus grande diversité de mouvements populistes et qui en ont subi l'impact le plus profond et le plus durable[2]. Pour comprendre cette singularité, sans doute faut-il remonter aux tensions qui ont marqué, dès les origines, la construction des institutions américaines. Les pères fondateurs de la Constitution américaine étaient bien conscients des risques qu'aurait pu faire courir aux institutions l'irruption non maîtrisée et non contrôlée des masses en politique. Mais ils savaient aussi que ceux qui avaient fait la révolution n'auraient pas accepté que le pouvoir fût réservé à une élite étroite qui eût

---

1. Manin B., *Principes du gouvernement représentatif*, Paris, Calmann-Lévy, 1995.

2. Kazin M., *The Populist Persuasion, op. cit.*; voir également Ware A., « The United States : Populism as Political Strategy », *Workshop on Populism*, European University Institute, 14-15 janvier 2000, non publié.

confisqué la souveraineté populaire. La Constitution chercha à concilier ces deux pulsions contradictoires. D'un côté, comme l'écrivit Madison, la République se distingue par « le fait de déléguer le gouvernement [...] à un petit nombre de citoyens élus par les autres », à un « corps choisi de citoyens dont la sagesse est le mieux à même de discerner le véritable intérêt du pays et dont le patriotisme et l'amour de la justice seront les moins susceptibles de sacrifier cet intérêt à des considérations éphémères et partiales[1] ». Et effectivement toutes sortes de filtres (élection indirecte du président et du Sénat, par exemple) permirent de faire émerger cette aristocratie naturelle. Mais cette sélection des meilleurs dut également éviter le piège de l'autoperpétuation, de la transmission héréditaire, et c'est pourquoi il était important, pour « conserver vertueux » les représentants du peuple, qu'ils soient soumis à réélection fréquente. Comme le note Bernard Manin dans son étude des principes du gouvernement représentatif, « les antifédéralistes apercevaient que le principe électif lui-même conduirait dans tous les cas à la sélection de ce qu'ils appelaient une aristocratie. Les fédéralistes partageaient sans nul doute cette intuition. Le désaccord portait sur l'étendue de l'écart devant séparer les représentants des représentés et sur la composition particulière de l'aristocratie qu'il convenait de sélectionner. Renouant, sans y faire référence, avec une très ancienne doctrine, les deux camps avaient conscience que l'élection produirait par elle-même un effet aristocratique[2] ».

La propriété, les libertés, l'égalité des chances, la moralité vont constituer le credo commun de tous les Américains, mais l'interprétation qui en est donnée divise ceux qui, tels les fédéralistes, estiment que le pouvoir doit être exercé par les hommes qui détiennent les richesses et les lumières, et ceux qui définissent le peuple comme l'immense cohorte des travailleurs, des producteurs de richesse, la « fraction industrieuse ». Parmi les avocats de

1. *The Federalist*, 10, p. 82.
2. Manin B., *Principes de gouvernement représentatif, op. cit.*, p. 170.

cette vision plus populaire de la démocratie, deux figures – fort différentes au demeurant – émergent, celles de Jefferson et de Jackson qui serviront de références aux courants populistes. L'idéal jeffersonien (des droits égaux pour tous, pas de privilège pour quiconque) ou les revendications plus rustiques d'un Jackson (qui incarne l'homme moyen, celui qui a réussi à s'élever au rang le plus élevé bien que fils de petits fermiers) jalonnent l'histoire des États-Unis, de la Révolution à la guerre civile. Jackson en particulier restera une image de référence pour les populistes, lui qui représente aux yeux de l'opinion la lutte des petits contre les gros, le combat des travailleurs contre le pouvoir de l'argent symbolisé par la Banque. Son combat contre la Bank of the United States lui fut sans doute fatal en raison des troubles économiques qu'il suscita, mais il lui valut l'estime des petits. Soixante ans plus tard, en 1892, le général Weaver, candidat populiste à l'élection présidentielle, pouvait avec quelque emphase dire de Jackson : « Le vieux héros comprit qu'un gouvernement démocratique ne devait pas avoir de complaisance pour un système financier aristocratique ou monarchique[1] ».

C'est en effet durant la période 1870-1900 que le mouvement populiste explosa et prit son autonomie à l'égard des deux grands partis qui dominaient la vie politique américaine. Sans doute sa naissance dut-elle quelque peu à la désillusion de ceux qui se sentirent trahis après la guerre de Sécession par le parti de Lincoln, le Grand Old Party (Parti républicain). Alors que Lincoln s'était fait le défenseur des petits, des agriculteurs, le GOP devint le porte-parole des intérêts industriels et financiers, des *fat cats* (littéralement, les chats gras). Mais l'élément décisif de la mobilisation populiste résulte de la profonde crise qui frappa les petits fermiers, en particulier dans les régions de l'Ouest. Le dernier quart du XIXe siècle fut en effet caractérisé par la croissance de la production de céréales et par la chute vertigineuse des prix, alors que les fermiers s'étaient endettés pour l'acquisition des terres et la mécanisation de leur outillage. D'autre part, les politiques

1. Weaver J. B., *A Call for Action*, 1892, cité par R. Hofstadter, « North America », *in* Gellner E. et Ionescu G. (dir.), *Populism, op. cit.*

commerciale et tarifaire poursuivies par le gouvernement fédéral, en favorisant l'importation à bas prix de céréales ou de produits de l'étranger, ne faisaient qu'accentuer la pression sur les producteurs locaux. Enfin, les monopoles du transport ferroviaire, en imposant des tarifs élevés à l'abri de toute concurrence, accentuaient les sentiments de dépendance et de frustration des petits producteurs à l'encontre des intérêts financiers et des hommes politiques qui les protégeaient. Avant la lettre, de larges catégories sociales se sentaient victimes d'un marché dur pour les faibles et profitable aux puissants, victimes d'une « globalisation » qui ne portait pas encore ce nom, victimes d'un système politique sourd et aveugle à leurs revendications.

La crise agricole était au même moment doublée par une crise minière résultant de la chute du prix du métal argent. En effet, à partir de 1873, de nombreux pays optèrent pour la démonétisation de l'argent alors même que la production connaissait une envolée. Aux États-Unis mêmes, l'entrée de six nouveaux États de l'Ouest dans l'Union, eux-mêmes importants producteurs d'argent, ne fit qu'accentuer les difficultés et renforcer la coalition hostile à la démonétisation. Progressivement, la coalition conjoncturelle entre fermiers et intérêts miniers évolua au détriment des premiers pour se centrer exclusivement ou presque sur les questions monétaires et la restauration du métal argent dans les échanges monétaires. Comme le souligne Richard Hofstadter, « l'histoire de l'esprit populiste, tel qu'il s'exprima alors lui-même, est de manière croissante l'histoire de la dénonciation du système monétaire[1] ». La publication la plus populaire du mouvement fut une sorte de manuel-pamphlet, *Coin's Financial School*, qui, pour l'essentiel, faisait remonter tous les malheurs du peuple à la démonétisation et proposait de redonner bonheur et prospérité à l'Amérique en rétablissant la circulation des pièces d'argent. En 1896, cette rhétorique constitua la base essentielle du programme du candidat populiste aux élections, ce qui ne manqua

1. Hofstadter R., « North America », *in* Gellner E. et Ionescu G. (dir.), *Populism, op. cit.*, p. 15.

pas d'ailleurs de marquer le mouvement populiste au sceau du passéisme. Pour longtemps, le People's Party sera perçu comme un mouvement rétrograde et nostalgique alors même qu'il comptait dans ses rangs (en particulier chez les fermiers) des éléments progressistes et socialisants.

Malgré son échec apparent et son caractère particulièrement spécifique, le mouvement populiste américain du dernier quart du XIXe siècle est particulièrement intéressant, car il présente un certain nombre de traits que l'on retrouvera ailleurs et plus tard. On peut déjà souligner quelques éléments fondamentaux :

– *Une vision duale de la société* oppose le peuple des travailleurs, fermiers, commerçants à la petite clique des potentats des grandes compagnies industrielles ou financières. Selon le mot d'un militant, « les petites gens de ce pays sont les esclaves, les monopoles sont les maîtres[1] ». Cette rhétorique vise à reconstituer l'unité des travailleurs en refusant la division gauche/droite et les oppositions partisanes jugées artificielles. En 1890, par exemple, lors d'un meeting rassemblant les diverses composantes des mouvements agraires, les représentants proclamèrent : « Nous ne nous diviserons plus sur la base de clivages partisans et nous attribuerons seulement nos votes aux candidats du peuple, par le peuple et pour le peuple[2] ». Toutefois, cet unanimisme des laissés-pour-compte contre les puissants cache, sous le couvert commode de la notion de « peuple », une réalité plus prosaïque, celle d'un « mouvement » souvent incapable de surmonter ses différences. Différences de classe qui rendent difficiles les rapports entre travailleurs de la terre et salariés des usines, en dépit de quelques actions de soutien ou de collaboration ponctuelles ; différences idéologiques qui obligent à une cohabitation difficile des leaders paysans influencés par les idées socialistes ou inspirés par le revivalisme biblique du Sud et des représentants des

1. Cité par Hicks J. D., *The Populist Revolt*, Lincoln, University of Nebraska Press, 1961, p. 160.
2. *Ibid.*, p. 155.

intérêts miniers profitant de manière opportuniste de la coalescence des mécontentements ; différences régionales rendant extrêmement précaires les alliances entre Nord et Sud, Est et Ouest au lendemain de la guerre civile qui a cristallisé le *sectional vote*, républicain au nord, démocrate au sud ; différences raciales enfin, car il est exclu pour les fermiers blancs du Sud de s'allier à leurs homologues noirs. On comprend mieux dès lors l'importance symbolique du recours à la notion de peuple qui subsume les différences en tentant de les nier.

– Le refus des divisions, en particulier de la division droite/gauche, amène rapidement à la constitution d'une organisation censée dépasser les clivages politiques traditionnels. Le dilemme est alors d'évoluer d'un mouvement social plus ou moins homogène vers une structure organisationnelle capable de mener son propre jeu sur la scène politique. C'est à quoi répond, en 1890, la création au Kansas du People's Party, qui fait une entrée remarquée sur la scène politique en emportant la législature de l'État et plusieurs sièges au Congrès. En revanche, dans le Sud les fermiers préfèrent jouer leur carte au sein du Parti démocrate en apportant leur soutien aux seuls candidats qui s'engagent à mettre leur programme en œuvre. Dans un Sud dominé par le seul parti démocrate et obsédé par la question noire, il apparaît pour le moins risqué et problématique de s'engager dans la voie du tiers parti. C'est pourtant la solution qui sera retenue au Texas d'abord, puis dans plusieurs autres États du Solid South (Alabama, Géorgie, Caroline du Nord), et qui aboutit en 1892 à la nomination du général James Weaver comme candidat du People's Party. Bien que Weaver ait obtenu plus d'un million de voix et fait la démonstration qu'un tiers parti pouvait émerger sur la scène politique américaine, les scores électoraux ne pouvaient faire espérer un impact majeur sur la politique américaine. Comme le souligne Richard Hofstadter, « il semble évident que les populistes étaient suffisamment puissants pour alimenter une réelle pression sur les deux principaux partis dans plusieurs États, ou pour former un petit bloc au Sénat. Cependant, leur parti n'était pas susceptible de devenir un opposant véritable à l'échelle nationale[1] ». Faute d'un accord avec les masses ouvrières urbaines, le mouvement populiste en était réduit à ses bastions ruraux et miniers de l'Ouest. Le Sud, pourtant séduit par les slogans populistes, restait fidèle aux démocrates par conviction parfois, grâce à la corruption et à une fraude électorale éhontée souvent. Confronté à la nécessité de pactiser avec l'un ou l'autre des deux grands partis au niveau des États, le People's Party fut mis au pied du mur en 1896, lorsque le Parti démocrate choisit comme candidat Bryan, proche par ses idées et son style des populistes au point d'avoir soutenu Weaver quatre ans plus tôt, de préférence au candidat de son propre parti. Face à ce dilemme, la convention du People's Party apporta finalement son soutien à Bryan, mais en le flanquant d'un candidat à la vice-présidence peu apprécié des démocrates. La défaite de Bryan fut désastreuse pour le People's Party : non seulement il sortait déchiré et quasi détruit de cet épisode, mais il avait permis au Parti démocrate de s'approprier les oripeaux rhétoriques, symboliques et parfois programmatiques du mouvement populiste. Cette première expérience majeure de tiers parti livre une leçon qui n'a jamais été démentie à ce jour : les tiers partis sont souvent des aiguillons et des stimulants du débat politique qu'ils peuvent contribuer à modifier et façonner, mais ils n'ont jamais été capables de renverser la mainmise du duopole républicain/démocrate sur la vie politique. Le populisme, s'il n'a pas réussi à se constituer en force politique stable et organisée, a su, comme on le verra plus tard, s'infiltrer de façon continue dans le débat politique grâce en partie à l'héritage institutionnel qu'il a légué. Le populisme comme parti ou organisation politique n'a pas d'avenir institutionnel aux États-Unis. Comme mouvement d'idées, il bénéficie en revanche d'un terreau favorable et se prête à une récupération sans complexe de la part des deux formations politiques majeures.

---

1. Hofstadter R., « North America », *op. cit.*, p. 23.

Le manichéisme originel du populisme est construit sur des modes spécifiques qui mettent en valeur le déséquilibre des forces et l'importance des valeurs morales. D'un côté la quasi-totalité de la population (le peuple), de l'autre une étroite minorité ; d'un côté les braves gens, honnêtes et travailleurs, de l'autre le monde véreux de la finance, l'exploitation, la corruption. Ce déséquilibre des forces et des valeurs que véhicule le discours populiste s'exprime par la diabolisation d'adversaires « fourbes et retors » et par le recours à la théorie du complot, seule capable de justifier l'état des choses en dépit d'un rapport de forces si disproportionné.

L'élément moral, religieux a toujours constitué une donnée fondatrice de la culture américaine, y compris en politique. La séparation de l'État et des Églises peut bien être proclamée, la religion, le sentiment religieux imprègnent toute la vie publique, en particulier dans le Sud où le fondamentalisme protestant et le récurrent *revival* des valeurs religieuses contribuent largement à structurer les rapports sociaux.

Les orateurs du mouvement populiste confondent souvent harangue et prêche, et s'inspirent dans leurs discours des thématiques véhiculées par le fondamentalisme protestant. En 1896, tant le candidat démocrate soutenu par les populistes, Bryan, que le candidat à la vice-présidence choisi par les populistes, Watson, manifestaient une religiosité et un moralisme que n'aurait pas reniés un prêcheur du Sud profond. Le langage de Watson peut sembler archaïque, mais les thèmes de ses diatribes sont ceux du populisme réactionnaire quelle que soit la nationalité de l'orateur : « Le rebut de la création a été déversé sur nous. Certaines de nos plus grandes villes sont plus étrangères qu'américaines. Les hordes les plus dangereuses et les plus corruptrices du Vieux Monde nous ont envahis[1]. » Substituons tiers monde à Vieux Monde et la plupart des leaders populistes d'aujourd'hui se reconnaîtraient dans un argumentaire dont ils font leur pain quotidien.

1. Cité dans Hofstadter R., *The Age of Reform*, New York, Alfred Knops, 1955, pp. 82-83.

L'immoralité est aussi dans la course à la richesse et dans l'usage qui en est fait, en particulier par les banquiers et les propriétaires des grandes compagnies. Pierre Mélandri évoque cette hantise du complot en citant un militant populiste qui suggère l'éventualité d'une « vaste conspiration contre l'humanité organisée sur deux continents et [qui] s'étend rapidement sur toute la planète [1] ». Au vocabulaire près, on retrouve les accents qui de nos jours caractérisent la dénonciation de la mondialisation [2].

La critique de la représentation

Malgré le temps, la rhétorique (et la pratique) populiste n'a pas changé depuis que l'argumentaire en a été pour ainsi dire établi par le populisme américain. « Représentation » devient bientôt synonyme de « trahison » et les populistes n'auront de cesse de réclamer davantage de contrôle sur les élus (à défaut de pouvoir s'en débarrasser) et plus de moyens d'expression directe à travers référendums et autres initiatives populaires. Le populisme se caractérise ainsi par une interprétation bien à lui des dynamiques représentatives tantôt pour rejeter toute représentation effective, tantôt pour lui assigner un sens et une extension particuliers.

Dans son étude générale sur les différents sens socialement attachés à la notion de représentation, Hannah Pitkin a pu distinguer cinq dynamiques principales, qui seraient toutes inégalement présentes dans les conceptions effectivement pratiquées de la représentation. Partant du sens commun et de l'étymologie, elle note tout d'abord que « représenter » signifie, dans son acception la plus simple, « rendre à nouveau présent quelque chose ou quelqu'un qui n'est pas ou plus physiquement présent ». Le

---

1. Melandri P., « La rhétorique populiste aux États-Unis », *Vingtième Siècle. Revue d'histoire*, n° 56, 1997, p. 190.

2. *Cf.* par exemple les ouvrages récents de Viviane Forrester, *L'Horreur économique*, et *Une étrange dictature*, Paris, Fayard, 1998 et 2000.

terme comporte par conséquent en lui-même une contradiction (absence/présence) qui oblige à déplacer l'intérêt vers les « moyens » qui permettent de « rendre présent ». Le fait même d'affirmer que A représente B est en effet une simple formule logique. Ce qui importe c'est dès lors d'identifier ce qui construit, formalise et fonde cette présence, autrement dit de mettre l'accent sur les dynamiques qui sont à la source de la représentation. Ce déplacement de la problématique conduit alors à distinguer cinq acceptions principales de la notion de représentation, chacune d'elles alimentant des éléments de contenu plus ou moins formel sur les sources, la nature et les conséquences possibles de l'acte de représenter.

Deux conceptions formalistes, selon l'expression de Pitkin, encadrent ainsi en premier lieu l'acte même de représentation, à savoir les mécanismes préalables à l'action elle-même qui délivrent l'autorisation de représenter, problématique dont l'auteur situe la genèse chez Hobbes, tandis qu'une notion symétrique d'« *accountability* », autrement dit de responsabilité associée à l'action du représentant, est considérée comme le mécanisme par lequel le représenté contrôle l'action du représentant. Dans le premier cas, la notion de représentation suppose en effet que le représentant soit autorisé à agir en lieu et place d'un individu, d'un groupe et/ou d'une institution[1]. Comme le montre encore Pitkin en commentant l'argumentation de Hobbes, il faut qu'il y ait « une transaction qui prenne place au départ, avant que l'action effective de représentation ne commence[2] ». Chez Hobbes, cette autorisation semble résumer à elle seule la représentation, dans la mesure où elle est consubstantiellement liée à l'autoconstitution de la communauté politique, avec pour but

1. Dans le schéma originel élaboré par Hobbes, toutes ces différentes catégories sont rassemblées sous le terme générique de « personne », soit « une chose que nous pouvons observer en train de parler et d'effectuer une action », Pitkin H.F., *The Concept of Representation*, Berkeley, University of California Press, 1967, p. 15.

2. *Ibid.*, p. 39.

d'assurer sa propre conservation en confiant sa protection au souverain. Mais une telle conception est à la fois formaliste et restrictive, puisqu'elle se désintéresse de tout ce qui en découle. L'acte même qui vise à représenter a en effet lieu dans une totale liberté, la latitude d'action du représentant paraissant sans réelles limites.

Symétriquement, la notion de responsabilité, même si elle est jugée tout aussi formaliste par Pitkin, confère une signification différente à la représentation en s'intéressant aux conséquences des actes du représentant. Ce dernier est en effet, sous cet angle, moins autorisé à agir que supposé rendre des comptes pour son action à ceux qui l'ont mandaté. Là encore, c'est moins le contenu de l'acte qui importe, ou alors seulement de manière marginale et indirecte, qu'une transaction d'une nature différente entre le représentant et le représenté. Résumant l'apport de ces deux acceptions à la notion de représentation, Hannah Pitkin peut conclure : « Lorsque le premier groupe définit un représentant comme quelqu'un qui a été élu (autorisé), l'autre le définit comme quelqu'un qui sera soumis à l'élection (tenu de rendre des comptes). Quand l'un voit la représentation comme initiée d'une certaine manière, l'autre la voit comme terminée d'une certaine manière. Ni l'un ni l'autre ne peut nous dire quoi que ce soit sur ce qui se passe pendant la représentation, comment un représentant doit agir ou ce qu'il est supposé faire, comment déterminer s'il a bien ou mal représenté[1]. » Si l'autorisation et la responsabilité sont donc bien des éléments qui font partie de l'univers de sens de la notion de représentation, elles n'en épuisent pas la signification.

Les autres sens isolés par Pitkin portent sur les spécifications attachées au contenu même de l'acte de représentation. Deux catégories peuvent à nouveau être distinguées à ce stade : d'une part ce qui a trait au simple fait « d'être là pour quelqu'un ou quelque chose » (*to stand for*), d'autre part, dans une acception encore plus précise, ce qui ressort d' « une action pour quelqu'un

1. *Ibid.*, p. 58.

ou quelque chose » (*to act for*). Dans le premier ensemble, on distinguera encore le fait de représenter comme *standing for* dans une acception descriptive, ce qui suppose une nécessaire ressemblance/conformité entre le(s) représentant(s) et le(s) représenté (s), et un sens légèrement différent du précédent, orienté par *standing for* cette fois dans une perspective purement symbolique. Ces deux dernières visions de la représentation ont d'abord en commun de conserver une grande liberté aux représentants, particulièrement dans l'acception symbolique, qui ne nécessite pas l'existence d'une conformité de l'être même du représentant aux critères géographiques, sociaux ou raciaux qui caractérisent les représentés, comme le suggère la perception descriptive de *standing for*. Contrairement à cette dernière, la vision purement symbolique de la représentation synonyme d'« être là pour quelqu'un ou quelque chose » permet de ne pas lier la personnalité du représentant au mécanisme de la représentation. Savoir qui est le représentant n'importe pas, pourvu qu'il incarne par sa présence le corps des représentés. Autrement dit, dans une assemblée de représentants, il est normal de considérer qu'un homme peut légitimement représenter une femme, de la même façon qu'un bourgeois peut le faire pour un ouvrier, ou un Italien pour un Français dans le cadre du Parlement européen. Il est clair, de ce point de vue, que cette acception symbolique de *standing for* est progressivement devenue la modalité dominante de fonctionnement des démocraties représentatives occidentales, la vision descriptive ayant été moins souvent mise en œuvre, essentiellement sous la forme des assemblées fédérales ou des conseils économiques et sociaux.

Dernière acception, enfin, la représentation comme *acting for*, où le mécanisme de la représentation comporte cette fois des spécifications sur le contenu même de l'action. Plutôt que d'être représentants par leur simple présence, les acteurs élus ou nommés sont de plus contraints dans la substance même de leur action, notamment pour la défense des intérêts des groupes ou des individus qui sont à la source de leur désignation. Alors que leur liberté était maximale dans la vision symbolique du *standing for*, elle est ici strictement limitée au contenu du mandat qui leur a été délivré. Ce dernier acquiert par là même un caractère traditionnellement appelé « impératif », le plus souvent explicitement interdit d'ailleurs dans la plupart des régimes occidentaux.

Au sein de cette grille générale de sens, il est dès lors possible de cerner quelles peuvent être les composantes qui forment, associées, la caractéristique normative du populisme. Celui-ci implique tout d'abord, comme on l'a déjà dit, que le processus d'autorisation soit concentré sur le peuple (la souveraineté populaire est la seule source légitime), trait qu'il a donc en commun avec la perspective démocratique. Pour ne reprendre que quelques illustrations, Bruno Mégret, lorsqu'il était encore délégué général du Front national, reprenait l'instrumentalisation de l'idéal démocratique pour affirmer : « Du peuple, par le peuple, pour le peuple ; en France, le peuple est souverain. C'est de lui que procède le pouvoir, c'est lui qui décide de son destin et c'est pour lui qu'agissent les gouvernants. Tel est, en tout cas, le principe de la souveraineté dans notre nation, tel est le sens profond de l'institution républicaine, tels sont les fondements de la démocratie en France. Cette dernière, loin de constituer un simple mécanisme constitutionnel qui se définirait par le recours à l'élection, est, bien au-delà de cette mise en forme juridique, l'expression quasi sacrée de la légitimité issue du peuple[1]. »

Cependant, cette source d'inspiration commune se décline différemment par la suite, dans la mesure où cette légitimité du peuple s'articule le plus souvent au sein de la pensée populiste à la fois sur un diagnostic négatif quant aux modalités actuelles de la représentation quelles qu'elles soient et sur une conception particulière du peuple comme fondement de l'ordre politique. Pour ce qui concerne le premier point, celui qui nous intéresse directement ici, il est clair que la vision populiste de la représentation part fondamentalement du constat que le mécanisme d'autorisation a été grippé, détourné ou suspendu par l'action

1. Mégret B., *L'Alternative nationale*, Saint-Cloud, Éditions nationales, 1997 ; disponible sur le site internet du Front national, www.front-nat.fr.

effective des représentants désignés. La représentation ne fonctionnant pas en pratique, il faut donc la réformer, sinon la supprimer pour lui substituer les mécanismes de la démocratie directe. Derrière ce constat critique et désenchanté se trouve ainsi, comme le montre Donald Mac Rae, la conviction que la situation présente offre l'exemple d'« une asymétrie des principes[1] » civiques. Confronté à une conspiration des élites, le peuple se doit de reprendre la prééminence qui lui revient en réactivant les principes moraux et politiques qui sont à la source du lien social et de l'organisation politique. L'asymétrie présumée conduit alors à une réaction véhiculée par les mouvements populistes dans le sens d'un « inégalitarisme inversé », selon l'expression de Jack Hayward, essentiellement fondé sur « l'estime de soi de la masse [...] encouragée par un “inégalitarisme inversé” au sein duquel le peuple n'est pas seulement l'égal des dirigeants ; il est en fait meilleur que ses dirigeants[2] ».

Pour parvenir à réaliser cette croyance, il faut s'assurer par exemple que la représentation parvienne à « incarner » le peuple, dans le sens le plus large et le plus fidèle. La représentation « admise » par la pensée populiste récuse ainsi toute distance et toute dissemblance géographique, sociale, voire physique lorsque les critères d'identification se font sur une base raciale, entre le peuple et ses représentants. Dans le schéma idéologique d'un mouvement comme le Front national, ce principe peut dès lors conduire à réactiver les corps intermédiaires censés être plus proches des individus, notamment dans leurs rapports à l'État. Ainsi Bruno Mégret, délégué général du Front national, pouvait-il en 1997 proposer de « redonner vie aux corps intermédiaires. « Les Français », qu'ils soient citoyens, contribuables, assurés ou

---

1. « Populism as an Ideology », *in* Gellner E. et Ionescu G. (eds), *Populism, op. cit.*, pp. 153-165.

2. Hayward J., « Populist Challenge to Elitist Democracy in Europe », *in* Hayward J. (éd.), *Elitism, Populism and European Politics*, Oxford, Oxford University Press, 1996, pp. 10-32.

épargnants, se trouvant souvent isolés et désarmés face à une bureaucratie écrasante, il importe de conforter toutes les organisations qui ont précisément pour mission de les représenter et de les défendre[1] ». Or, au-delà des élites issues des modes électifs présents qui déterminent la nature de la représentation, ce sont parfois même la logique comme les structures plus vastes des mécanismes représentatifs qui sont dénoncées, au moyen d'argumentaires qui varient selon les configurations institutionnelles et politiques propres à chaque pays. Ainsi le Parti libéral autrichien (Freiheitliche Partei Österreich, FPÖ) s'élève-t-il contre le système « néocorporatiste » autrichien, par lequel un ensemble de mécanismes d'échanges établit une correspondance entre représentation politique et représentation sociale. Dénonçant un équilibre dont l'institutionnalisation progressive serait la cause, de son point de vue, d'une perte de sa souveraineté par le peuple – contrairement aux perceptions du Front national pour lequel elle serait à l'inverse un élément favorable à une « meilleure » représentation des citoyens –, Haider, le leader du Parti libéral, a été conduit à affirmer que « l'Autriche a besoin de la suppression de l'État caméral non démocratique et de la tutelle permanente par un des innombrables organes du partenariat social. [...] Notre populisme signifie simplement : représenter ce qui bénéficie aux citoyens et non pas aux fonctionnaires rouges et noirs[2] ».

En définitive, c'est sans doute l'idéal de « ressemblance » mis en évidence par Bernard Manin dans l'examen de la lente genèse du gouvernement représentatif qui constitue dès lors le moteur et la particularité du populisme dans sa perception de la représentation, quand bien même cette vision globale pourrait déboucher sur des conclusions pratiques opposées. L'étude de la genèse des principes du gouvernement fédéral aux États-Unis permet d'éclairer l'une des controverses originelles sur le sens socialement et

1. Mégret B., *L'Alternative nationale, op. cit.*, chap. 3.

2. Interview de Jörg Haider, *Profil*, n° 32, 6 août 1990, cité par Hassenteufel P., « Structures de représentation et "appel au peuple". Le populisme en Autriche », *Politix*, n° 14, 1991, p. 97. (Le rouge est la couleur des socialistes, le noir celle des démocrates-chrétiens).

politiquement légitime de la représentation, le populisme se présentant là encore comme une réincarnation de l'une des conceptions avancées à cette époque. Analysant les différents débats fondateurs des régimes représentatifs, Bernard Manin montre en effet que l'opposition entre « fédéralistes » et « anti-fédéralistes » lors de l'élaboration de la Constitution américaine se fondait en partie sur la crainte émise par les seconds que les élus ne « ressemblent » pas aux électeurs, dans la mesure où cette différence pourrait alimenter une coupure porteuse de menaces pour la démocratie. Dans un essai directement lié à cette vision de la représentation, *The Complete Anti-Federalist*, l'un des auteurs posait ainsi que « le terme même de représentant implique que la personne ou le corps choisi dans ce but doit ressembler à ceux qui les choisissent – une représentation du peuple d'Amérique, si elle est authentique, doit être comme le peuple. [...] Les représentants sont le signe – le peuple est la chose signifiée. [...] On doit avoir fait en sorte que ceux qui sont mis à la place du peuple en possèdent les sentiments et les émotions, qu'ils soient mus par ses intérêts ou, en d'autres termes, qu'ils aient la plus grande ressemblance avec ceux auxquels ils se substituent. Il est clair que, pour qu'une assemblée ait une véritable similitude avec le peuple de n'importe quel pays, elle doit être fort nombreuse[1] ». Cette dernière affirmation constituait bel et bien la traduction institutionnelle souhaitable aux yeux des antifédéralistes, l'assemblée des représentants devant être la plus large possible pour garantir une représentation à peu près fidèle du peuple.

Cette acception de la représentation devait cependant être repoussée lors de la convention de Philadelphie de 1775 pour une raison plus pratique que philosophique, l'impossibilité de mettre en place une telle assemblée pléthorique favorisant la consécration institutionnelle de la conception symbolique de la représentation au sens de *standing for* ainsi qu'une valorisation du principe comme des mécanismes de la responsabilité. Plus profondément,

1. Brutus, III, *in* Storing H. (éd.), *The Complete Anti-Federalist*, vol. II, 9, 42, cité par Manin B., *Principes du gouvernement représentatif, op. cit.*, p. 145.

ce qui l'emporte alors plus ou moins implicitement c'est une perception des représentants comme groupe susceptible de dépasser, par ses caractéristiques et ses talents propres, le peuple lui-même, conformément à ce qui sera d'ailleurs avancé quelques années plus tard également par Sieyès dans *Qu'est-ce que le tiers état ?* (1789). Selon Bernard Manin, à l'issue des travaux de la convention de Philadelphie « il fut clair en Amérique que le gouvernement représentatif ne serait pas fondé sur la ressemblance et la proximité entre représentants et représentés [...]. Les représentants devaient être différents des représentés et se situer plus haut qu'eux dans l'échelle des talents, de la vertu et de la richesse[1] ». Et, le plus souvent, c'est cette conception, dénoncée plus tard par les premières études sociologiques sur les élites (Michels notamment), qui devait caractériser la plupart des régimes représentatifs occidentaux.

La conception écartée à l'époque, qui comporte par conséquent une perception particulière de la représentation axée sur une homologie nécessaire entre représentants et représentés (cette homologie pouvant d'ailleurs avoir différents traits), constitue l'une des constantes des discours populistes. Cet idéal de ressemblance apparaît notamment de manière négative dans la dénonciation de la distance présumée entre les élites en place et le peuple dans des contextes socio-historiques divers. Cette conception particulière a ensuite fait l'objet de réapparitions récurrentes qui attestent sa permanence au sein des mouvements et des discours populistes, notamment à la fin du XIXe siècle aux États-Unis. Elle nourrit encore la plupart des discours et des argumentaires populistes, notamment sur le mode négatif, par la dénonciation de la distance ou de la coupure qui s'est instaurée entre les élites et le peuple. Le discours populiste était devenu si prégnant en France dans les années 1990 que certains leaders ou partis de gouvernement s'en saisissaient eux-mêmes. Ainsi l'un des thèmes récurrents de la campagne de Jacques Chirac pour les élections présidentielles de 1995 reposait-il sur la conviction qu'un fossé

1. Manin B., *Principes du gouvernement représentatif, op. cit.*, p. 168.

s'était peu à peu creusé entre le peuple et les acteurs politiques : « Le peuple est conscient de n'être pas pris en compte dans les raisonnements des hiérarques censés le diriger. D'où son rejet d'un système complètement déconnecté des réalités [...]. Le peuple est devenu l'oublié d'une démocratie du simulacre et de l'apparence : voilà la cause primordiale du mal français [1]. » Contre ces élites dénoncées, ce sont des hommes politiques plus proches du peuple (pour différentes raisons) qui semblent devoir être appelés à gouverner. Chez le même Jacques Chirac, c'est le recul pris pendant les deux ans de cohabitation entre 1993 et 1995 qui paraît devoir justifier son retour au pouvoir après un bain de jouvence populaire : « En 1993, après avoir gagné les élections législatives, j'ai décidé de ne pas occuper les fonctions de Premier ministre [...]. Si j'ai choisi, pendant ces deux dernières années, de m'éloigner des ors de la République, si j'ai pris le risque, parfois, d'une certaine solitude, c'est parce que je voulais me tourner vers les Français, pas vers le pouvoir. Car on ne s'improvise pas candidat, c'est une démarche grave, la rencontre mystérieuse d'un homme, d'un peuple et d'un moment de son histoire [2]. » Et pour rétablir le contact, mieux vaut se détourner des modes de communication et des instruments d'analyse traditionnels : « Ces dernières années, j'ai voulu écouter les Français, les comprendre, autrement que par les livres, les sondages et les statistiques [3]. »

Au-delà de cette communion rétablie, c'est une ressemblance sociale, culturelle, voire même physique, qui va être mise en avant le plus souvent. Pour le leader du Front national Jean-Marie Le Pen, c'est sa propre trajectoire personnelle qui doit pouvoir le légitimer comme représentant adéquat du peuple. Dans le discours prononcé lors de la fête de Jeanne d'Arc organisée par le Front national le 1er mai 1997, on trouve par exemple cet autoportrait attestant la qualité « populaire » du dirigeant du parti

1. Chirac J., *La France pour tous*, Paris, NiL Éditions, 1994, p. 39.
2. *Ibid.*, p. 29.
3. Discours de Jacques Chirac, pelouse de Bagatelle, 29 avril 1995.

d'extrême droite : « Petit-fils de paysan et de marins qui dans la première moitié du siècle travaillèrent, pour certains, comme mon grand-père Le Pen, dès l'âge de cinq ans, quinze heures par jour, sept jours par semaine, élevèrent des enfants sans allocations familiales ni espoir de retraite et allant de temps à autre mourir à la guerre, j'ai connu dès l'enfance la dureté de leur condition. Fils d'un père mort pour la France, qui partit à l'âge de treize ans naviguer sur un cap-hornier et d'une mère qui ne put rester à l'école que jusqu'à douze ans, afin d'élever ses frères et sœurs. Ayant moi-même connu quelques-uns des métiers les plus durs, y compris celui des armes, j'ai côtoyé la misère humaine et, plus sans doute que beaucoup, je suis à même de comprendre ceux qui travaillent et leurs humbles mais lancinants problèmes[1]. » La ressemblance prévalant sur tout autre critère, ce brevet de « Petit Chose » que s'attribue le leader du Front national paraît devoir suffire à légitimer sa prétention à représenter le peuple.

Cette vision populiste de la représentation comporte par là même une remise en cause de l'une des conceptions intimement liées aux régimes représentatifs contemporains, selon laquelle l'activité d'une assemblée ou d'un représentant, quel qu'il soit, compte plus que sa composition ou ses caractéristiques propres. Elle préconise, encore une fois, une interprétation restrictive de la latitude laissée aux représentants, en choisissant de manière évidente la solution du *standing for* à caractère descriptif isolé par Pitkin. Comme on l'a vu, dans ce schéma la représentation « dépend des caractéristiques du représentant, de ce qu'il *est* ou de ce à quoi il *ressemble*, du fait d'être quelque chose plutôt que de faire quelque chose. Le représentant n'agit pas pour les autres ; il "*est là*" pour eux, grâce à une correspondance ou à une connexion entre eux, une ressemblance ou une réflexion. En termes politiques, ce qui semble important est moins ce que fait la législature que la manière dont elle est composée[2] ». Sans se

1. Site internet du Front national, www.front-nat.fr.

2. Pitkin H. F., *The Concept of Representation, op. cit.*, p. 61 ; souligné par l'auteur.

confondre avec l'idée traditionnelle de la démocratie directe, puisque cette conception ne récuse pas le principe de la représentation en elle-même, la logique de « ressemblance » et de « similitude » induit donc fondamentalement une forme de tension qui touche à l'essence même de la représentation, tension qui sera le plus souvent articulée et instrumentalisée par les mouvements, les acteurs et les discours populistes.

Par là même, cette appréhension « populiste » participe également plus largement d'une perception critique contemporaine de l'acception consacrée de la représentation qui nourrit et dépasse tout à la fois le courant populiste. Selon Anne Phillips, l'évolution récente des régimes représentatifs, marqués notamment par l'éclosion de mouvements sociaux centrés sur la reconnaissance de leurs différences sociales, culturelles ou géographiques dans le champ politique, se caractériserait par le passage d'une « politique des idées » à une « politique de la présence ». La logique de fonctionnement traditionnelle des régimes occidentaux était jusqu'à présent, comme on l'a vu, de privilégier la démocratie représentative plutôt que la démocratie directe, en faisant passer l'accent du problème de savoir « *qui* sont les politiciens à *ce* qu'ils représentent (des politiques, des préférences, des idées)[1] », et de favoriser ainsi les mécanismes liés à la responsabilité de ces représentants, en jugeant de la concordance de l'action des représentants aux idées qui avaient plus ou moins déterminé leurs désignations. Dans la logique de la démocratie représentative telle qu'elle fut consacrée en pratique, savoir qui est le représentant n'a donc, encore une fois, pas de sens, dans la mesure où son action est présumée s'inscrire dans le cadre normatif global de la communauté politique orienté vers la poursuite du bien commun. Qu'il existe des différences de visions, de croyances et de principes sur la nature exacte de ce bien commun constitue même de ce point de vue la condition du pluralisme dans les démocraties représenta-

1. Phillips A., *The Politics of Presence*, Oxford, Clarendon Press, 1995, p. 4.

tives, sans que le bien-fondé d'une poursuite/défense de l'universel de la condition humaine soit remis en cause.

Or la période récente serait précisément marquée à l'inverse par l'éclosion et le développement de groupes sociaux porteurs d'un discours différencialiste au sein même des régimes représentatifs traditionnels, le populisme participant ainsi d'un mouvement beaucoup plus large qui vise à une réévaluation des principes comme des modalités de la représentation. De manière symptomatique, un certain nombre de mouvements sociaux sont aujourd'hui effectivement favorables à une représentation directement liée aux caractéristiques respectives des représentants et des représentés, comme dans le cas des mouvements néoféministes (*gender*), dont l'une des problématiques récurrentes est de récuser qu'un homme puisse légitimement représenter une femme. De la même manière, les revendications en faveur des minorités ethniques introduisent une différenciation qui nie le principe de l'égalité civile et de sa correspondance politique. L'originalité du populisme ici serait alors de reconnaître certains de ces éléments de différenciation, notamment en récusant la légitimité de certains groupes à être partie prenante de la communauté politique et à participer à la compétition politique (racisme plus ou moins explicite), tout en voulant refonder une unité fictive de la communauté sur une image de substitution.

De ce point de vue, pour ce qui concerne le rappel constant du primat légitime du peuple dans les échanges et les dynamiques politiques, l'idéologie populiste partage et nourrit l'idéal démocratique, qui entend asseoir l'ordre politique sur la consultation et les décisions du peuple. Ainsi le programme et les discours du Front national se fondent-ils en partie sur la volonté d'établir « réellement » la volonté du peuple, celle-ci étant confisquée, aux dires du FN, par les élites en place. L'idéologie du Front national est par là même re-qualifiée et légitimée grâce au détournement des schémas de pensée démocratiques, comme le montre cet extrait d'un discours de Jean-Marie Le Pen, prononcé à l'occasion de la fête des Bleu-Blanc-Rouge le 29 septembre 1996 : « Il convient de rappeler qu'il n'existe dans la République qu'une seule légitimité, celle qui vient du suffrage des citoyens, et que la délégation de la volonté populaire n'appartient qu'aux élus du peuple. C'est le devoir d'homme(s) politique(s) missionné(s) dans le cadre des institutions de parler pour dire leur vérité, pas la vérité du pouvoir. Dire la vérité du pouvoir, c'est le propre des dictatures[1]. » Aboutissement logique, cette ambiguïté fondamentale à l'égard de l'idéal démocratique peut même conduire certains acteurs populistes à se présenter comme les seuls défenseurs authentiques de la démocratie. Ainsi, le leader de la Ligue du Nord, Umberto Bossi, pouvait récemment confier : « Je suis un démocrate convaincu, je me suis toujours battu pour que la volonté du peuple soit respectée », précisant cependant aussitôt : « Parfois, j'ai également cherché à réaliser les intérêts du peuple contre ses orientations momentanées, qui étaient le plus souvent le fruit de la manipulation opérée par les *mass media*[2]. »

Pourtant, au-delà de la simple lutte rhétorique, cette mise en avant du peuple comme source exclusive du pouvoir politique repose plus profondément sur le postulat plus ou moins explicite que le peuple est l'unique acteur légitime par lequel la communauté s'exprime[3] et accède à une « personnalité » politique. En ce sens, le populisme constitue l'une des perceptions idéologiques caractéristiques de la modernité, où le peuple est considéré comme le seul référent légitime et le vecteur fondateur d'une communauté politique. Plus profondément, selon Gérard Mairet, une telle conception du lien politique est en outre indissociable du principe de souveraineté par lequel une communauté humaine se constitue comme ensemble politique autonome, puisque « l'essence du principe [de souveraineté], depuis le XIXe siècle, est précisément d'introduire la nouveauté en politique en constituant la politique comme nouveauté [...]. Le référent, visible ou caché,

1. Site internet du Front national.
2. Bossi U., *Tutta la verita*, Milano, Sperling & Kupfer Editori, 1995, p. 206.
3. Taguieff P.-A., « Le populisme et la science politique. Du mirage conceptuel aux vrais problèmes », art. cité.

secret ou public, de cette révolution de la modernité est le “peuple” – quel qu’il soit. Y compris sous la forme de l’absolutisme des rois, la souveraineté est pensée en référence au peuple (ou à la nation), fût-ce pour l’en priver. Il en est ainsi parce que l’essence profane du principe, en ramenant l’autorité sur terre parmi les hommes, fonde la puissance dans la multitude ». Par voie de conséquence, « la pensée de la souveraineté est la pensée même de la capacité politique du peuple[1] ». Dans cette optique, l’idéologie populiste peut être perçue comme une analyse et une projection récurrente qui ont pour objet de rappeler ce fondement profane de la politique moderne, à savoir que l’ensemble des liens, des mécanismes et des acteurs politiques disposent d’une légitimité qui leur est uniquement conférée (au moins en théorie) par le peuple.

Leurs critiques virulentes du système représentatif n’empêchent pas les mouvements populistes de participer aux consultations électorales et de tenter de gagner des positions au sein du système représentatif et à tous les échelons, même s’il s’agit là plutôt parfois de manœuvres tactiques que d’adhésion au principe. L’idéal reste soit de mettre les représentants sous la coupe du peuple en instaurant une sorte de mandat impératif, soit de revendiquer l’élection directe d’agents administratifs, soit encore de généraliser les mécanismes de consultation populaire de type référendaire. Ces programmes ont eu jusqu’ici peu de succès en Europe occidentale, et historiquement seuls les États-Unis ont, sous la pression des mouvements populistes, développé un système qui mêle (avec plus ou moins d’intensité selon les États) éléments de démocratie représentative et éléments de démocratie directe. Par ailleurs, la brièveté de la plupart des mandats électifs exerce une telle pression sur les élus que, à défaut de mandat impératif explicite, une sorte de contrôle strict et parfois tatillon à l’extrême permet aux groupes les plus activistes de récompenser ou de punir l’élu en fonction du respect de ses engagements à l’égard de sa *constituency*.

---

1. Mairet G., *Le Principe de souveraineté*, Paris, Gallimard, 1997, p. 163.

Toutefois, on ne peut dire que l'influence des populistes ait été insignifiante. Les lacunes du système représentatif ne sont pas seulement une vue de leur imagination et de leur propagande, et nombreuses sont les démocraties parlementaires qui ont dû renforcer l'élément direct au détriment du représentatif : élection directe du président de la République en France, du Premier ministre en Israël, débat sur ces mêmes options constitutionnelles en Italie, multiplication des référendums de ratification (notamment sur les questions européennes) ou d'abrogation (en Italie). Bref, là encore, les méthodes et les analyses populistes peuvent bien être contestables sur le fond, douteuses dans la forme, elles n'en expriment pas moins une insatisfaction, un malaise, une forme de mobilisation ambivalente, dangereuse parfois pour la démocratie pluraliste elle-même, mais dans le même temps stimulus pour l'écoute des citoyens, la réforme et l'adaptation des instruments institutionnels et procéduraux de la démocratie.

CHAPITRE II

Les dynamiques populistes de la démocratie contemporaine

Contrairement à l'image mythique d'une démocratie qui naîtrait pour ainsi dire tout armée et dans une forme quasi idéale, les systèmes politiques dits démocratiques sont polymorphes à la fois dans l'espace et dans le temps. L'analyse comparative systématique des régimes et des processus politiques a permis sur ce point de relativiser l'idée d'un modèle démocratique idéal qui s'appliquerait aussi bien à l'Amérique de Tocqueville qu'aux États-Unis de Clinton, tout en rejetant l'idée d'une convergence nécessaire des systèmes politiques nationaux vers ce référent supposé[1].

Le même mot s'appliquant à des réalités différentes, il est utile d'évoquer quelques-unes des évolutions qui ont récemment transformé la démocratie « vieille manière » en Europe, nourrissant des dynamiques politiques et institutionnelles propices à des degrés divers au développement du populisme. Plus précisément, il est possible de mettre en avant au moins trois phénomènes plus ou moins directement corrélés, qui contribuent à accompagner et favoriser ces évolutions : l'érosion contemporaine des appareils de médiation traditionnels, et particulièrement des partis politiques

1. *Cf.* notamment Badie B. et Hermet G., *Politique comparée*, Paris, PUF, 1990; Badie B., *Les Deux États*, Paris, Le Seuil, 1986. Sur la démocratie, voir Braud P., *Science politique*. I. *La Démocratie*, Paris, Le Seuil, 1997.

autour desquels la démocratie représentative s'était structurée[1] ; la croissance continue de la personnalisation du pouvoir ; le développement du poids des médias et, en particulier, ce que Giovanni Sartori a qualifié de « vidéopolitique »[2].

LA CRISE DES SYSTÈMES DE MÉDIATION POLITIQUE

C'est désormais une banalité de souligner que les systèmes de médiation hérités du XIXe siècle, qui ont atteint leur apogée dans les années 1960-1970, sont en crise. C'est d'abord et essentiellement le cas des partis politiques, apparus pour la plupart d'entre eux dans la foulée de la révolution industrielle et de la démocratisation par l'octroi du suffrage universel. L'entrée des masses dans la politique s'effectue par le truchement de partis du prolétariat, socialistes ou sociaux-démocrates d'abord, communistes après la révolution de 1917. Les partis bourgeois, jusque-là faiblement organisés, sont eux-mêmes obligés de se structurer et d'adopter des modes de faire et d'agir que l'élitisme des périodes antérieures ne rendait pas nécessaires. Seules les deux démocraties les plus anciennes (du moins en tant que systèmes où le suffrage universel s'est implanté relativement tôt), les États-Unis et la France, ont partiellement échappé à cette dynamique. Les partis y sont bien présents, mais faiblement structurés, malléables et changeants. Ailleurs, le mouvement n'a fait que se renforcer après la Seconde Guerre mondiale, les dictatures fasciste ou nazie ne constituant pas une véritable parenthèse puisqu'elles utilisèrent, au mieux de son efficacité et sous forme de parti unique, l'expérience de mobilisation et d'organisation léguée par les luttes ouvrières. Par-

1. *Cf.* l'ouvrage de Gaxie D., *La Démocratie représentative*, Paris, Montchrestien, 1996.

2. Sartori G., « Videopolitica (Video-Politics) », *Rivista Italiana di Scienza Politica*, 19 (2), août 1989, p. 185.

tout en Europe, l'après-guerre est marqué par la résurrection des vieux partis ou l'apparition de nouvelles formations qui vont détenir à quelques-uns le monopole de la représentation[1]. Même la France, si exceptionnelle à cet égard, si rebelle à la domination partisane, se dotera dans la première phase de la Ve République d'un système de partis modernisés, efficaces machines électorales à défaut d'être des partis « complets » à la façon d'un Parti travailliste ou d'une CDU-CSU allemande. Le paradoxe est que cette cure de jouvence transitoire s'effectuera sous la houlette du dénonciateur le plus féroce du « système des partis ». Dès les années 1960, la sémantique politique s'enrichit de nouveaux termes – *parteienstaat* en Allemagne, *partitocrazia* en Italie, partitocratie un peu plus tard en France, *party system* dans le monde anglo-saxon – qui soulignent voire dénoncent le monopole acquis par quelques formations sur l'offre électorale, l'agenda politique, la sélection des élites, l'exercice du pouvoir. Cette mainmise semble parfois si intolérable qu'elle donne lieu, parmi d'autres facteurs, à des mobilisations sociales (mai 1968), voire à des formes violentes et radicales de protestation (notamment en Allemagne et en Italie).

À compter des années 1970 déjà, mais surtout au cours des deux dernières décennies, le panorama a radicalement changé. Des partis « historiques » ont disparu, comme en France la SFIO (Section française de l'Internationale ouvrière), ou sont réduits à la portion congrue, situation qui caractérise notamment les partis communistes européens qui ont tardé à se réformer (comme le PCF). D'autres, traversés par des crises et des contradictions internes insurmontables (c'est le cas de la droite française ou du mouvement communiste en Italie), se sont fragmentés et morcelés à l'extrême. Lorsqu'ils survivent, leurs conditions d'existence se sont transformées du tout au tout : les effectifs des militants ont

1. *Cf.* Ware A., *Political Parties and Party Systems*, Oxford, Oxford University Press, 1996 ; Bartolini S. et Mair P., *Identity, Competition and Electoral Availability : the Stabilisation of European Electorates 1885-1985*, Cambridge, Cambridge University Press, 1990.

fondu comme neige au soleil, les appareils se sont professionnalisés au point que la notion d'*apparatchik* n'est plus l'apanage des partis communistes, les capacités de mobilisation collective se sont amoindries, la gestion de l'agenda politique n'est plus leur exclusivité. Parallèlement, de multiples organisations politiques nouvelles – souvent fugaces – sont apparues, captant des électeurs, ébranlant les vieilles clientèles, « libérant » le vote idéologique traditionnel en lui offrant des alternatives de nature souvent sectorielle ou conjoncturelle[1]. Ces *single-issue parties* (partis d'une seule cause) n'ont bien souvent pas vocation à durer. Une vague les porte, une autre les emporte, mais ils ébranlent les codes et les situations acquises, menacent les rentes de situation, affaiblissent le socle stable de l'électorat des partis de gouvernement.

Peter Mair résume bien la situation, pour en prendre le contre-pied dans sa provocatrice *Stein Rokkan Lecture* de 1992 intitulée « Myths of electoral change and the survival of traditional parties[2] ». Selon lui, ces mythes s'articuleraient autour de trois manifestations principales :

– la volatilité électorale;

– l'apparition et le succès de nouveaux partis;

– le déclin du parti en termes d'organisation et de représentation, tant en ce qui concerne les liens entre citoyens et processus décisionnel qu'en ce qui touche aux modes d'intermédiation des intérêts.

Peter Mair conteste d'abord vigoureusement non pas tant la volatilité électorale en tant que telle (elle constitue un élément permanent avec ses pics et ses creux) que son intensité. Se fondant sur l'analyse effectuée conjointement avec Bartolini[3] sur 303

---

1. *Cf.* la multiplication des listes pour les dernières élections européennes en France. À la liste CNPT (Chasse, Nature, Pêche et Tradition) s'ajoutèrent « Combat pour l'emploi » menée par Pierre Larrouturou, dont le programme portait quasi exclusivement sur la semaine de quatre jours, ou encore la « Liste indépendante des partis soutenue par le rassemblement des contribuables français », marchant sous la bannière « Moins d'impôts maintenant ! ».

2. *European Journal of Political Research*, 24, 1993, pp. 121-133.

3. Bartolini S. et Mair P., *Identity, Competition and Electoral Availability, op. cit.*

élections durant la période 1885-1985, il souligne que la volatilité de la période d'après guerre est inférieure à celle qui a prévalu durant l'entre-deux-guerres. Celle-ci ne serait donc pas contestable, mais devrait être relativisée sur le long terme, et surtout elle ne signifierait pas l'effondrement ou le bouleversement des clivages dont le « gel » avait été analysé par Lipset et Rokkan dans leur célèbre *Party Systems and Voter Alignments*[1]. Par ailleurs, même si la volatilité est indéniable, elle serait concentrée dans certains pays et ne constituerait pas un phénomène à l'échelle européenne.

Peter Mair marque un point sur le plan méthodologique. La volatilité ne peut être considérée ni de façon trop ponctuelle dans le temps ni trop localisée dans l'espace. On ne peut pas non plus inférer de changements conjoncturels la transformation de clivages dont la naissance et le développement ont été séculaires. Toutefois, on peut se demander si le choix de la longue durée (un siècle) n'aboutit pas à faire apparaître des moyennes qui, en écrêtant les périodes « anormales », donne à l'ensemble une physionomie trompeuse. L'agrégation des données risque de faire disparaître ou à tout le moins d'atténuer les accidents de parcours. Il n'est pas non plus étonnant qu'il n'y ait pas de véritable phénomène paneuropéen étant donné le processus de différenciation qu'ont connu les systèmes politiques depuis leur formation et le caractère prévalent de tel ou tel clivage dans tel ou tel contexte national : clivage de classe ou de religion ici, clivage centre/périphérie ou urbain/rural ailleurs.

Peter Mair admet d'ailleurs pour partie l'argument et propose de consolider sa thèse en examinant la question non pas seulement de l'intensité de la volatilité mais aussi du cumul graduel des changements de comportement de l'électeur permettant au bout du compte l'apparition de nouveaux partis et le déclin des formations traditionnelles. Comparant la situation des partis considérés par Lipset et Rokkan au moment de leur étude (1960-1964) à

1. Lipset, S. M. et Rokkan, S. (éd.), *Party Systems and Voter Alignments*, New York, The Free Press, 1967.

celle de la période 1987-1991, il conclut non seulement à la capacité des « vieux partis » à conserver leur électorat (en moyenne ils conservent 95 % du vote), mais mieux encore, compte tenu de l'élargissement de l'électorat (un tiers d'électeurs en plus en moyenne depuis les années 1960), à élargir leur assise en termes absolus. Cette fois, l'analyse de Mair souffre du défaut inverse à celui relevé à propos de son examen de la volatilité, à savoir la brièveté de la période considérée : une vingtaine d'années. Suffisante si elle coïncide avec une ou deux décennies de crise, elle peut se révéler inopérante si la crise survient dans la période postérieure. Les signes initiaux de changement ne sont pas encore « lisibles » faute de recul et on ne sait s'ils sont annonciateurs d'une crise ou une simple péripétie de la conjoncture. Avec dix ans d'observation supplémentaires, nul doute que l'argument serait plus nuancé.

Dès 1995 cependant, Peter Mair, dans une nouvelle étude menée avec Richard Katz, analyse « *the emergence of the cartel party*[1] » et suggère lui-même la possibilité d'une inflexion de son propos. Selon les deux auteurs, à côté des partis d'élite, des partis de masse et des partis attrape-tout classiques qui ont fait l'objet de multiples études et observations, un nouveau type de parti émerge, qu'ils baptisent *cartel party* et caractérisent par son interpénétration avec l'appareil d'État et par son insertion dans un système collusif interpartisan. Les partis sont en concurrence pour l'accès au pouvoir, mais ils sont complices pour se réserver les rentes, les avantages économiques ou politiques que confère cette situation d'oligopole. Ils se comportent en *gate-keepers* (gardiens) interdisant l'accès des nouveaux venus grâce au patronage, à la manipulation des règles électorales, etc. En décrivant cette nouvelle forme de parti, Katz et Mair contribuent à expliquer la stabilité – relative – du système de partis. À l'image du secteur économique où la cartellisation sert à écarter ou à éliminer les concurrents par la distorsion des règles du marché, les partis car-

1. Katz R. S. et Mair P., « Changing Models of Party Organization and Party Democracy : The Emergence of the Cartel Party », *Party Politics*, 1 (1), janvier 1995, p. 19.

telisés contrôlent la compétition politique en la réservant à ceux qui sont déjà présents sur le marché de l'offre. Autrement dit, cette stabilité partisane ne serait pas tant la résultante d'une stabilité électorale voire sociale qu'un « effet de l'art », c'est-à-dire un contrôle de l'accès par les titulaires des positions acquises. Selon cette thèse de Katz et Mair, il y aurait donc une évolution qui conduirait de manière dialectique du parti d'élites au parti de masse, puis au parti attrape-tout, pour déboucher sur la forme actuelle des partis cartellisés dont la démocratie italienne d'avant Tangentopoli constituerait pour ainsi dire l'archétype.

On peut toutefois montrer quelque scepticisme quant à la consistance de cette nouvelle catégorie. Quand les deux auteurs soulignent que, « avec l'émergence du parti cartellisé, survient une période où le but de la politique [...] se fait autoréférentiel, la politique devenant une profession en elle-même – et assurément une profession spécialisée où la limitation de la compétition interpartisane qui en résulte s'établit sur la base de prétentions concurrentes à assurer une conduite efficace et efficiente des affaires[1] », on peut se demander si ce constat est propre à l'émergence de ce parti d'un nouveau type. N'était-ce pas déjà le constat d'un Schumpeter ou d'un Ostrogorski au début d'un siècle qui ne connaissait encore que les deux idéaux-types du parti de masse et du parti d'élites[2] ?

Plus que d'un nouveau type, il nous semble que la cartellisation des partis constitue au mieux une stratégie, au pire une perversion de la compétition politique, en tout cas une ressource rhétorique pour les leaders populistes dans leur dénonciation constante d'un système démocratique ayant corrompu ses idéaux fondateurs[3]. Revenons un moment sur l'idée du marché et de l'entre-

1. *Ibid.*, p. 19.

2. *Cf.* l'article de Bartolini S., « Collusion, Competition and Democracy. Part I », *Journal of Theoretical Politics*, 11 (4), octobre 1999, pp. 435-470 ; « Collusion, Competition and Democracy. Part II », *Journal of Theoretical Politics*, 12 (1), janvier 2000, pp. 33-65.

3. Cet aspect est traité plus précisément dans d'autres sections de l'ouvrage, mais on rappellera simplement ici l'expression, couramment utilisée par Jean-

prise qui inspire la métaphore du *cartel party* : en cas d'oligopole, ce n'est pas tant l'entreprise qui change que sa situation sur le marché, sa position dominante. Entreprise elle est, entreprise elle reste, mais jouant avec des règles biaisées. Katz et Mair semblent d'ailleurs si bien saisir le point faible de leur argumentation que, à peine présentées les caractéristiques de ce modèle émergent, ils mettent en relief dans leur conclusion les défis que ce « nouveau type » de parti devrait affronter. La clôture de la compétition n'empêcherait pas l'émergence de partis contestant cette restriction de l'offre et protestant contre les restrictions faites à leur propre émergence.

Cette conclusion nous paraît tout à fait juste, et la dernière décennie a démontré qu'en dépit des barrières et des obstacles de nouveaux partis ont émergé, parfois vigoureusement, bousculant les vieilles structures et les contraignant au mieux à des adaptations douloureuses, à la disparition parfois (en Italie par exemple). Autrement dit, il est peut-être prématuré de parler de dégel ou d'effondrement des clivages. Mais il n'est plus possible de récuser la profonde transformation des partis et des systèmes de partis en raison tant de la volatilité électorale que de manifestations d'*exit* telles que l'abstentionnisme croissant ou la multiplication des votes blancs et nuls. C'est d'ailleurs la conclusion à laquelle arrive Peter Mair lui-même dans ses publications les plus récentes[1].

Un résultat est clair : que la crise des partis soit perçue comme une simple péripétie avant le retour à une situation de routine ou qu'elle soit analysée comme un séisme profond qui déplacerait les plaques lithosphériques de la politique, elle constitue à coup sûr un ébranlement profond – conjoncturel ? structurel ? – des modes de représentation et de médiation.

C'est dans cet espace qu'apparaissent de nouvelles mobilisa-

Marie Le Pen, d'une « bande des quatre », allusion aux collusions supposées des principaux partis français, le RPR, l'UDF, le PS et le PC.

1. Mair P., « Representation and Participation in the Changing World of Party Politics », *European Review*, 6 (2), mai 1998, pp. 161-174.

tions et de nouvelles structures d'agrégation[1]. Leur orientation idéologique est très diversifiée, mais un point commun les rapproche en général : la remise en cause, voire la contestation brutale de l'oligopole qui contrôle l'accès électoral et l'agenda politique. Tous ces nouveaux partis ne sont pas populistes, mais nombre d'entre eux, de l'extrême gauche à l'extrême droite, empruntent des traits structurels, des modes de faire et des discours aux formes populistes de l'action politique. Tous dénoncent les barrières installées par les hommes et les formations en place : modes de scrutin, découpages électoraux, clauses d'exclusion, accès aux médias, patronage et clientélisme, clôture de l'agenda politique, consociativisme des élites, etc.

La crise de la participation manifestée par la volatilité électorale, l'absentéisme et le rejet plus ou moins marqué des structures de médiation classique s'expriment à tous les niveaux de la représentation mais avec une intensité variable. Cette diversification dans la mobilisation, conjuguée avec la diversité des modes de consultation, voire des modes de scrutin, crée des structures d'opportunité qui peuvent favoriser les compétiteurs des partis traditionnels. La France est à cet égard un cas d'école. Alors que, jusqu'au milieu des années 1970, s'était progressivement constitué le fameux « quadrille bipolaire », que les alliances et stratégies locales des partis s'étaient alignées sur celles adoptées au plan national, la restructuration du système partisan s'est à nouveau érodée pour imploser dans les années 1980-1990[2]. Ce processus ne résulte pas en soi des changements dans les règles du jeu, c'est-à-dire les modes de scrutin, mais ceux-ci ont puissamment contribué à permettre l'émergence puis le développement de mouvements politiques jusque-là tenus sous le couvercle grâce à un scrutin majoritaire à deux tours étendu à toutes les consultations, de

---

1. Müller-Rommel F., « The New Challenges : Greens and Right-Wing Populist Parties in Western Europe », *European Review*, 6 (2), mai 1998, pp. 191-202.

2. *Cf.* Sadoun M. (dir.), *La Démocratie en France*, Paris, Gallimard, 2000, 2 vol.

la mairie à la présidence de la République, grâce aussi à des mécanismes d'exclusion des individus ou partis n'atteignant pas le minimum de suffrages requis pour figurer au second tour, les chances des *outsiders* étant réduites à néant et les velléités d'indépendance des électeurs rendues inutiles. Le ver fut introduit dans le fruit par l'instauration de la proportionnelle aux élections européennes de 1979, de surcroît au sein d'une circonscription nationale unique, ce qui donnait leur chance à des partis naissants ou faiblement implantés. Les modifications apportées ensuite aux modes de scrutin municipaux et régionaux, la parenthèse proportionnaliste lors des élections législatives de 1986, constituèrent également autant de mutations capables de restituer des capacités de manœuvre tactique à l'électeur en fonction des enjeux, des règles disponibles et de l'offre électorale rendue plus fragmentée et diversifiée.

Lassé de promesses que la médiocre croissance européenne ne permettait pas de tenir, fatigué du caractère interchangeable des hommes et des politiques de la majorité et de l'opposition[1], l'électorat s'est porté, parfois massivement, vers de nouvelles formations politiques, assurant le succès, voire la victoire à des formations nées de la veille ou soudain passées de l'état de partis minuscules à la position de partis de gouvernement : en Italie, en Belgique, au Danemark, en Autriche, en France, pour ne citer que quelques cas particulièrement dramatiques, l'ensemble du système partisan a été secoué par de véritables séismes politiques. Et même là où le système semble plus stable et s'articuler autour de deux ou trois partis majeurs, les apparences sont trompeuses : le tête à tête SPD/CSU-CDU en Allemagne ne doit pas faire oublier que les deux partis de gouvernement ne représentent plus que 75 % de l'électorat contre 95 % il y a quinze

1. En 1995, Jacques Chirac sut exploiter cette lassitude et tenta de la capter, en particulier avec la dénonciation de la « pensée unique » en matière de politique économique et monétaire, alimentant ainsi l'idée paradoxale de la « nouveauté » de sa présence sur la scène politique et se positionnant par là même plus clairement vis-à-vis d'Édouard Balladur.

ans[1]. La situation n'est guère différente en Grande-Bretagne où la pression, par exemple, du Scottish National Party a éliminé les conservateurs et mis les travaillistes en difficulté en Écosse.

Cette crise de la médiation – qui n'a pas touché seulement les partis, mais de façon plus générale toutes les organisations fortement institutionnalisées telles que les syndicats ou les institutions sociales liées aux partis, aux Églises, etc. – est allée de pair avec la multiplication des groupes de mobilisation *ad hoc* et des répertoires d'action. Les mouvements sociaux sont de plus en plus spécifiques et définis dans leur composition et dans leurs objectifs[2]. La lutte ouvrière fait de moins en moins recette, mais la protestation contre les autorités gouvernementales est capable de réunir tour à tour les infirmières, les enseignants, les chauffeurs routiers, les producteurs de fruits et légumes. Et lorsque ces mobilisations transcendent les groupes, c'est sur un objet précis, défini, et non plus sur un complexe de revendications : contre les fusées nucléaires, le racisme, le sida, les marées noires, la réglementation de la chasse... Faute d'un ciment idéologique capable de structurer et d'amalgamer des revendications aussi éclatées et contradictoires, les partis traditionnels doivent se contenter au mieux de capter le mécontentement, au pire de l'accompagner en envoyant une simple délégation – souvent mal accueillie – au sein d'une manifestation, d'un *sit-in* ou d'un cortège.

Les répertoires d'action eux-mêmes, comme l'ont montré les spécialistes des mouvements sociaux, se sont considérablement diversifiés, contribuant à rendre floue la frontière entre formes d'action institutionnalisées et hors normes, entre modes opératoires légitimes et illégitimes[3]. Clairement, ni le parti comme vec-

---

1. Mény Y. et Knapp A., *Governments and Politics in Western Europe*, Oxford, Oxford University Press, 1998, p. 50.

2. *Cf.*, pour la France, Fillieule O. (dir.), *Sociologie de la protestation : les formes de l'action collective dans la France contemporaine*, Paris, L'Harmattan, 1993.

3. Pour l'étude générale des mobilisations et de l'action collective, *cf.* Offerlé M., *Sociologie des groupes d'intérêt*, Paris, Montchrestien, 1998 ; Neveu E., *Sociologie des mouvements sociaux*, Paris, La Découverte, 1996. Sur les réper-

teur ni l'élection comme instrument ne constituent les modes privilégiés de participation à la politique. Cela n'a jamais été le cas, bien entendu[1], mais il est remarquable qu'après une croissance continue du parti et de l'élection comme instruments normaux et légitimes de l'expression démocratique la concurrence se soit faite plus rude. La transformation s'est opérée dans deux directions complémentaires et a touché aussi bien les partis traditionnels que les mouvements eux-mêmes.

Les partis traditionnels, face à cette multiplication de mouvements souvent désordonnés et imprévisibles, ont dû s'adapter et intégrer une partie des revendications, ou même des militants qui s'étaient exprimés en dehors de leur enceinte. Cette contamination est particulièrement évidente dans deux domaines où la plupart des partis n'avaient ni initié ni innové, les revendications écologistes et féministes. L'un et l'autre mouvement sont nés en dehors des partis, voire contre eux dans les années 1970-1980. Aujourd'hui, tout parti social-démocrate ou conservateur se doit de prendre en compte ces deux puissantes aspirations et, selon les cas, en a repris pleinement les revendications (*cf.* le PS français et la loi sur la parité) ou doit au moins y souscrire formellement. Dans d'autres cas, les partis sont si conscients de leurs faibles capacités d'attraction qu'ils doivent soutenir ou pénétrer en sous-main de fortes mobilisations, tel les mouvements antiracistes en France ou les groupements pacifistes allemands dans les années 1980, faute de pouvoir les intégrer directement et pleinement. Les partis deviennent dès lors de plus en plus écartelés entre une idéologie et une stratégie capables de rassembler des militants – eux de moins en moins nombreux – et la nécessité de prendre en compte des revendications nouvelles et parfois puissantes nées en dehors

---

toires de l'action collective, *cf.*, pour la manifestation, Champagne P., « La manifestation », *Actes de la recherche en sciences sociales*, n°s 52 et 53, 1984; Favre P. (dir.), *La Manifestation*, Paris, Presses de la FNSP, 1990; Fillieule O., *Stratégies de la rue : les manifestations en France*, Paris, Presses de Sciences Po, 1997.

1. *Cf.* l'ouvrage classique de Cobb R. et Elder C., *Participation in American Politics*, Baltimore, Johns Hopkins University Press, 1972.

d'eux et s'exprimant selon des formes jugées inadmissibles ou inacceptables.

Cette contamination du parti traditionnel par le style, la rhétorique et les formes d'action des mouvements sociaux dépend évidemment de facteurs multiples et variables d'un système à l'autre, en particulier en fonction de l'état du système de partis, de l'intensité de la contestation externe et des passerelles possibles entre mouvements et partis. Aux États-Unis par exemple, la réforme des statuts du Parti démocrate dans les années 1960-1970 avait permis d'augmenter l'influence de la base au détriment des cadres et des élus, de radicaliser les revendications... et de permettre l'émergence de candidats peu susceptibles de rallier une majorité faute de séduire les électeurs du centre. Le même processus d'entrisme au profit des chrétiens traditionalistes ou fondamentalistes et des groupes d'extrême droite s'est affirmé au sein du Parti républicain, rendant du même coup moins aisée la séduction d'une partie de l'électorat modéré ou féminin.

En Europe, cette pénétration a parfois rendu la vie interne des partis fort difficile en les divisant entre militants traditionnels et militants plus radicaux et plus polarisés sur la défense des causes uniques (*single issues*) venus des mouvements sociaux. L'observation peut être faite aussi bien pour le SPD allemand que pour le Labour britannique. Là où les partis étaient le plus en crise, le système s'est transformé progressivement en un ensemble de formations nouvelles dont le style et l'organisation s'apparentent autant, si ce n'est davantage, à ceux des mouvements sociaux qu'à ceux des partis traditionnels. Ainsi, si la Lega Nord ou Forza Italia en Italie renforcent peu à peu leurs traits partisans, ces formations sont nées et ont connu le succès en exploitant les méthodes et les moyens qui font la fortune des mouvements sociaux : spécificité et sélectivité des revendications, style des mobilisations, nature de l'organisation. Sidney Tarrow a pu parler, en observant cette évolution, de « *movementization* » des partis[1]. Même les partis de

1. S. Tarrow., « Mad Cows and Social Activists : Contentions Politics in

gauche, généralement plus attachés à leurs traditions, statuts et autres règles internes de l'organisation, ont dû se « compromettre » : le PCI s'est progressivement dilué dans un parti des « démocrates de gauche » (Democratici di Sinistra) qui a désorienté ses militants au fur et à mesure de sa transformation ; le PCF, sans doute le plus rétrograde des partis communistes occidentaux, est allé jusqu'à alterner membres du parti et personnalités externes dans la composition des listes pour l'élection au Parlement européen de 1999 ; le PSI de Craxi avait retiré le pouvoir à ses militants pour le donner à une assemblée où les non-membres étaient majoritaires ! Plus récemment, Tony Blair a réduit à la portion congrue l'influence des structures internes du parti travailliste et, dans ce champ libre, a introduit un dialogue direct entre le leader et l'opinion publique[1].

La transformation ne s'arrête pas là. De nouveaux partis émergent, parfois à partir de mouvements sociaux que les partis traditionnels n'ont pas vu naître ou se sont montrés incapables de contrôler. Tous les mouvements sociaux n'ont pourtant pas vocation à s'insérer sur la scène politique classique et à concurrencer les partis. C'est même le contraire qui est vrai le plus souvent, la plupart d'entre eux excluant la compétition électorale de leur répertoire d'action. Leur objectif est de convaincre ou de contraindre les hommes politiques à prendre en compte leurs revendications[2]. Les mouvements féministes n'ont jamais cher-

---

the Trilateral Democracies », *in* Pharr S. and Putnam R. (éd.), *Why Western Citizens Don't Trust their Governments*, Princeton, Princeton University Press, 2000, p. 279.

1. *Cf.* Mair P., « Populist Democracy, Party Democracy, and the Blair Paradox », *Workshop on Populism*, European University Institute, 14-15 janvier 2000, non publié.

2. Une telle perspective est notamment conforme à la définition canonique du groupe d'intérêt élaborée par Almond : « Les groupes d'intérêt articulent les demandes de la société [...]. Les partis tendent à être exempts de rigidité idéologique et agrègent les intérêts, c'est-à-dire cherchent à former la plus large coalition possible de groupes en offrant des choix acceptables en matière de personnel politique et de politique publique » ; cité par Offerlé M., *Sociologie des groupes d'intérêt, op. cit.*, p. 21.

ché à créer des partis de femmes ; les partis des retraités sont aussi rares que dépourvus de succès ; les homosexuels ont revendiqué leurs droits à travers des manifestations tantôt spectaculaires (Act Up), tantôt hautes en couleur (Gay Pride) ; les sans-papiers étaient par définition exclus du jeu politique traditionnel[1].

Pourtant, face à la collusion des partis de gouvernement et à la crise du système des partis ont émergé de nouvelles formations politiques dont les parentés avec les mouvements sociaux sont particulièrement fortes. Parfois d'ailleurs, ces nouveaux partis ne sont rien d'autre que le transfert d'un mouvement social sur la scène électorale. Le phénomène n'est pas nouveau en soi. Dans les pays de l'Est, les partis agraires ont une longue histoire. À l'Ouest, les exemples ne manquent pas non plus : en Italie, le parti de l'Uomo qualunque (l'homme quelconque) ou le parti des retraités firent des tentatives vite avortées à la fin des années 1940 ou dans les années 1950. Le même échec, mais après un succès foudroyant, caractérise le mouvement Poujade en France. En Italie encore, le Parti radical de Pannella, sans jamais réussir à s'insérer complètement dans le système des partis, fut particulièrement efficace dans la défense de revendications libertaires. Bien qu'institutionnalisé en tant que parti, il n'abandonna jamais ce qui fut sa force, c'est-à-dire l'usage, provocateur en politique, du répertoire d'action habituellement réservé aux mouvements sociaux marginalisés.

La décennie 1990 a vu se multiplier ce va-et-vient entre mouvements sociaux et partis ; les partis écologistes en sont certainement l'illustration la plus claire et la plus réussie[2]. Dans le même temps de nombreuses formations politiques, transgressant classes et groupes sociaux, se sont établies sur la base de réactions souvent très spécifiques et ciblées : hostilité aux impôts et aux politiques redistributives ; hostilité à l'intégration européenne ; hostilité à l'encontre des immigrés. Or aucune n'était pleine-

1. Simeant J., *La Cause des sans-papiers*, Paris, Presses de Sciences Po, 1998.

2. Müller-Rommel F., « Explaining the Electoral Success of Green Parties : A Cross-National Analysis », *Environmental Politics*, 7 (4), pp. 145-154.

ment prise en charge par les partis traditionnels. Même les formations politiques opposées à l'intégration européenne (le PCF, par exemple) insistaient sur le fait que leur hostilité n'allait pas tant à l'Europe qu'aux modalités (en l'occurrence capitalistes) de ce processus.

La constitution progressive de ces partis a été rendue possible par l'exploitation sur la scène électorale de ce qui aurait pu demeurer seulement un mouvement social protestataire : la Ligue de Bossi par exemple a su habilement structurer une protestation fiscale en un parti favorable à l'autonomie, voire à l'indépendance du nord de l'Italie, transmué par le verbe léguiste en une mythique Padania. De même le Front national a su capter autour d'un noyau réduit de militants d'extrême droite les frustrations d'un électorat confronté aux problèmes du chômage et de l'immigration[1]. En entrant dans la compétition électorale, ces organisations contribuent à brouiller la ligne de démarcation entre les formes traditionnelles d'organisation partisane et les modes d'action et de mobilisation des mouvements sociaux. Les dispositifs électoraux (et accessoirement les financements des campagnes) imposent le recours à une structure proche de celle du parti classique. Mais, en même temps, l'hostilité de ces mouvements à l'égard du parti traditionnel et de ses mécanismes internes les pousse parfois à récuser jusqu'à l'usage du mot « parti », auquel sont préférés « mouvement », « ligue », « front », « bloc », etc. Par ailleurs, les règles de fonctionnement interne, mais plus souvent encore les formes de mobilisation des militants, tentent le plus souvent d'éviter la dérive partisane, tout en maintenant les acquis et les bénéfices des mobilisations

1. Parce qu'ils mettaient l'accent sur un aspect particulier (tel que l'immigration), ces formations ont été souvent qualifiées de single-issue parties (partis d'une seule cause). En réalité, comme le note Bart Maddens, « les électeurs ne se mobilisent pas tant sur la question de l'immigration en tant que telle mais parce que le problème fonctionne comme un catalyseur d'un malaise plus général lié aux changements économiques et sociaux récents en Europe occidentale »; *in* « Directional Theory of Issue Voting : The Case of the 1991 Parliamentary Elections in Flanders », *Electoral Studies*, 15 (1), 1996, p. 64.

sociales dont ils se disent porteurs. Les mouvements populistes, en combinant une rhétorique anti-élite et un discours tout entier centré sur la notion de peuple avec les nécessités du combat électoral, se prêtent particulièrement à cette ambiguïté, à cette situation d'entre-deux : ce ne sont pas ou ce ne sont plus de simples mouvements sociaux, comme l'illustre par exemple la mobilisation politique des chasseurs et pêcheurs en France. Et ce ne sont pas encore des partis au sens classique du vocable, tant en termes d'idéologie que d'organisation.

Cette situation ne préjuge pas de la forme future de la mobilisation politique, même s'il est douteux que le système traditionnel de partis puisse se maintenir tel qu'il a été dans le passé. Mais il est indéniable que la déstructuration et la transformation des partis offrent une opportunité pour de nouvelles formes d'action et de mobilisation sociales. Les partis populistes bénéficient à cet égard d'une conjoncture favorable, d'une fluidité temporaire permettant leur émergence et garantissant d'autant mieux leur singularité qu'ils ont toujours été maintenus à l'écart ou à la lisière du pouvoir. De ce point de vue, le test de l'accès au gouvernement, qu'il soit local ou, à plus forte raison, national, est un moment redoutable. L'éclatement du Front national en France n'est pas sans lien avec les stratégies d'alliances divergentes de Le Pen et de Mégret en vue de la gestion du pouvoir. Les mésaventures de la Lega Nord au gouvernement sont une autre illustration des tensions et contradictions qui attendent les partis populistes dès qu'ils sont appelés à gouverner et donc à transformer les rites, discours et actions d'un mouvement protestataire en ceux d'un parti de gouvernement. Enfin, la récente accession du parti de Haider au gouvernement de l'Autriche offrira un champ d'observation tout aussi fascinant : se traduira-t-elle par une banalisation et une institutionnalisation du mouvement ou permettra-t-elle la poursuite dans l'action du discours populiste qui a fait jusqu'ici sa fortune ?

La personnalisation du pouvoir

Il n'y a probablement pas de terme plus communément utilisé aujourd'hui au sein des organisations que celui de « *leadership* ». Sa nécessité ou son absence problématique semblent en faire un ingrédient indispensable, fondamental non seulement du fonctionnement de l'entreprise ou des institutions publiques et privées, mais aussi des mouvements sociaux et bien entendu des partis et des institutions politiques. Le contenu et la signification du *leadership* sont confus, imprécis, et nul n'a réussi à le définir avec précision[1]. Mais il est symptomatique que, né et développé dans le contexte américain, il ait supplanté ou éliminé tous ses équivalents ou synonymes dans les autres langues, ne serait-ce que parce qu'ils sont souvent liés à des expériences historiques traumatisantes : chef, *Führer, duce, caudillo*, etc., ont du mal à se dissocier d'aventures politiques autoritaires et détestables. En fait, le *leadership* est un attribut dont les fondements peuvent être assez divers : hérédité (droit divin), autorité issue de la fonction (chef religieux), de la coercition (tyran) ou de la constitution d'une clientèle. Mais, le plus souvent, le *leadership* implique un ensemble de qualités personnelles, de traits spécifiques que, depuis Max Weber[2], on a pris l'habitude d'appeler charisme. Max Weber part de l'observation et de l'analyse du phénomène religieux et il n'est donc pas surprenant qu'il se réfère au charisme comme « grâce de Dieu ». Toutefois, son intérêt se porte moins vers le charisme en lui-même que vers l'évolution inhérente à tout processus d'institutionnalisation. On a pu dire que Weber s'intéresse moins à Calvin (et à son charisme) qu'au calvinisme (en tant que religion qui s'établit). Il est en effet convaincu que le cha-

1. *Cf.* Burns J., *Leadership*, New York, Harpen & Row, 1978, et Welsh W., *Leaders and Elites*, New York, Holt, Rinehart & Winskin, 1979.

2. Weber M., *Économie et société*, Paris, Pocket, 1995, en particulier le chap. III du premier volume consacré aux catégories de la sociologie. Voir également, du même auteur, *Le Savant et le Politique*, Paris, Plon, 1963.

risme est en quelque sorte incompatible avec la « rationalisation » de la société moderne.

Ce point de vue a été – souvent tragiquement – démenti par l'Histoire, mais l'expression webérienne est restée d'autant plus vivace qu'elle semblait à même d'éclairer le développement du *leadership* dans la politique moderne et en particulier dans les systèmes démocratiques. En réalité, en y regardant de plus près, Weber ne nous informe qu'à demi. Par « charisme », il entend les qualités extraordinaires d'une personne, que celles-ci soient réelles, alléguées ou présumées[1]. Or si le charisme est un « don de Dieu », il s'agit d'un attribut. Si, au contraire, le leader bénéficie de la présomption, fondée ou non, qu'il possède ces qualités, il ne s'agit plus d'un attribut mais d'une relation entre lui et ceux qui lui prêtent ces qualités. Dans cette hypothèse, le charisme n'est pas tant défini par son contenu que par les effets qu'il produit sur ceux qu'il séduit et attire. Comme le note abruptement Richard Ellis, « s'il n'y a pas d'effets, il n'y a pas de charisme[2] »; ou, de façon plus nuancée, Amitai Etzioni estime que « le charisme est la capacité d'un acteur à exercer une influence intense et diffuse sur l'orientation normative des autres acteurs[3] ». Dans cette perspective, le charisme est à la fois attribut et relation, en tant que principe d'allocation et de légitimation du pouvoir.

Rappelons en outre que l'expression du charisme, selon Weber, est particulièrement forte dans les moments de fondation, de pro-

1. « Nous appellerons *charisme* la qualité extraordinaire (à l'origine déterminée de façon magique tant chez les prophètes et les sages, thérapeutes et juristes, que chez les chefs des peuples chasseurs et les héros guerriers) d'un personnage, qui est, pour ainsi dire, doué de forces ou de caractères surnaturels ou surhumains ou tout au moins en dehors de la vie quotidienne, inaccessibles au commun des mortels; ou encore qui est considéré comme envoyé par Dieu ou comme un exemple, et en conséquence considéré comme un chef [Führer] »; Weber M., *Économie et Société, op. cit.*, p. 320.

2. Ellis R., « Explaining the Occurrence of Charismatic Leadership in Organizations », *Journal of Theoretical Politics*, 3 (3), juillet 1991, pp. 305- 319.

3. Etzioni A., *A Comparative Analysis of Complex Organizations,* New York, Free Press, 1975.

testation contre l'ordre établi. Un homme se lève et, parce qu'il répond à des attentes latentes mais contenues, se révèle capable de catalyser ces aspirations ou protestations silencieuses. Cette analyse cadre bien avec l'observation des phénomènes révolutionnaires, voire à une échelle plus modeste avec celle de la capacité à introduire et porter le changement. Elle rejoint la fameuse remarque de Machiavel dans le chapitre VI du *Prince.* Rien n'est plus difficile, plus incertain et plus risqué, écrit-il en substance, que d'introduire un nouvel ordre des choses[1]. Machiavel ne parle pas de charisme, mais les qualités requises du Prince, sous le terme générique de *virtù*[2], embrassent des caractéristiques analogues.

Il n'est donc pas étonnant que les mouvements populistes soient tellement marqués par la place du chef et du fondateur. Nés souvent de rien comme mouvements protestataires, dépourvus de structures, de cadres et d'organisation, impulsés par un entrepreneur politique, les partis populistes – mais pas seulement eux – s'identifient d'abord à leur leader. Car, en dépit de leur extrême variété, tous les populismes ont au moins un point commun : l'importance du *leadership*, au point que beaucoup de ces mouvements ne maintiennent leur unité et ne survivent que pour autant que perdure le charisme du fondateur. Rares sont les populismes qui résistent à la disparition de ce dernier. Cette particularité, que l'on retrouve aussi bien dans les populismes de régimes autoritaires (Perón, Nasser) que dans les mouvements populistes protestataires occidentaux (Poujade, Le Pen,

---

1. « Et il faut penser qu'il n'y a chose à traiter plus pénible, à réussir plus douteuse, ni à manier plus dangereuse que de s'aventurer à introduire de nouvelles institutions ; car celui qui les introduit a pour ennemis tous ceux qui profitent de l'ordre ancien, et n'a que des défenseurs bien tièdes en ceux qui profiteraient du nouveau » ; Machiavel, *Le Prince,* Paris, Gallimard, 1980.

2. Selon l'édition précitée du *Prince*, « Le mot *virtù* est le terme clé du vocabulaire machiavélien. *Virtù* et *fortuna* sont les deux forces antagonistes – mais aussi complices – qui concentrent le drame de l'action politique : la première est le principe actif qui rassemble l'énergie humaine, la seconde est constituée par les limites externes et intrinsèques qui s'opposent à cette action » ; *Le Prince, op. cit.*, note 6, p. 444.

Bossi, Haider), rapproche à certains égards le populisme de la pensée de droite qui voit dans l'autorité du chef (de famille, d'entreprise, de l'État) un principe cardinal d'organisation. Mais le populisme ne se réfère pas au chef seulement en tant qu'incarnation de l'autorité : le leader est aussi celui qui exprime à travers sa personne les valeurs dont le « peuple » est porteur. Grâce à son charisme enfin, il est en mesure de mobiliser les énergies au service du peuple et de la nation.

L'importance donnée au *leadership* par les mouvements populistes n'est pas de même nature que celle qui prévaut dans les partis classiques. Dans ces derniers, le *leadership* résulte généralement d'une « longue marche » dans l'organisation du parti, d'un militantisme éprouvé, et s'encadre dans des structures et procédures qui s'imposent à lui. Le *leadership* populiste au contraire s'auto-institue, pliant les règles et les structures aux exigences et aux besoins du chef du mouvement.

Ce caractère du *leadership* dans les mouvements ou partis populistes résulte pour une part de ce que ces organisations sont faiblement institutionnalisées. Elles sont en général récentes et leur durée de vie est limitée ; un parti populiste est en général voué à disparaître, à moins que, grâce à un changement de doctrine, d'organisation, il ne se banalise et ne devienne un parti comme les autres[1]. Le *leadership* populiste se situe par excellence dans la phase initiale du développement partisan qu'on peut schématiser en trois phases, d'identification, d'organisation et de stabilisation[2]. Les partis populistes n'atteignent pas la troisième phase et ont les plus grandes difficultés à affronter la deuxième, l'effet positif du *leadership* charismatique sur les ralliements ini-

1. Sur l'évolution par exemple des partis populistes scandinaves, leurs crises et leur stabilité ou déclin, voir l'analyse fouillée de David Arter, « Party System Change in Scandinavia since 1970 : "Restricted Change" or "General Change" ? », *West European Politics*, 22 (3), 1999, pp. 139-158.

2. Harmel R. et Svåsand L., « Party Leadership and Party Institutionalisation : Three Phases of Development », *West European Politics*, 16 (2), avril 1993, pp. 67-88.

tiaux et l'agrégation des mécontentements produisant des effets qui vont en se diluant à mesure que le parti (ou le mouvement) se structure et s'enracine dans le système politique. Les exemples récents de Bossi et Le Pen en témoignent, et il n'y a pas grand risque à prédire que Haider ne survivra qu'au prix d'un profond changement de son parti, de son programme et de son idéologie.

En outre, la particularité du *leadership* populiste résulte également de ce que l'organisation en cause tient à la fois du mouvement social (d'où l'aversion fréquente, nous l'avons dit, pour le terme parti et la préférence pour des termes tels que « front », « bloc », « mouvement », « ligue », etc.) et du parti politique, puisque, à la différence du pur mouvement social, il s'insère dans l'arène électorale et entre en concurrence avec les « partis du système ». Dans la phase de constitution de ce mouvement/parti, le *leadership* est, selon l'expression de Daniel Katz, « dirigé vers l'émotion sociale »[1]. Michaël Stein[2] confirme ce trait dans son étude du mouvement d'extrême droite Crédit social au Québec et souligne que, dans la phase initiale de construction de ce type de formation politique, il y a besoin de prophètes ou d'orateurs. Aux États-Unis, où le populisme croise dans bien des occasions la route du fondamentalisme religieux, le *leadership* est souvent marqué par le style des prêcheurs quand il ne s'incarne pas tout bonnement dans le *leadership* religieux lui-même. Les styles se croisent et se rejoignent : vérité révélée et incontestable, simplicité du vocabulaire, rhétorique souvent fruste mais efficace.

Ces caractères du *leadership* populiste le distinguent du *leadership* partisan des formations politiques bien établies. Celles-ci imposent des règles, des codes, des procédures d'accès au pouvoir et de gestion du parti. La volonté et l'expérience pour conquérir le pouvoir constituent d'autres limites à l'expression du pur charisme. En revanche, écrit Paul Taggart dans son étude sur Nou-

1. Katz D., « Patterns of Leadership », *in* Knutson J. N. (dir.), *Handbook of Political Psychology,* San Francisco, Jossey Bass Publishers, 1973, p. 211 *sq.*

2. Stein M., *The Dynamics of Right-Wing Protest : A Political Analysis of Social Credit in Quebec*, Toronto, University of Toronto Press, 1973, p. 15.

velle Démocratie en Suède, « chez les nouveaux populistes, le *leadership* n'est pas seulement un ingrédient : c'est l'essence de leur message et de leur parti. [...] La base charismatique du *leadership* constitue un élément essentiel parce qu'il représente un défi symbolique au modèle dominant d'organisation partisane[1] ».

De ce point de vue, si la théorie webérienne – à vrai dire pas toujours très claire sur cette question – nous apporte des lumières sur le *leadership* de crise et de rupture, elle reste en revanche moins pertinente pour expliquer la persistance du charisme dans les sociétés démocratiques caractérisées par une forte institutionnalisation et par la prédominance de la dimension légale-rationnelle. Que constatons-nous en effet ? Partout dans les sociétés démocratiques se renforcent la présence et la nécessité du *leadership*. Tant les partis traditionnels que les structures de gouvernement ont ainsi accentué le rôle et la place du leader par rapport aux anciens modes de direction qui faisaient prévaloir des agencements plus collégiaux, en particulier dans les systèmes parlementaires où le chef du gouvernement n'était au pire qu'un primus inter pares et au mieux un chef de gouvernement dont le charisme n'était pas un pré-requis indispensable. Jean Blondel note que ce renforcement du *leadership* apparaît même dans des pays comme la Belgique ou les Pays-Bas caractérisés par le consensus, la négociation collective et une gestion consociative des affaires du pays[2]. La principale exception à la tradition du parlementarisme collégial fut longtemps constituée par le modèle présidentiel américain, où non seulement les partis en compétition étaient avant tout des machines à sélectionner et à faire élire leur leader, mais où la culture politique, la structure du gouvernement, tout comme le rôle du pays sur la scène internationale, concouraient à donner la prééminence au leader et à ses qualités charismatiques.

---

1. Taggart P., *The New Populism and the Politics : New Protest Parties in Sweden in a Comparative Perspective*, Basingstoke, MacMillan, 1996, pp. 37-38.
2. Blondel J., « Governments and Supporting Parties : What Relationship Can One Expect in the Twentieth Century », *European Review*, 6 (2), mai 1998, pp. 175-190.

Dans un registre différent, moins populaire à certains égards, plus monarchique et traditionnel sous d'autres points de vue, la Ve République a elle aussi institutionnalisé le *leadership* et la personnalisation du pouvoir, au risque même de déséquilibrer les rapports que la démocratie représentative avait traditionnellement institués entre l'exécutif, le législatif et le judiciaire. Mais l'évolution la plus remarquable, à défaut d'être toujours spectaculaire, est la croissante « présidentialisation » des fonctions de chef de gouvernement dans les systèmes parlementaires. Le phénomène a été souvent analysé – voire dénoncé – dans la patrie même du régime parlementaire, la Grande-Bretagne[1]. Margaret Thatcher, à cet égard, n'a fait qu'accentuer de manière radicale un phénomène déjà perceptible depuis deux ou trois décennies. Et lorsque son successeur sembla faire pâle figure par comparaison avec la Dame de fer, le reproche fut général : John Major manquait de *leadership.* La leçon fut comprise par Tony Blair qui n'hésita pas à bousculer les règles et les traditions du Labour pour imposer dans un même mouvement la tiédeur de son programme et la séduction de son charisme[2].

Une évolution comparable[3] s'est développée dans les autres systèmes parlementaires, en Espagne, au Portugal, en Allemagne, en Autriche, en Israël (où le Premier ministre est désormais élu directement par le peuple). Même l'Italie, où la Constitution d'après guerre, dans un déni sémantique de l'autoritarisme fasciste, se refusait à parler de chef de gouvernement mais seulement de « président du Conseil des ministres », a dû se rallier à cette pente de la personnalisation du pouvoir. Entamé sous la présidence Craxi, ce phénomène explose avec la création par

---

1. Mair P., « Populist Democracy, Party Democracy, and the Blair Paradox », *Workshop on Populism*, European University Institute, 14-15 janvier 2000, non publié.

2. *Ibid.*

3. Beyme K. von, « Party Leadership and Change in Party systems : Towards a Postmodern Party State ? », *Government and Opposition*, 31 (2), 1996, pp. 135-139.

Berlusconi de Forza Italia, un parti constitué à la manière d'un club sportif où compte principalement le leader autoproclamé et dont le programme caché mais principal s'attache à la défense (politique) de ses intérêts (économiques). Même si l'Italie est encore loin de connaître les excès de la personnalisation qui s'est installée presque partout (la Suisse demeurant la principale exception), il est clair que le vent porte dans cette direction et qu'une demande latente n'attend que d'être satisfaite. Les partis politiques ont gagné en *leadership* ce qu'ils ont perdu en idéologie : D'Alema, Prodi, Berlusconi, Fini, Bossi sont en Italie les nouveaux protagonistes d'un jeu politique qui mêle leaders démocratiques et leaders populistes, la frontière entre les deux types étant parfois particulièrement mince et fluctuante.

La personnalisation de la politique s'est également étendue aux niveaux inférieurs de gouvernement, régionaux ou communaux. Le phénomène n'est pas neuf en France où le maire a toujours été la pierre d'angle du système local. Mais, naguère bonasse *paterfamilias* façon IIIe République, il est peu à peu devenu un leader qui n'hésite pas à recourir à toutes les ressources du marketing politique et aux techniques modernes de communication/manipulation[1].

Sur ce terrain déjà bien préparé, le modèle présidentiel de la Ve République n'a fait que renforcer la tendance en l'étendant à tous les niveaux des collectivités territoriales. Désormais, présidents de région, présidents de conseil général, maires, présidents de communauté urbaine ou de district gouvernent leur territoire selon un mode présidentialiste. Les règles les y incitent, puisque les contrepoids à leur pouvoir sont minces ou inexistants (par exemple, la présidence des assemblées par l'exécutif est une anomalie et représente une forme supplémentaire d'exceptionnalité française) ; la tradition y pousse, en raison du rôle joué historiquement par le maire; l'imitation de la présidence et de son organisation (équipe politique, cabinet, garde rapprochée) est un

1. Mény Y., « Modèle présidentiel et exécutifs locaux » *in* Wahl N. et Quermonne J. L. (dir.), *La France présidentielle*, Paris, Presses de Sciences Po, 1995.

autre stimulant ; le style des campagnes, la médiatisation enfin constituent une exigence de plus dans la pression en faveur de la personnalisation du pouvoir.

Tout se conjugue pour transformer le combat politique et le faire dévier d'une bataille de nature idéologique vers une compétition entre individualités. La dérive est si forte que des leaders politiques contraints à la démission soit en raison de décisions de justice, soit en raison de la limitation du cumul des mandats ont réussi à faire élire leur épouse ou des proches en faisant clairement passer le message qu'« ils resteraient de garde[1] » !

On observe, avec des modalités et des rythmes qui leur sont propres, les mêmes évolutions dans la plupart des pays occidentaux. Les gouverneurs américains se sont tellement présidentialisés qu'il semble désormais que la sélection des candidats à la Maison-Blanche soit le fait d'une convention non écrite : une expérience de gouverneur est si possible requise et constitue un avantage pour le candidat.

Même chose en Allemagne où les Länder qui avaient adopté après la guerre le modèle de gouvernement collégial à l'anglaise se tournent progressivement vers les solutions de *leadership* affirmé, dont le prototype le plus marqué reste la Bavière. Même la Grande-Bretagne, où le maire était au niveau local l'homologue sans pouvoir du souverain (la brièveté du mandat en sus), vient d'opter pour l'élection d'un « vrai » maire à Londres. Et il est probable que l'expérience, une fois lancée, ne s'arrêtera pas là. Même l'Italie, traditionnellement rétive à l'autorité personnelle, fût-elle celle d'un maire, a récemment opté pour un système d'élection directe étendu ensuite (en 1999) à l'élection des présidents de région. Le résultat ne s'est pas fait attendre : les personnalités politiques émergentes sont désormais les maires des grandes villes[2].

---

1. Ce fut le cas de plusieurs élus du FN, notamment Bruno Mégret dont l'élection avait été invalidée à Vitrolles.

2. *Cf.* par exemple le poids acquis par Bassolino, maire de Naples, dans la vie politique italienne. Même remarque pour Rutelli, maire de Rome, ou Bianco, maire de Catanie.

Le découplage progressif leader/parti auquel on a assisté depuis la Seconde Guerre mondiale, en particulier dans les systèmes parlementaires classiques, pourrait donc être vu comme une forme supplémentaire d'« américanisation » de la vie politique. On préférera parler, en dépit du caractère barbare du mot, de dé-parlementarisation, c'est-à-dire d'érosion progressive des liens et des relations qui unissaient, essentiellement dans les démocraties européennes, le parti et son leader. La théorie – et la pratique – du gouvernement représentatif à l'anglaise avaient permis sur ce plan d'accommoder les principes démocratiques classiques à la contrainte de la participation des masses, en mettant en place des systèmes de médiation. Par une série de filtres successifs (des électeurs aux partis, des partis à leurs dirigeants, des dirigeants politiques aux gouvernants), la volonté populaire était censée être transmise jusqu'au sommet à travers l'instrument le plus approprié de la politique moderne : le parti politique.

À la différence de leurs homologues d'Europe, les partis américains n'ont jamais eu le plein contrôle de la sélection des hommes politiques en compétition, en particulier pour le poste le plus en vue, la présidence des États-Unis. De manière précise, il apparaît que les partis politiques américains ont non seulement toujours été intrinsèquement faibles, mais ont été en outre concurrencés par des formes d'expression populaire directe au niveau local, au moins dans certains États ou localités (town meetings, primaires de sélection des candidats). Cette persistante exceptionnalité a été renforcée au XIXe siècle par la réussite partielle des mouvements populistes qui menaient une vigoureuse campagne contre les partis accusés d'incapacité, de trahison du peuple et de corruption. Ces mouvements, à défaut de faire élire l'un de leurs candidats à la présidence (toutes les tentatives successives échouèrent), réussirent au moins à introduire nombre de réformes institutionnelles, toujours en place dans de nombreux États, visant à soumettre directement les élus au contrôle populaire : de l'interdiction de candidatures partisanes au niveau local au recall (mise en cause des élus par un vote populaire) en passant par la généralisation des primaires, la brièveté des mandats, les référendums et autres initiatives populaires, tout a été mis en place pour un face-à-face leader-électorat qui écarte ou marginalise le parti en tant qu'organe de médiation. Sur ce plan institutionnel, la conséquence logique en est la distorsion éventuelle entre la couleur politique de la majorité des organes délibératifs et celle de l'exécutif, quel que soit le niveau considéré, de la localité, de l'État ou de la fédération. La continuité logique que suppose la pyramide représentative cède la place au lien immédiat entre élu et électeur, au prix des contradictions que la diversité des élections et des enjeux peut induire. On peut donc dire que le fonctionnement de la démocratie américaine est fortement marqué par l'influence populiste et antipartisane. De façon moins normative ou polémique, on pourra souligner qu'aux États-Unis la voix populaire se fait plus directement sentir, tandis que les pratiques du parlementarisme européen favorisent l'émergence d'une élite, d'une « aristocratie », au risque bien entendu de l'auto-reproduction.

Bien que chacun des deux modèles institutionnels ait conservé sa sphère d'influence (le modèle présidentiel/populaire en Amérique du Nord et du Sud, le modèle parlementaire en Europe[1]), force est de constater toutefois que les conceptions et pratiques américaines ont progressivement modifié l'idéal-type parlementaire. C'est particulièrement vrai dans les pays qui ont recours au scrutin majoritaire où, de ce fait, la personnalisation de la compétition politique se trouve renforcée. Mais il en est de même dans les systèmes qui utilisent la représentation proportionnelle. Au-delà du mode de scrutin se fait de plus en plus sentir le besoin d'identification entre l'électorat et le leader, d'une quasi-incarnation des aspirations de l'opinion dans un homme ou une femme capable de les exprimer et de les porter.

Certes, cette évolution vers un *leadership* non dépendant d'une structure de médiation demeure inachevée en Europe : somme toute, le Parti conservateur britannique a encore eu la force de « défenestrer » l'un des leaders les plus puissants et autonomes de

---

1. Au point de devenir l'un des attributs déclarés de l'Union européenne comme régime politique depuis les récents traités.

l'après-guerre, Margaret Thatcher ; ou encore les socialistes grecs du Pasok, après s'être soumis au charisme populaire/populiste de Papandréou, se sont choisis l'un des leurs, compétent mais aussi peu démagogue et télégénique qu'il est possible d'imaginer.

Ces péripéties ne modifient toutefois pas les tendances lourdes et l'orientation générale. La priorité donnée au *leadership* se conjugue avec le déclin historique des partis en tant qu'instruments de mobilisation et d'agrégation des aspirations populaires. De nombreux débats politiques, qu'on le regrette ou non, tournent désormais de manière prioritaire ou exclusive autour du leader et de ses propositions plutôt qu'autour du programme de son parti ou de la coalition qu'il soutient. Symptomatique de cette évolution est la propension des leaders à prendre des distances à l'égard de la plate-forme élaborée par leur parti. Désormais, ces programmes fonctionnent d'abord à usage interne, dans les conflits entre courants et factions, ou pour animer les débats (et ranimer la foi) des militants. Mais dès que l'on passe aux choses sérieuses (l'élection), le leader impose ses vues et ses choix au parti (systèmes parlementaires) ou présente ses propres propositions (systèmes présidentiels). Blair, Schroeder, Jospin, D'Alema ont défini leur programme, et les partis (avec plus ou moins de mauvaise humeur et de dissensions) ont dû s'aligner. Clinton ou Chirac se sont présentés avec des plates-formes conçues pour convaincre au-delà de l'assise de leur parti et donc indépendantes de celui-ci.

Le *leadership* et les qualités de communication directe avec l'opinion revêtent une telle importance qu'ils deviennent des attributs essentiels du candidat potentiel. Dans la course à la sélection par le parti, ces considérations prennent le pas sur toutes les autres tant il est vain de choisir un leader qui « passera mal » auprès de l'opinion. Blair, Schroeder et Jospin ont su faire valoir leurs atouts propres et leur charisme personnel pour marginaliser leurs adversaires. Chirac a bousculé à plusieurs reprises les autres candidats de droite en utilisant ses qualités de tribun et en n'hésitant pas à recourir à des arguments propres à séduire une partie de l'électorat de gauche ou sans affiliation partisane bien enracinée (la dénonciation de la fameuse « fracture sociale »). Les partis du centre, quant à eux, n'ont eu d'autre solution en 1995 que de se rallier au second candidat gaulliste, Édouard Balladur, faute d'avoir pu ou su faire émerger de leurs rangs un « présidentiable ».

Le constat de cette dynamique du *leadership* dans les sociétés démocratiques est incontestable. À certains égards, cette évolution correspond à l'observation de Weber sur les processus d'institutionnalisation et de routinisation puisque, presque partout, l'accent est mis sur le renforcement institutionnel du *leadership*, c'est-à-dire du pouvoir exécutif, au détriment des instruments de médiation collégiaux, du parti au parlement, en passant par les autres organisations sociales. Plus généralement, les traits classiques du charisme, de l'exceptionnalité continuent d'opérer, quand bien même les ressorts du pouvoir emprunteraient de plus en plus à la légitimité légale rationnelle.

Pour expliquer cette persistance, voire cette renaissance du *leadership* dans les sociétés démocratiques, de nombreuses interprétations ont été suggérées[1]. Aux États-Unis, la dimension psychosociale a été plus qu'ailleurs discutée, et en France Philippe Braud[2] a aussi exploré les voies d'une approche « psychanalytique » de la politique et du rapport entre *leader* et *followers*.

Pour la compréhension plus précise des dynamiques récentes qui ont pu offrir au populisme un terreau fertile, une suggestion intéressante est offerte par Aaron Wildavsky. Dans son ouvrage *Moïse, leader politique*[3], il suggère que le *leadership* charismatique apparaît dans les organisations égalitaristes qui rejettent l'autorité formelle. Dans cette optique, le charisme résoudrait un problème d'action collective dans des groupes fondés sur l'idée que toute décision doit être consentie par chaque membre. Si l'on

---

1. Jones B. D. (dir.), *Leadership and Politics : New Perspectives in Political Science*, Lawrence, University Press of Kansas, 1989.

2. Braud P., *L'Émotion en politique*, Paris, Presses de Sciences Po, 1996.

3. Wildavsky A., *The Nursing Father : Moses as a Political Leader*, Alabama, University of Alabama Press, 1984.

se refuse à déléguer ce pouvoir de décision en estimant que représentation = trahison, le dilemme ne peut être résolu que par l'identification du groupe avec un homme censé incarner pleinement les aspirations du peuple. Le refus idéologique de la délégation, ou du moins la méfiance à l'égard des délégués, des « professionnels de la politique », n'est ainsi pas propre aux mouvements populistes. On la retrouve dans de nombreux mouvements sociaux (où les coordinations ont fleuri par refus des structures de représentation en place), voire au sein de nouvelles formations politiques (les Verts, par exemple)[1]. Toutefois, cette attitude n'est pas sans susciter de périlleuses conséquences pratiques, et ces groupes ou mouvements sont en permanence ballottés du Charybde de la confusion et de l'incapacité au Scylla du leader charismatique, ce qu'un analyste américain des mouvements féministes avait pu qualifier au début des années 1970 de « tyrannie de la déstructuration[2] ».

Or le phénomène que Freeman avait décelé au sein des mouvements féministes post-68 est aujourd'hui beaucoup plus diffus. Les clivages canoniques, tant sociaux que politiques (gauche/droite), s'ils n'ont pas disparu, ont perdu de leur pertinence et de leur efficacité[3]. Les laissés-pour-compte de la grande transformation économique et de la mondialisation oscillent entre l'anomie, le vagabondage électoral ou la protestation politique épisodique. Les partis politiques qui offraient aux citoyens des visions alternatives du monde ne se distinguent les uns des autres qu'à la marge, perdant du même coup une partie de leurs capacités de séduction et d'attraction. Devenus des cartels de la gestion du pouvoir politique, professionnalisés mais pauvres en militants, forts dans les appareils de l'État mais démunis de relais sociaux, les partis politiques et avec eux les institutions politiques qu'ils gèrent

---

1. Taggart P., *The New Populism and the Politics, op. cit.*
2. Freeman J., « The Tyranny of Structurelessness », *Berkeley Journal of Sociology*, 17, 1973, pp. 151-164.
3. *Cf.* Grunberg G. et Schweisguth E., *in* Boy D. et Mayer N. (dir.), *L'électeur a ses raisons*, Paris, Presses de Sciences Po, 1997.

doivent recourir sans cesse davantage à l'identification des gouvernés avec les gouvernants par le prisme du représentant (et non plus des représentants). Le populisme, bien souvent, ne fait ainsi que traduire, de manière caricaturale et excessive, un mouvement à l'œuvre dans l'ensemble des démocraties représentatives. Le populisme l'incarne de manière éruptive, indisciplinée, tandis que les systèmes politiques cherchent à canaliser et à contrôler le mouvement par son institutionnalisation, mais l'une et l'autre forme obéissent à une logique identique. La déstructuration du politique et l'affaissement des partis sont les plus sûrs vecteurs de la demande de *leadership* – ou d'instauration de l'anarchie ! À cet égard, les États-Unis ont depuis longtemps ouvert la voie : ils ont créé le mot et la chose à partir d'un substrat caractérisé par la faiblesse des partis, l'anomie politique de larges fractions de l'électorat, la carence de structuration idéologique du débat politique.

Bref, la confluence du déclin des modes traditionnels de médiation et de l'importance accordée au *leadership* opère au profit de mouvements et de leaders populistes éventuels. La volatilité de l'électorat aidant, des mouvements polarisés sur un seul problème (*single-issue groups*) et menés par des tribuns populaires peuvent émerger brusquement et se faire une place sur l'échiquier politique[1]. Là où les systèmes étaient particulièrement stables et fermés (notamment en raison des règles de la compétition électorale et du contrôle de l'offre par des formations en situation d'oligopole), cette émergence peut être lente et ne se faire qu'à l'occasion de *loopholes* (brèches) apparues dans le système (élections locales ou européennes, par exemple) qui introduisent des mécanismes électoraux différenciés et/ou sont considérés comme des scrutins sans enjeu politique majeur.

En revanche, là où le système politique est usé et à bout de

1. Sur la question controversée du single-issue party, voir Mudde C., « The Single-Issue Party Thesis : Extreme-Right Parties and the Immigration Issue », *West European Politics*, 22 (3), juillet 1999, pp. 182-198.

souffle, l'irruption de ces mouvements et leaders nouveaux peut s'effectuer sans préavis : la Flandre en Belgique, l'Autriche, mais surtout l'Italie illustrent une nouvelle manière de faire la politique, où le leader compte davantage que le parti (mis à son service) et où il prétend incarner sans médiation les aspirations de l'opinion. Les expressions de ce « populisme » peuvent être diverses, mais l'élément fondamental, l'effondrement de la médiation partisane, demeure. Certes, les modes d'expression et de mobilisation relativement frustes d'un Bossi à la tête de la Lega Nord diffèrent de la sophistication d'un Berlusconi s'appuyant sur des clubs (de type sportif !), la publicité (de type commercial) et des sondages (peu transparents). Mais ces deux formes hétérogènes de « recours au peuple » illustrent bien comment un populisme plus ou moins développé, plus ou moins durable, plus ou moins structuré, est en phase avec les développements récents de la démocratie instituée. Les discours diffèrent (parfois), mais les moyens, les méthodes et les attitudes tendent souvent à la convergence. À la formule aussi imprécise que pleine de sous-entendus d'un de Gaulle (« Il faut un pouvoir qui en soit un ») répond en écho l'apostrophe aussi machiste que vulgaire d'un Bossi (*C'è l'ho duro* ! – « j'en ai ! »).

La médiatisation de la vie politique

La médiatisation de la vie politique, c'est-à-dire le rôle accru de la presse écrite, parlée et télévisée en politique, a pour effet de réduire la fonction et le poids des courroies de transmission traditionnelles entre le pouvoir et le peuple. D'une certaine façon, une médiation en chasse une autre : les médias se substituent aux partis tant comme mécanismes de sélection de la classe politique que comme instruments de mobilisation de l'opinion, ou encore de définition de l'agenda politique[1].

1. Neveu E., *Une société de communication ?*, Paris, Montchrestien, 1997.

Depuis le XVIIIe siècle et la naissance d'un espace public, on sait que l'opinion constitue un facteur primordial du fonctionnement des systèmes politiques. Dès l'origine, la presse a puissamment contribué à la diffusion des idées et à leur agrégation[1]. La puissance des médias d'aujourd'hui a bien évidemment changé la nature du problème : d'auxiliaires, ils sont devenus les protagonistes essentiels, court-circuitant les autres formes de médiation ou les réduisant à des coquilles vides. Les analyses convergent quant au constat. Jean-Marie Donegani et Marc Sadoun parlent d'une « démocratie d'opinion où le débat déserte, en partie, les enceintes parlementaires et obéit à des logiques qui ne sont plus celles, à proprement parler, de la délibération et de la compétition politiques »[2]. Peter Mair note lui aussi que « si le XXe siècle peut être considéré comme le siècle de la politique de masse, alors il est probable que le changement le plus plausible à l'avenir sera celui du déclin continu de l'engagement et de la participation des masses en politique et son remplacement progressif par la politique plus incertaine et assez indifférente du spectacle de masse[3] ». Cette évolution peut être notamment mise en relief par la transformation des campagnes électorales et par la montée en puissance de ce que Giovanni Sartori a qualifié de *videopolitica*[4] et Pierre-André Taguieff de « télé-populisme[5] ». La transformation des campagnes électorales, autrement dit la mobilisation de l'opinion par les partis sur leurs programmes et candidats à l'occasion d'échéances institutionnellement fixées (élections ou référen-

1. Mazzoleni G. et Schulz W., « Mediatization of Politics : A Challenge for Democracy », *Political Communication*, 16 (3), juillet-septembre 1999, pp. 247-261.

2. Donegani J. M. et Sadoun M., *La Ve République, naissance et mort*, Paris, Calmann-Lévy, 1988 et « Les vertus dormitives de l'opium judiciaire », *Le Débat*, 108, janvier 2000, p. 52.

3. Mair P., « Representation and Participation in the Changing World of Party Politics », *European Review*, 6 (2), mai 1998, p. 173.

4. Sartori G., « Videopolitica (Video-Politics) », art. cit.

5. Taguieff P.-A., « Le populisme et la science politique. Du mirage conceptuel aux vrais problèmes », *Vingtième Siècle. Revue d'histoire*, 56, 1997.

dums) est elle aussi à la jonction de deux phénomènes indépendants l'un de l'autre mais qui, mis en mouvement, interagissent et se renforcent mutuellement : d'une part le déclin des partis en tant qu'organisations militantes (d'élites ou de masse) capables d'agréger les opinions et les intérêts ; d'autre part le recours croissant à de nouvelles techniques de communication qui combinent technologies modernes et savoir-faire acquis dans la publicité commerciale. L'utilisation de ces techniques requiert la contribution d'experts, de consultants qui se substituent au travail traditionnel des militants, comme la distribution de tracts, l'affichage sauvage, le démarchage à domicile (*canvassing*). Certes, ces vieilles pratiques n'ont pas totalement disparu, en particulier pour les élections locales, mais l'exercice semble relever davantage de la méthode Coué, pour rassurer sur leur rôle et leur fonction les militants encore présents, que d'une certitude quant à leur efficacité dans la campagne électorale. La diminution constante du nombre des militants (par exemple, en France, les trois grands partis que sont ou furent le RPR, le PS et le PC sont désormais sous la barre des 100 000 militants à jour de leur cotisation) justifie en partie le recours à des professionnels, mais leur emprise croissante transforme à son tour le parti qui doit adapter ses messages et son programme aux contraintes de la nouvelle communication. Le succès de slogans comme « La force tranquille » ou « Génération Mitterrand » entérine l'éradication de messages politiques trop marqués. Parfaitement interchangeables, dans leur conception, entre la droite et la gauche, ils sont vides de contenu idéologique ou politique. Ils pourraient s'appliquer à un produit commercial ou à la promotion d'une star du spectacle. D'une certaine manière, le politique est ainsi évacué pour mieux favoriser l'identification entre un leader et les électeurs, en particulier ceux qui hésitent et qui doivent trouver des raisons supplémentaires de voter pour un homme ou un parti.

La production des programmes devient alors pour partie dépendante des sondages et des enquêtes d'opinion, qui conduisent les concepteurs à infléchir les orientations, à gommer les aspérités tout en s'efforçant de couvrir, en termes aussi imprécis que possible, les aspirations de tous les groupes de pression. La publication de ces programmes par secteurs et de manière comparative dans certains journaux est édifiante. La langue de bois fait merveille dans l'exercice difficile, voire impossible de concilier les attentes des militants et des électeurs stables avec les espérances (ou les craintes) de l'électorat flottant nécessaire à l'obtention d'une majorité. Toutefois, c'est la nécessité de transformer ces programmes en slogans capables de mobiliser sans effrayer qui pousse le plus à une vision réductionniste de la politique : le « changement dans la continuité », la « force tranquille », le « ni-ni » des nationalisations/privatisations, la « nouvelle frontière », la « respiration du secteur public » (*sic*), autant de formules creuses et réductrices qui semblent désormais le lot commun du débat politique réduit à sa plus simple expression. L'Europe, heureusement, échappe encore pour l'instant à la démagogie des slogans politiques de la télévision américaine qui se préoccupent moins désormais de valoriser le candidat lui-même que de traîner dans la boue l'adversaire à coups de messages aussi simplistes que peut le permettre un spot de quelques secondes. La France a heureusement prohibé la publicité politique payante à la télévision, mais, dans d'autres pays, telle l'Italie, la dérive à l'américaine est déjà présente, d'autant que le leader de l'opposition, Berlusconi, ignore superbement le conflit d'intérêts que constitue l'usage immodéré de trois chaînes dont il est le propriétaire.

Rares sont les mouvements populistes qui peuvent se permettre de recourir aux techniques sophistiquées et coûteuses de la communication politique moderne, même s'ils en font souvent usage dès que l'octroi de fonds publics le rend possible en raison de leurs succès électoraux. La rencontre entre slogans populistes et méthodes de mobilisation des partis classiques ne résulte pas de la similitude des instruments, mais de la convergence dans la nature des messages. Le populisme est naturellement porté à se saisir d'aspirations populaires négligées ou à se faire le défenseur de groupes marginalisés. Les partis, qui sont de moins en moins assurés de contrôler leur électorat par le moyen d'une idéologie unificatrice, doivent aussi multiplier les messages *ad hoc* à destination de toutes les catégories socioprofessionnelles. Certes, la tonalité des messages diffère, plus policée dans le cas des partis de gouvernement, parfois violente, provocatrice, voire vulgaire dans le cas des mouvements populistes. Mais le simplisme « spontané » du populisme rejoint souvent la simplification sophistiquée des messages de la politique institutionnalisée. « Sortez les sortants » est moins élégant que « Au secours ! La droite revient » des socialistes français en déroute, mais le contenu du message n'est guère plus riche. Autrement dit, au radicalisme vengeur et souvent brutal dont le populisme est familier fait pendant la concision du slogan d'inspiration commerciale que les experts en communication réussissent à « vendre » aux partis politiques traditionnels.

Ceux-ci contraints par la dictature de l'image, comme les partis populistes qui privilégient slogans simplistes et charisme du leader, convergent dans la recherche d'un message réduit à sa plus simple expression. Certes, les motivations sont différentes. Les partis qui ont vocation à gouverner cherchent à séduire l'électorat décisif, centriste et indécis, en gommant les aspérités de leur programme et en cherchant à offrir une image aussi consensuelle que possible. En témoigne l'évolution du PS en France, de l'ex-PCI en Italie, du Labour en Grande-Bretagne. Le même recentrage s'est opéré chez les Démocrates américains sous l'égide de Clinton, et l'on a encore en mémoire les luttes entre Lafontaine et Schroeder à propos de l'orientation générale et des choix économiques, financiers et fiscaux du SPD.

En revanche, les partis populistes qui, au moins initialement, ne peuvent espérer accéder au pouvoir jouent sur le registre de la provocation. Ils n'ont rien à perdre puisqu'ils sont dans l'opposition, ne disposent encore que d'un électorat réduit et tout à gagner d'un discours radical à même de séduire les déçus du libéralisme, du socialisme et autres offres politiques. Le message vise alors à choquer, à ébranler : jeux de mots douteux, attaques personnelles, évocations suspectes, images troubles, vulgarité affichée contribuent à démarquer le discours et les acteurs politiques « populistes ». La politique conventionnelle vise, on le sait, à éliminer la violence politique en réglant les conflits selon des procédures pacifiques. Elle utilise aussi des codes de comportement, des manières de faire et de parler, des règles de conduite qui prohibent des attitudes, imposent des non-dits, interdisent certains mots ou référents. C'est de la violation de ces tabous de la société politique que certains mouvements sociaux, les partis hors système ou les partis populistes font leur miel. Choquer l'opinion pour séduire une partie de l'électorat n'est pas propre au populisme, mais c'est l'une de ses armes favorites. Les calembours de Le Pen[1], les déclarations grossières de Bossi, les insultes vulgaires des chasseurs à l'égard de Dominique Voynet, les provocations de Haider[2] semblent *a priori* aux antipodes du mode de faire de la politique chez les leaders et partis « responsables ». Mais en réalité, si des différences incontestables subsistent – heureusement – dans la nature et le style des messages, le contraste n'est pas aussi marqué qu'il paraît à première vue. D'abord parce que le contenu devient, chez les uns et chez les autres, de plus en plus évanescent. Les observateurs britanniques n'ont pas manqué de souligner que le style de Blair s'apparentait à celui des prêcheurs du dimanche à la télévision américaine : vacuité du contenu, phrases brèves et scandées, répétition à l'envi du même slogan basique. Le propos devient aussi de plus en plus simpliste, non pas parce qu'il serait plus manichéen (c'est une caractéristique majeure du discours politique), mais parce que cette opposition sans idéologie se réduit à presque rien. Dans ses derniers discours, Berlusconi en est venu par exemple à tracer la frontière entre deux groupes distincts : ceux qui aiment l'Italie (lui, bien sûr) et les autres !

Expert s'il en est en matière de communication télévisuelle, Berlusconi fait transition entre la Lega et les partis de gouvernement en transposant purement et simplement les techniques du marché publicitaire (dont il contrôle l'essentiel dans la Péninsule)

---

1. *Cf.* notamment l'étude menée par Souchard M., Wahnich S., Cuminal I. et Wathier V., *Le Pen. Les mots*, Paris, Le Monde Éditions, 1997.

2. Pour Haider, voir Tributsch G. (dir.), *Schlagwort Haider. Ein politisches Lexicon seiner Aussprüche von 1986 bis heute*, Wien, Falter Verlag, 1994

au marché politique. Dans tous les cas – nécessité pour les uns, choix délibéré pour les autres –, le fait de mettre le parti au rang des accessoires et de privilégier le contact direct avec la population *via* la télévision ou la presse écrite et parlée transforme la nature et le contenu du discours politique, contribuant à rendre plus familier, plus « en phase » le discours populiste. En dépit de différences profondes dans la substance, la forme de la communication tend à banaliser et à homogénéiser les discours. L'évolution n'est pas encore à son terme en Europe, mais elle est pratiquement achevée aux États-Unis.

Le rapprochement s'opère aussi par contamination, souvent insidieuse. Leaders et partis de gouvernement, inquiets de cette intrusion intempestive dans « le salon de la politique », comme disent les Italiens, en viennent, consciemment ou non, à reprendre des images, des slogans ou des thèmes des partis populistes. La campagne électorale de Chirac en 1995 fut de ce point de vue un cas d'école : la dénonciation des élites, des pouvoirs économiques occultes, du déficit démocratique européen, de la pensée unique, etc., bien qu'exprimée en termes plus châtiés, puisait dans l'argumentaire populiste protestataire. Ainsi estimait-il que « le peuple est conscient de n'être pas pris en compte dans les raisonnements des hiérarques censés le diriger. D'où son rejet d'un système complètement déconnecté des réalités [...]. Le peuple est devenu l'oublié d'une démocratie du simulacre et de l'apparence : voilà la cause primordiale du mal français [1] ». La même observation peut être faite en Italie à propos de la formation créée par Romano Prodi à l'occasion des élections européennes. Nul ne soupçonnerait Prodi de « populisme »; son attitude et son discours sont même aux antipodes de la démagogie politique. Pourtant, un glissement iconographique trahit un changement : le symbole du nouveau parti évoque un âne expédiant une ruade à un protagoniste invisible. Pour qui n'aurait pas compris, le message a été explicité : le coup de pied de l'âne s'adressait aux formations politiques classiques. Ce clin d'œil

1. Chirac J., *La France pour tous*, *op. cit.*, p. 39.

visait à séduire la frange de l'électorat centriste désabusé par les scandales de corruption et devenu orphelin après l'effondrement de la démocratie chrétienne et du Parti socialiste italien.

Les exigences simplificatrices des médias – en particulier des médias télévisés –, la prédominance de l'image dans les sociétés contemporaines, l'importance croissante du *scoop* et du « coup » se combinent aisément avec la tendance à la personnalisation analysée plus haut. La communication télévisée impose ses règles et ses contraintes, celles de l'audimat et, en aval, celles du marché publicitaire. La course à l'audience et sa mesure deviennent les paramètres principaux, parfois exclusifs, des choix des programmes. L'impératif, y compris pour le discours politique, est de faire bref (le temps est précieux) et de marquer des points. Le discours télévisuel, contrairement aux naïves attentes initiales, n'instaure ni débat véritable ni échange, même en combinant les ressources sophistiquées du sondage d'opinion, des appels téléphoniques, du Minitel et désormais d'Internet. La télévision constitue un instrument sans précédent de communication, d'influence et de diffusion (au moins potentiellement) de la même information. Mais les règles du jeu que ce média impose transforment le traditionnel processus de délibération : celui-ci était localisé dans des enceintes spécifiques, géré par les partis et diffusé par la presse. Même si la presse écrite servait parfois de lieu de débat, elle était principalement un instrument de médiation, sophistiqué au demeurant, car les quotidiens, dans certains pays, pouvaient consacrer de nombreuses pages aux débats en cours. La télévision n'est plus seulement un média, elle est considérée parfois comme le foyer principal de la discussion politique qui s'est déplacée chez elle[1]. Compte tenu du rôle de l'image et du style de communication qui lui sont propres (l'émotion, le mot qui fait mouche, le coup de Jarnac ont plus d'importance

1. *Cf.* les commentaires et polémiques qui ont entouré les Guignols de l'info sur Canal + après la victoire de Jacques Chirac à la présidentielle de 1995. Pour une analyse plus fouillée, voir notamment l'article de Collovald A. et Neveu E., « Les "Guignols" ou la caricature en abîme », *Mots*, n° 48, p. 87-112.

et d'influence qu'un long raisonnement), la politique et la délibération semblent désormais se limiter à quelques petites phrases assassines (qui feront ultérieurement l'objet de tous les commentaires), à des déclarations fracassantes, à des formules ciselées par les conseillers en communication, à des scandales causés par des fuites, etc. Mais la télévision ne change pas seulement le point focal de la délibération politique ou le contenu du message. Elle a aussi un impact sur les porte-parole légitimes de la politique. Pendant longtemps, les partis, producteurs et gardiens de l'idéologie, instruments de la mobilisation, acteurs exclusifs du jeu politique, eurent le monopole ou le quasi-monopole de la délibération publique. Ou, lorsque le contenu de ce débat leur échappait (en période de crise, par exemple, ou du fait d'une presse écrite indépendante), les partis s'empressaient de reprendre le contrôle des choses. Aujourd'hui, la télévision peut propulser en quelques semaines un inconnu au faîte de la notoriété, voire de la popularité. L'acteur n'est plus un collectif (le parti, le groupe), mais un individu mandaté ou non, incarnant le mouvement social, le groupe d'intérêt, le parti politique[1]. Les partis politiques gravitent autour de leur leader, et malheur à eux s'il n'est pas télégénique ! Maîtriser et utiliser la télévision est devenu une nécessité politique absolue.

On peut être tenté de vouer aux gémonies la télévision et de la rendre responsable de tous les maux de la démocratie. Ces diatribes sont sans doute aussi inutiles qu'injustes. La télévision impose de nouvelles formes d'action et de délibération, mais les hommes et les institutions politiques n'ont pas su trouver de voie médiane entre la tentation de la domestication du média (première époque) et celle de l'asservissement volontaire à ses charmes délétères (deuxième époque). La politique traditionnelle est en crise parce qu'elle n'a pas su ajuster ses modes de parler et

1. Pierre-André Taguieff écrit ainsi que « le populisme est déjà devenu télé-populisme. Le démagogue efficace de la postmodernité est le tribun télégénique », « Le populisme et la science politique. Du mirage conceptuel aux vrais problèmes », art. cité, p. 42.

de faire dans le nouvel environnement médiatique. Une chose est sûre en tout cas : au petit jeu de l'exploitation/manipulation croisée entre médias et personnel politique, les leaders populistes disposent toujours d'un avantage comparatif, au moins initialement. N'ayant pas beaucoup à perdre et tout à gagner, ils peuvent alimenter les médias télévisés en provocations et petites phrases percutantes, dénoncer avec violence leurs adversaires[1]. Le simplisme de leurs programmes épouse souvent beaucoup mieux les exigences de l'impact télévisuel que ne le peuvent les propositions des partis qui aspirent à gouverner. La dénonciation du système se conjugue au caractère aussi radical qu'élémentaire des propositions et converge avec les structures sociales d'identification de boucs émissaires et/ou de solutions faciles (« y a qu'à »). On peut certes observer que certaines de ces idoles populistes ne survivent que l'espace d'un instant, qu'elles sont aussi vite brûlées qu'elles ont été adorées. Ce serait toutefois aller vite en besogne que de n'y voir qu'un mauvais moment à passer. Non seulement parce que souvent une forme de populisme chasse l'autre, mais aussi parce que, si le populisme est vieux de plus d'un siècle, c'est la première fois qu'il se combine avec l'extraordinaire technologie de communication qu'est la télévision[2]. Mais c'est aussi peut-être (surtout ?) parce qu'il marque sans doute une transformation radicale dans l'art et la manière de concevoir et de faire la politique.

Jamais autant qu'aujourd'hui les caractéristiques sociales et politiques n'ont donné au charisme la possibilité de se déployer. C'est vrai de la sphère politique, mais aussi religieuse, voire économique. Des forces puissantes et convergentes contribuent donc à acclimater les formes dans lesquelles le populisme prospère et par lesquelles il s'exprime encore plus facilement que les forces politiques traditionnelles. Citant Claude Lefort, Margaret Canovan[3] souligne qu'en démocratie l'espace du pouvoir est un

1. Balandier G., *Le Pouvoir sur scènes*, Paris, Balland, 1992.
2. Statera G., *La Politica-spettacolo*, Milan, Mondadori, 1986.
3. Canovan M., « Taking Politics to the People. Populism as the Ideology of Democracy », *Workshop on Populism*, European University Institute, 14-15 janvier 2000, non publié.

« espace vide », contrairement à la monarchie ou à la dictature où le pouvoir s'incarne dans un être de chair. Le peuple souverain n'a pas d'incarnation. Il n'a que des substituts : institutions, procédures, représentants collectifs, c'est-à-dire des images floues, abstraites et pauvres, intellectuellement satisfaisantes mais affectivement frustrantes. C'est ce vide que le *leadership* comble, ce vide qui est insupportable à une société de l'image. Une fois de plus, le chemin démocratique court le long du gouffre. L'amour du grand homme, la fascination du leader, l'attraction du charisme sont les concessions que doit accorder la démocratie au besoin de remplir l'espace du pouvoir et de lui donner une identification. Mais le risque est grand que, de résiduelle, la concession ne finisse par absorber le tout, que l'identification du peuple et du leader ne devienne totale. C'est la pente naturelle du populisme, au risque d'effacer le peuple, au nom du peuple.

CHAPITRE III

Aux sources du populisme contemporain

Dans sa contribution à l'ouvrage dirigé par Gellner et Ionescu sur le populisme, Peter Wiles insistait sur l'extrême hétérogénéité du phénomène, notamment sur le plan doctrinal[1]. Il en venait à récuser toute dimension idéologique comme non pertinente du point de vue analytique et présentait en définitive le populisme comme un simple syndrome, caractéristique des temps de crise. Dans cette perspective, le populisme serait simplement la réaction éphémère d'un corps politique malade, une pathologie particulière révélant l'existence de déséquilibres socioéconomiques et/ou institutionnels plus ou moins durables. En mettant en avant certains problèmes particulièrement graves, notamment la confiscation du pouvoir des citoyens par les élites ou la rupture des cadres socioéconomiques traditionnels, il ne serait alors que le vecteur d'une catharsis de la *polity*, un exutoire préfigurant un nouvel équilibre politico-institutionnel.

Une telle interprétation est restée particulièrement présente dans nombre de travaux relatifs à l'Amérique latine et plus récemment au sein des recherches portant sur les pays de l'ancien bloc soviétique[2]. Lancés dans un processus de transition vers la démo-

---

1. Wiles P., « A syndrome, not a doctrine », *in* Gellner E. et Ionescu G. (dir.), *Populism, op. cit.*, pp. 166-179.

2. *Cf.* notamment Cox M., « After Stalinism : the Extreme Right in Russia, East Germany and Eastern Europe », *in* Hainsworth P. (dir.), *The Extreme Right in Europe and the USA*, London, Pinter Publishers, 1992, pp. 269-285.

cratie représentative de type occidental, ces pays verraient surgir en effet des mouvements populistes attestant une certaine inquiétude et une forme de résistance d'une partie de la population à l'imposition d'un modèle politico-institutionnel venu de l'extérieur. Ce type de réaction, déjà pour partie présent au sein du mouvement *narodnik* russe de la fin du siècle dernier, ne serait alors qu'une manière comme une autre d'agréger des ressentiments et des peurs diffus face à un environnement déstabilisé, la crainte ressentie à l'égard des évolutions en cours justifiant un retour à des valeurs et à des structures politico-institutionnelles plus connues, qui incarneraient une forme d'âge d'or. Le populisme ne serait dans cette perspective qu'un simple phénomène épidermique, une tension récurrente dont l'unité ne tiendrait qu'à cet aspect de symptôme des temps de crise.

Ce type d'explication pose cependant de nombreux problèmes. La première difficulté réside avant tout dans le déterminisme implicite d'une telle perspective. Le populisme comme syndrome ne s'analyse plus en effet que comme le produit temporaire de dynamiques critiques, ce qui conduit le plus souvent à l'étudier par référence à un type de contexte plutôt qu'en lui-même. De manière plus précise, on constate dans les travaux centrés sur les cadres d'émergence du populisme que l'explication causale prend le pas sur l'étude de ses différentes composantes (idéologie, caractéristiques organisationnelles, audience, permanence éventuelle...), alimentant en définitive une forme de relativisme qui conduit à diluer le phénomène sous la variété des contextes étudiés. De plus, cette périodisation aléatoire ne rend pas compte de deux éléments importants : la persistance du populisme comme tradition politique propre à certains pays, comme dans le cas des États-Unis[1] ; l'apparition du populisme dans des pays et/ou époques qui ne semblent pas particulièrement caractérisés par des conjonctures critiques[2]. Enfin, l'un des travers de ce type d'expli-

1. *Cf.* les travaux de Kazin M. et ceux de Hertzke A., déjà cités.

2. *Cf.* l'exemple des partis du Progrès dans les différents pays scandinaves, notamment Andersen J., « Denmark : the Progress Party – populist neo-libera-

cation réside paradoxalement dans sa tendance à concevoir les phénomènes sociopolitiques dans une perspective organiciste, qui n'est pas loin de rejoindre les propres attendus du populisme comme schème idéologique (*cf.* chapitre suivant). La société et l'espace public sont en effet figurés ici comme autant de « corps », suivant des cycles et des développements particuliers au cours desquels peuvent survenir certaines « maladies » plus ou moins graves.

Pour autant qu'elle ne soit pas appréhendée de manière exclusive, cette analyse des contextes favorables à l'éclosion des mouvements populistes n'en est pas moins nécessaire. Dans la mesure où le populisme, en tant que mouvement politique, n'est pas un phénomène permanent dans la plupart des systèmes politiques (sauf peut-être, encore une fois, aux États-Unis, avec des formes et une légitimité cependant très variables selon les époques), il semble utile d'interroger le contexte pour tenter d'isoler certaines variables récurrentes. Car l'éclosion des différentes vagues de courants populistes apparaît souvent comme la résultante de processus conjoints alimentant tout à la fois des changements du politique et de l'environnement socioéconomique, qui éclairent partiellement ce qui fonde la spécificité du phénomène.

Pour ce qui concerne la période contemporaine, il semble notamment que l'émergence de nouveaux mouvements qualifiés de « populistes » soit liée pour partie à la rupture conjointe d'équilibres politico-institutionnels, comme on l'a vu précédemment, mais également de certaines structures socioéconomiques traditionnelles héritées du XIXe siècle et de la révolution industrielle. On observe en effet l'émergence de dynamiques qui tendent à modifier l'« environnement » de la politique. La mondialisation et l'immatérialisation accrue de l'activité économique sont ainsi généralement analysées comme caractéristiques d'un basculement vers une société postindustrielle. Or ces évolutions

---

lism and welfare state chauvinism », *in* Hainsworth P. (ed.), *The Extreme Right in Europe and the USA, op. cit.*, pp. 193-205.

ont pour conséquence parmi d'autres de menacer les formes traditionnelles de l'organisation politique, l'État-nation et l'État-providence, dont les structures et les modalités de fonctionnement paraissent aujourd'hui inadaptées à certaines exigences collectives posées par ces nouveaux modes de fonctionnement du marché. Bien plus, ces pressions « externes » sur les systèmes politiques déterminent et rejoignent des processus de transformation « internes », fondés en particulier sur la disparition de certaines lignes de clivage structurantes pour les systèmes de partis et les comportements électoraux. Soumises à des pressions multiples qui rendent obsolètes leurs modes traditionnels de structuration et de légitimation, les communautés politiques semblent dès lors en quelque sorte sommées de se transformer à leur tour.

Insister sur ces éléments très généraux ne signifie pas pour autant que des changements plus ou moins substantiels ne soient pas intervenus plus tôt. Cela ne constitue pas non plus un prisme exclusif pour tenter d'expliquer le populisme contemporain. Simplement, c'est la conjonction aléatoire de ces différentes transformations qui semble expliquer pour partie la réactivation ou l'extension contemporaines de la tension populiste au cœur des régimes politiques occidentaux. Plus qu'un rapport de cause à effet, qui supposerait un impact direct de certains phénomènes sur l'apparition du populisme contemporain, ce que l'on voudrait souligner ici, c'est le rôle joué par l'affaissement de certaines structures économiques, sociales et politiques dans la création d'un « espace » pour les mouvements et les idées populistes, sans pour autant que cet « espace » ait été partout et durablement occupé par des acteurs précis. Pour reprendre la notion proposée par Herbert Kitschelt, il s'agit dès lors d'une certaine façon d'éclairer les caractéristiques et l'évolution des « structures d'opportunités », c'est-à-dire l'ensemble « des configurations particulières de ressources, des arrangements institutionnels et des précédents historiques [...] qui facilitent le développement de mouvements protestataires dans certains cas et les contraignent dans d'autres cas[1] », qui se mirent en place et permirent à certains entrepreneurs politiques de mobiliser les électeurs en fonction de ces nouvelles dynamiques. Enfin une telle contextualisation doit également nous permettre d'isoler certaines particularités des formes contemporaines du populisme par rapport à leurs devancières.

Deux processus corrélés nous semblent de ce point de vue significatifs pour la période récente. La mondialisation des économies a nourri en premier lieu une remise en cause de la place de l'État et du cadre national, qui a déstabilisé les formes traditionnelles de la politique, créant par là même pour partie cet espace favorable à la constitution d'une alternative populiste. Parallèlement, la remise en cause du pouvoir décisionnel des élites traditionnelles, la diminution des allégeances électorales et la révélation de la corruption dans les régimes politiques occidentaux alimentaient l'idée d'une crise de la légitimité politique qui a pu servir de ressource rhétorique pour les partis populistes et de vecteur de légitimation pour ces mêmes acteurs.

Globalisation et crise de l'État

Les régimes politiques occidentaux se sont progressivement construits autour de deux formes structurantes essentielles, qui ont fini par délimiter et incarner un espace du politique propre : l'État-nation et l'État-providence. La première de ces formes repose sur l'existence d'institutions centralisées disposant d'un monopole de la violence physique légitime, pour reprendre l'acception classique qu'en donne Weber, dans le cadre d'une communauté politique définie sur la base de l'identité nationale. Le second recouvre des mécanismes institutionnalisés de soutiens

1. Kitschelt H., « Political opportunity structures and political protest : anti-nuclear movements in four democracies », *British Journal of Political Science*, 16, 1986, p. 58.

socioéconomiques aux individus (santé, chômage...). Dans un article resté célèbre et qui date de l'immédiat après-guerre, T.H. Marshall concevait ces deux formes comme relevant d'une succession logique orientée par l'extension progressive des cadres et du contenu de la citoyenneté[1]. À la citoyenneté politique, garantie par la protection des droits politiques et par la définition de modalités de participation succéda ainsi, avec l'établissement des régimes de protection sociale, une citoyenneté fondée sur des mécanismes de couverture des risques liés à la maladie, au travail et à la vieillesse.

Même si l'on ne partage pas cette présentation linéaire et déterministe de la formation de l'État en Occident[2], il n'en reste pas moins que ces deux processus conjoints ont déterminé pour une large part les frontières comme les modes de structuration des institutions et des politiques publiques. Or ces deux formes structurantes sont aujourd'hui soumises à des pressions qui menacent les équilibres traditionnels. L'État-nation comme l'État-providence paraissent en effet remis en cause, dans leurs fonctionnements comme dans leurs principes, par deux processus essentiels : la globalisation et la crise économique prolongée, qui ont non seulement conduit à troubler les repères traditionnels du politique, mais qui sont également devenus une importante ressource rhétorique aux mains des acteurs populistes.

La main invisible de la globalisation

La globalisation constitue sans doute l'un des phénomènes contemporains les plus souvent évoqués dans les débats politiques, scientifiques et journalistiques. Taxée de tous les maux ou

---

1. Marshall T. H., *Citizenship and Social Class and Other Essays*, Cambridge, Cambridge University Press, 1950.

2. *Cf.* notamment Birnbaum P., « Sur la citoyenneté », et Hassenteufel P., « L'État-providence ou les métamorphoses de la citoyenneté », *L'Année sociologique*, 46 , n° 1, 1996, respectivement pp. 57-85 et pp. 128-149.

présentée comme la source unique des transformations actuelles, elle se prête à un nombre incalculable de définitions, recouvrant généralement une pluralité de phénomènes supposés transformer en profondeur les cadres comme les modes de fonctionnement des économies occidentales [1]. Deux dynamiques semblent dominer : a) une internationalisation accrue des échanges ; b) une transformation induite des acteurs et des règles du marché.

Le premier indice généralement retenu a trait à une internationalisation accrue des échanges et surtout à une interdépendance croissante des économies. Cette fin de XXe siècle serait marquée par un accroissement important des flux commerciaux et financiers, confirmant les prévisions des tenants du « village global » (*cf.* tableau n° 1). De 1980 à 1995 en effet, on constate une augmentation tendancielle significative du commerce mondial, qui fait plus que doubler en quinze ans, tandis que la part des échanges dans le PIB mondial croît également sur la même période pour passer de 14 % à 18 % environ.

Tableau n° 1. Évolution du PIB et du commerce dans le monde (1980-1995)

(en milliards de dollars)	1980	1985	1990	1995
PIB mondial	13 663	15 423,7	24 540	28 954
Commerce mondial	1 920,8	1 848,7	3 371,1	4 890
Commerce/PIB en %	14	12	13,8	16,9

Source : *World Economic Survey*, 1996 ; cité par Fligstein N., « Rhétorique et réalités de la "mondialisation" », *Actes de la recherche en sciences sociales*, n° 119, 1997, p. 38.

1. Pour une bonne synthèse, voir Held D., McGrew A., Goldblatt D. et Perraton J., *Global Transformations*, Stanford, Stanford University Press, 1999.

Conséquence de cette tendance à l'internationalisation des échanges, les économies nationales sont perçues comme étant de plus en plus interdépendantes, toute variation significative dans un espace géographique déterminé étant supposée provoquer des réactions en chaîne dans les autres pays. Différentes dynamiques sont susceptibles en effet de « diffuser » une crise régionale et d'en faire un « choc » économique plus ou moins bien absorbé par l'économie internationale. Une récession dans un secteur géographique donné, surtout lorsqu'il constitue un marché aussi potentiellement vaste que l'Asie ou la Russie, pour prendre des exemples récents, peut tout d'abord conduire à une baisse de l'activité industrielle chez les pays exportant le plus de biens et de marchandises vers l'espace géographique en crise.

Cependant, la dépendance d'un pays à l'égard du commerce mondial varie fortement d'un cas à l'autre, en raison des caractéristiques historiques et industrielles de chacun. Il est clair de ce point de vue que l'importance du marché intérieur américain atténue fortement toute récession significative dans un espace géographique donné, la consommation intérieure alimentant l'essentiel de la croissance du PIB. Inversement, au Canada, où 33,5 % de la richesse nationale est tirée des revenus de l'exportation, la diffusion des crises asiatique et russe se fit de manière beaucoup plus rapide et plus profonde (*cf.* tableau n° 2).

Tableau n° 2. Part des exportations dans le PIB (en %)

Pays	**1970**	**1980**	**1985**	**1990**	**1995**
États-Unis	4,2	7,9	5,1	6,7	8
Allemagne	18,5	23,6	29,4	25,9	21
Japon	9,5	12,2	13,1	9,8	8,6
France	12,4	16,7	18,5	17,5	18,5

Royaume-Uni	12,3	17,4	18,5	15,5	21,2
Italie	15,5	21,2	21,9	18,8	21,8
Canada	19	23,8	24,5	20,8	33,5

Source : OCDE, *Economic Survey*, 1996, cité par Fligstein N., « Rhétorique et réalités de la "mondialisation" », art. cité, p. 39.

Là encore cependant, il paraît difficile de parvenir à une quelconque généralisation sur la base de telles statistiques en raison des fortes disparités existant entre pays. À titre d'exemple, si la part des exportations dans le PIB est nettement inférieure au Japon à ce qu'elle représente en France, il est tout aussi évident que la crise asiatique a touché rapidement et fortement l'économie japonaise, alors que ses effets ont été moins importants pour l'économie française.

Dès lors, la plupart des analystes s'intéressent à d'autres modes de diffusion possibles, notamment l'évolution des valorisations respectives des différents marchés boursiers. À l'occasion d'une crise financière comme celle qu'a connue l'Asie récemment, les liquidités ont en effet tendance à se réfugier auprès des marchés de capitaux les plus importants. À court terme, l'effet est positif pour les pays occidentaux dont certains voient affluer les capitaux, mais, à long terme, de tels flux peuvent également signifier la diffusion d'une spéculation boursière excessive.

Enfin, dernier mode possible de diffusion, l'évolution du prix des matières premières. Lors de la crise russe, les tarifs du pétrole et du gaz, produits en grandes quantités en Russie, ont eu tendance à évoluer à la baisse. L'effet immédiat est le plus souvent positif là encore pour les pays occidentaux, qui bénéficient d'une baisse automatique des coûts à l'importation. Mais à long terme, une telle baisse peut contribuer à freiner la reprise dans les pays producteurs et continuer ainsi d'entretenir la contraction de la demande globale, par une forme de cercle vicieux.

Malgré de tels phénomènes, la mondialisation économique,

notamment lorsque l'on considère cet indice relatif à l'intensification et à l'internationalisation des échanges, reste une donnée contestée par un certain nombre d'analystes. Tout en reconnaissant l'existence d'une légère croissance du commerce mondial à la fin des années 1980, Neil Fligstein estime que le commerce mondial « n'a que très récemment dépassé le niveau qu'il avait atteint en 1913 [...]. En effet, les deux guerres mondiales ont gravement affecté les échanges mondiaux, de sorte qu'il a fallu plus de cinquante ans pour qu'ils retrouvent leur niveau du début du siècle[1] ». Loin de connaître une situation nouvelle[2], les économies nationales retrouveraient, d'un point de vue relatif, un niveau d'intégration et des modes de fonctionnement du marché déjà expérimentés.

Deuxième restriction souvent émise, le fait que les pays favorisés par cette internationalisation restent pour l'essentiel les grandes puissances occidentales. La délocalisation de certaines activités industrielles vers de nouveaux pays cacherait ici en pratique le maintien de la structure fondamentale des richesses et de la part relative de chaque aire géographique à la croissance et aux échanges. Loin de conduire à une répartition différente des richesses, la croissance de l'économie mondiale tirée par la globalisation continuerait ainsi de profiter davantage aux pays industrialisés dès le XIXe siècle. Comme le note Élie Cohen, « l'élargissement des échanges à de nouveaux pays n'a pas modifié la domination de la triade [États-Unis, Europe, Japon] : 80 % du commerce mondial sont le fait des pays de l'OCDE ; 70 % des

---

1. Fligstein N., « Rhétorique et réalités de la "mondialisation" », art. cit., p. 38. *Cf.* également Cohen E., « Mondialisation et souveraineté économique », *Le Débat*, n° 97, 1997, pp. 20-32, qui rappelle que « l'image d'une économie-flux, affranchie des ancrages nationaux et de l'autorité politique, est aujourd'hui un lieu commun » (p. 20).

2. *Cf.* l'étude de Daniel Verdier sur les choix politiques émis au début du siècle dans une situation *relativement* comparable, « Domestic Responses to Capital Market Internationalization under the Gold Standard, 1870-1914 », *EUI Working Papers*, Robert-Schuman Centre, n° 97/62.

flux de capitaux trouvent leur origine dans les cinq premiers pays développés [1] ». Une telle argumentation rejoint les démonstrations d'auteurs tels que Piore et Sabel [2] qui insistent sur la permanence des structures d'échanges et de richesses héritées de la révolution industrielle, en raison des avantages comparatifs dont bénéficient les pays occidentaux.

Si ces arguments généraux et quantitatifs sur la globalisation sont sujets à débat, les analystes avancent parfois un autre type de phénomène pour justifier l'existence de dynamiques inédites modifiant en profondeur l'économie mondiale, et évoquent la transformation en cours des règles de fonctionnement des marchés. L'évolution la plus souvent mise en avant reste de ce point de vue l'immatérialisation accrue des économies, l'essentiel de l'activité et surtout de la contribution des différents secteurs à la croissance paraissant devoir être le fait de l'informatique et des télécommunications. Depuis quelques années, ces activités connaissent une évolution et une extension rapides, essentiellement fondées sur d'importantes avancées technologiques. L'apparition de la téléphonie mobile, l'usage croissant des satellites et le développement des réseaux de communication par internet constituent par exemple quelques évolutions décisives du secteur des télécommunications. Leur rapide diffusion à l'échelle mondiale, notamment par l'effet des stratégies menées par de grands groupes internationaux, illustre dès lors, pour certains analystes, l'importance et la forme de la mondialisation en cours des marchés.

Corollaire de cette transformation, l'économie mondiale voit se produire un transfert des activités traditionnelles vers de nouveaux pays. La plupart des secteurs industriels hérités du XIXe siècle ont ainsi été délocalisés vers certains ensembles régionaux, notamment l'Asie, au point que certains auteurs parlent d'une

1. Cohen É., « Mondialisation et souveraineté économique », art. cit., p. 25.
2. Piore M. et Sabel C., *The Second Industrial Divide*, New York, Basic Books, 1984.

coupure « centre/périphérie » pour qualifier la « nouvelle division internationale du travail[1] ». Le caractère relativement aisé des transferts de technologie pour ce type d'activités, l'existence d'une main-d'œuvre pléthorique au coût relativement restreint pour les firmes, ainsi que l'amélioration des moyens de communication : autant de facteurs, pour certains auteurs, qui permirent cette « délocalisation » vers la périphérie des économies occidentales, laissant à celles-ci une plus grande latitude pour se lancer dans des activités à forte valeur ajoutée (informatique, télécommunications...). Un tel raisonnement paraît même cohérent avec certaines critiques des visions simplistes de la globalisation, puisque la délocalisation progressive des activités traditionnelles ne serait alors que le produit logique de la permanence de l'avantage comparatif des principaux pays occidentaux dans la compétition mondiale[2].

Au sein de l'apparente transformation globale de la structure de production à l'échelle mondiale, certains analystes soulignent encore le rôle de plus en plus important de « nouveaux » acteurs qui échappent au cadre national traditionnel, à savoir les multinationales et les organismes de régulation internationaux. Avec l'internationalisation des économies et l'accroissement des marchés potentiels sont apparues ou se sont renforcées des sociétés ayant un rayonnement et des stratégies à l'échelle du globe. La plupart des auteurs soulignent notamment le poids accru

---

1. *Cf.* Fröbel F., Heinrichs J. et Kreile O., *The New International Division of Labour*, Cambridge, Cambridge University Press, 1980; Caporaso J. (dir.), *A Changing International Division of Labor*, Boulder/london, Lynne Reiner/Frances Pinter, 1987.

2. Cette thèse est cependant parfois dénoncée comme tout à la fois simpliste et trop déterministe. Elle néglige en effet l'importance des résistances de toutes sortes aux « transferts » (*cf.* la difficile adaptation de la sidérurgie européenne par exemple), le caractère aléatoire de certains processus et la fracture des marchés du travail dans les pays occidentaux entre une frange de plus en plus qualifiée et de mieux en mieux payée et une strate de plus en plus précaire, voire paupérisée.

de sociétés connues dans le monde entier (Coca-Cola, Mac Donald, Nike...), dont les structures internes tendent également à essaimer dans les différents continents. Évoquant ces nouveaux acteurs, ou plus justement leur pouvoir accru, Benjamin Barber parle même à ce propos d'un « Mac World » pour désigner « une forme de réalité virtuelle, créée par des réseaux informationnels high-tech invisibles mais omnipotents, et des marchés transnationaux fluides[1] ». Par voie de conséquence, l'extension et l'internationalisation des firmes tendraient à homogénéiser les comportements de consommation et les modes de vie, la standardisation de l'offre conduisant à un processus analogue pour la demande. Fonctionnant le plus souvent autour de produits similaires à l'échelle du globe, les principales marques semblent susciter une uniformisation généralisée, parfois dénoncée comme une menace pour les particularismes culturels[2].

À ces acteurs privés s'ajoutent de nouveaux acteurs publics à caractère supranational dont le statut et le rôle semblent ambigus. Constitués le plus souvent par la volonté des gouvernements nationaux de provoquer une re-régulation minimale des marchés à l'échelle de la planète, de tels organismes peuvent parfois alimenter plus ou moins directement les dynamiques de la globalisation. La mise en place et l'institutionnalisation accrue d'organismes tels que le Fonds monétaire international (FMI), l'Organisation mondiale du commerce (OMC) ou certains organes régionaux de coopération économique (APEC, NAFTA, Union européenne...) tendent ainsi vers la constitution d'un ordre supranational dans lequel certains voient même les prémices d'un État international[3]. Face à la transformation du contexte socio-

1. Barber B., *Jihad vs McWorld. How Globalism and Tribalism Are Reshaping The World*, New York, Ballantine Books, 1995, p. 26.

2. Barber encore pose que « Mac Donald's sert 20 millions de consommateurs dans le monde chaque jour, attirant ainsi quotidiennement plus de consommateurs qu'il n'y a d'habitants en Grèce, en Irlande et en Suisse réunies », *ibid.*, p. 23.

3. *Cf.* Wendt A., « Collective Identity Formation and the International State », *American Political Science Review*, vol. 88, n° 2, pp. 384-396.

économique, les États-nations cherchent par ce biais à favoriser des mécanismes de coopération qui les rendent plus aptes à résister et/ou à s'adapter aux exigences nouvelles posées par la mondialisation. De manière typique, les pays européens, soucieux de garantir une relative stabilité monétaire après la disparition du système hérité de la conférence de Bretton Woods, s'engagèrent dès les années 1970 sur la voie d'une harmonisation de leurs politiques monétaires par le biais du Système monétaire européen qui devait préparer indirectement l'unification monétaire.

Cependant, cette forme de réponse nourrit à son tour des dynamiques ambivalentes contribuant à l'accélération de la globalisation et/ou à la dilution progressive des compétences et des structures étatiques traditionnelles. D'abord, sur le fond, parce qu'elle tend souvent à favoriser une dérégulation qui vise à faciliter encore un peu plus les échanges. La plupart des politiques d'harmonisation conduites par l'Union européenne depuis quelques années semblent ainsi avoir eu pour conséquence majeure de provoquer une déstructuration accrue des secteurs nationaux[1]. Selon Fritz Scharpf, de telles dynamiques constituent ce qu'il appelle une intégration négative, c'est-à-dire « la suppression des droits de douane, des restrictions quantitatives et autres entraves aux échanges, ou encore des obstacles à une concurrence libre[2] ».

Tout en participant à la transformation de l'espace des échanges économiques, de telles initiatives tendent également à accélérer la modification des frontières et des règles de l'espace public. En consacrant le rôle majeur des acteurs supranationaux par des mécanismes de plus en plus étendus de délégation de pouvoirs, les États-nations restreignent leurs propres champs d'action et accélèrent la recomposition d'un espace public de plus en plus fragmenté et pluriforme.

---

1. *Cf.*, pour les télécommunications, Thatcher M., *The Politics of Telecommunications : National Institutions, Convergence and Change in Britain and France,* Oxford, Oxford University Press, 1999.

2. Scharpf F., *Gouverner l'Europe*, Paris, Presses de Sciences Po, 2000, p. 53.

Soumis à la double pression de l'internationalisation et de la « régionalisation » de l'espace public, les États-nations sont par ailleurs conduits à se transformer peu ou prou en autant de « firmes » désireuses d'emporter des parts de marché ou encore d'obtenir l'implantation d'usines de multinationales sur leur propre territoire, afin de fixer les emplois et de nourrir le tissu économique. L'enjeu majeur de la plupart des gouvernements est dès lors moins lié à une stratégie de puissance qu'à la volonté de maintenir « en interne » un taux satisfaisant d'emploi et à garantir « en externe » l'adéquation des marchés nationaux à la nouvelle division internationale du travail[1].

Autre exemple significatif, l'ajustement et l'homogénéisation des politiques monétaires en faveur de politiques restrictives, afin d'assurer une stabilité et de rester arrimé aux nations et aux monnaies fortes. Les politiques de maîtrise de la masse monétaire menées par les principales puissances économiques dans des environnements souvent fortement marqués par une spéculation endémique ont ainsi déterminé à leur tour les politiques monétaires de pays « plus faibles ». Ce fut notamment le cas ces dernières années au sein de l'Union européenne, la plupart des pays se voyant contraints de définir des politiques monétaires directement indexées sur l'évolution du mark et sur les décisions de la Bundesbank. Par voie de conséquence, les gouvernements se sont également vu priver en pratique de la maîtrise de l'instrument budgétaire, caractéristique du paradigme keynésien et de politiques autonomes d'ajustement des économies nationales[2].

De telles évolutions ont eu pour corollaire d'alimenter des pressions négatives sur le fondement comme sur les structures de l'État-providence. L'équilibre entre ressources publiques et mécanismes assurantiels, qui fondait pour une large part la légitimité

1. Voir l'étude de Claudio Radaelli sur les problèmes de l'harmonisation fiscale à l'échelle européenne, « Harmful tax competition in the European Union : policy narratives and advocacy coalitions », *Journal of Common Market Studies, vol.* 37, décembre 1999.

2. Dyson K. et Featherstone R., *The Road to Maastricht : Negotiating Economic and Monetary Union*, Oxford, Oxford University Press, 1999.

des structures étatiques en place, se trouve fragilisé par la transformation du contexte économique. Cela tient pour partie à la concurrence accrue de pays où les structures des dépenses et des prélèvements en matière sociale sont attractives pour les firmes multinationales et, d'une manière plus générale, favorisent la compétitivité des industries nationales par le faible coût du facteur travail. Par ailleurs, les politiques fiscales et monétaires mises en place durant les années 1980 dans la plupart des pays occidentaux ont conduit à rechercher une diminution des dépenses publiques, notamment en matière de protection sociale[1].

Au total, la mondialisation des économies prend en définitive la forme d'une nouvelle version de la main invisible du marché, constituant l'alpha et l'oméga des évolutions en cours. Appréhendée dans sa version la plus simpliste, elle est partout, elle explique tout et elle nourrit des dynamiques, bénéfiques ou maléfiques selon les auteurs[2], pour l'ensemble des nations et des citoyens. Dans la première version, elle constitue encore le plus sûr moyen de perpétuer l'accroissement de la richesse. Mais, contrairement à l'argumentation développée jadis par Adam Smith, il ne s'agit plus en l'espèce de la richesse des nations, mais d'assurer le développement du « village global ». C'est d'ailleurs cette même tension entre sphère du politique et sphère économique qui nourrit le plus souvent les analyses stigmatisant la mondialisation, dénonçant pêle-mêle la destruction du lien social, la dilution des États-nations ou encore l'hégémonie américaine[3].

1. *Cf.* là encore l'ouvrage de Fritz Scharpf, *Gouverner l'Europe, op. cit.*, ainsi que Esping-Andersen G., *Social Foundations of Postindustrial Economies*, Oxford, Oxford University Press, 1999.

2. On pourrait presque tracer un continuum Bien/Mal dans la littérature d'essais, qui irait de Kenichi Ohmae, *The Borderless World*, New York, Harper Collins, 1990, à l'ouvrage de Viviane Forrester, *L'Horreur économique, op. cit.,* pour prendre deux des livres les plus souvent cités.

3. On trouvera une tentative de « dévoilement » de cette dernière dans l'un des derniers numéros des *Actes de la recherche en sciences sociales*, n°s 121-122, mars 1998, consacré aux « ruses de la raison impérialiste », et dont les attendus ont pu alimenter les débats sur le « populisme de gauche » de Pierre Bourdieu et de ses disciples.

Cette indétermination de la notion de globalisation au sein de la littérature académique explique en partie pourquoi un tel phénomène fait actuellement l'objet de débats multiples, qui tiennent aux interprétations contradictoires propres aux acteurs concernés. À ce titre, il est intéressant de s'interroger sur les caractéristiques de la sélection qu'opèrent les mouvements populistes dans les phénomènes jugés pertinents et sur la manière avec laquelle ils les construisent. Ainsi, dans le langage du FN, la mondialisation, rebaptisée « mondialisme » conformément à la stratégie habituelle du parti qui vise à se distinguer également par le vocabulaire, devient un vaste complot aux contours un peu flous, qui permet de rassembler tous les démons traditionnels de l'extrême droite française. Dans un discours prononcé le 1er mai 1998, Jean-Marie Le Pen affirmait ainsi que « le nouvel esclavage d'aujourd'hui, c'est le Nouvel Ordre mondial, et les nouveaux négriers sont les grands pontes de la finance internationale, de cette finance anonyme et vagabonde qui veut détruire les nations. Ce nouvel esclavage asservit les peuples du monde entier. Les nouvelles Tables de la loi sont la Bourse de Chicago ou l'indice Dow Jones, les grands prêtres en sont le GATT, le FMI et l'OCDE, leurs prophètes CNN et le *Washington Post*. Et ces forces obscures ont chez nous leur cheval de Troie, c'est l'eurocratie de Bruxelles[1] ».

L'ensemble des évolutions en cours est souvent stigmatisé comme la conséquence d'une américanisation des échanges et comme un facteur de destruction des acteurs et des activités traditionnels. Prenant l'exemple de la monnaie unique, Jean-Marie Le Pen avance que ce sera « non seulement une trahison de la France mais une trahison de l'Europe par intégration forcée dans le marché mondial dominé par les États-Unis. Ce sera le régime de la World Company et de Big Brother[2] ». Pour Bossi, la mise en évidence des conséquences attendues des processus de globalisation

1. Disponible sur le site internet du Front national, www.front-nat.fr/discours/mai98.htm.

2. *Ibid.*

s'articule à une dénonciation des insuffisances gouvernementales. « Je pense en définitive que le gouvernement n'a pas levé le petit doigt, pour préparer le pays aux répercussions de la libre circulation des capitaux, qui facilite l'explosion, au sein de l'économie légale, des phénomènes de recyclage, de l'usure, des abus financiers, des fraudes et des escroqueries, dont les effets se font déjà sentir dans le pays[1] ».

Le tout s'arrime le plus souvent alors à la revendication nationaliste typique de ces mouvements. Pour Jean-Marie Le Pen encore, « en fait, ces forces veulent la destruction des nations, et plus généralement de toutes les structures traditionnelles. Au nom du sacro-saint profit, devenu à leurs yeux l'alpha et l'oméga de tout, les mondialistes veulent détruire tout ce qui s'oppose à leur tyrannie. Après avoir détruit les villages, les paroisses, le tissu rural, le tissu social traditionnel au profit d'organisations bidons et stipendiées, acquises à la cause du politiquement correct, ils veulent encore déréglementer, délocaliser, changer les règles de fonctionnement de notre société, non pour le bien des travailleurs français, mais pour les aligner sur les modèles scandaleux des économies tiers-mondisées[2] ». Au-delà de la dénonciation d'une possible paupérisation des pays occidentaux, argument qui prend le contre-pied de l'un des avantages supposés de la mondialisation, le point commun à ces différents argumentaires reste donc la menace que de tels processus font peser sur l'identité nationale.

Conséquence pratique en termes de programme, les partis populistes en viennent notamment à réclamer la restriction de la protection sociale au profit des seuls nationaux. Un tel « chauvinisme » du Welfare[3] est souvent avancé comme étant l'une des

1. Discours d'Umberto Bossi à la Chambre des députés, vendredi 9 octobre 1998, disponible sur le site officiel de la Lega, www.leganord.org/frames/politica/htm.

2. Discours cité du 1er mai 1998.

3. *Cf.* l'utilisation de cette idée dans l'ouvrage de Betz H.-G., *Radical Right-*

sources principales d'éclosion des partis protestataires dans la plupart des pays scandinaves dès le début des années 1970, lesquels, à cette époque, connurent une vague éphémère de formations protestataires dont les thèmes de mobilisation tournaient essentiellement autour d'attitudes antifiscales et de rejet des populations immigrées[1].

Cette attitude dénonciatrice des méfaits de la mondialisation reste toutefois ambiguë. Les mouvements et les leaders populistes européens se caractérisent en effet par des prises de position distinctes sur ce sujet, spécialement lorsque le lien est fait entre mondialisation et néolibéralisme, certains d'entre eux évoluant même au fil du temps. Ainsi, Haider a souvent pu développer un discours beaucoup plus nuancé que la plupart des autres acteurs catalogués comme populistes. Dans ses différents travaux, Hans-Georg Betz note que les origines libérales du parti ont pu jouer sur ce point, alimentant un discours beaucoup plus mesuré, voire positif, à l'égard d'une vision néolibérale de l'économie. De manière caractéristique, Haider a pu estimer par exemple que le libéralisme de son parti devait consacrer « l'initiative individuelle et une vie sans misère existentielle[2] ». Tout en défendant l'idée d'un « chauvinisme du Welfare », le Parti libéral autrichien se prononce également en faveur d'un programme de réformes économiques qui prévoit des privatisations, une refonte de la fiscalité et une dérégulation de l'activité économique. Même mot d'ordre pour le Parti des automobilistes en Suisse, qui proclame sa foi dans le slogan « Liberté – prospérité – bonheur de vivre ».

Wing Populism in Western Europe, New York, St Martin's Press, 1994. Voir également l'article de Patrick Hassenteufel, « Le national-populisme, un populisme du Welfare ? », Congrès de l'Association française de science politique, IEP de Rennes (28 septembre-1er octobre 1999), table ronde n° 5, « Le national-populisme en Europe » ; rapporteur général : Pascal Perrineau.

1. Harmel R. et Svasand L., « The Influence of New Parties on Old Parties Platforms : the Cases of the Progress Parties and Conservative Parties of Denmark and Norway », *Party Politics*, vol. 3, n° 3, 1997, pp. 315-340.

2. Haider J., *Die Freiheit, die ich meine*, Berlin, Ullstein, 1993, cité par Betz H.-G., *Right-Wing Populism in Western Europe*, *op. cit.,* p. 113.

Enfin, la Lega a tenu le plus souvent un discours favorable à une dérégulation au moins partielle de l'économie, stigmatisant l'*assistenzialismo*, cette tendance de l'État central à soutenir l'économie du sud de l'Italie au détriment des véritables entrepreneurs, situés au nord.

Dans la plupart des cas, cette nuance néolibérale au discours critique de la mondialisation est pourtant liée au positionnement politique des mouvements populistes et à la nécessité de défendre leurs clientèles électorales. Ainsi, les revendications libérales de Haider s'attachent-elles pour l'essentiel à sa volonté de produire une vision de l'économie et de la société qui soit une alternative véritable au corporatisme de consensus défendu par la plupart des grands partis autrichiens. De la même façon, la volonté d'autonomisation qui structure les discours, les programmes comme la stratégie de la Lega est-elle nourrie par la stigmatisation d'une trahison des forces vives du pays par l'État central italien (*Roma Ladra!*; « Rome la voleuse! »). Les clientèles électorales traditionnelles de la Lega, composées notamment des petits entrepreneurs du Nord, y trouvent en outre un discours explicatif simple à ce qu'ils ressentent comme une spoliation.

Au-delà d'un argumentaire général qui dénonce les méfaits d'une internationalisation des économies, les conditions sociopolitiques particulières à chaque pays alimentent donc des prises de position souvent plus nuancées, parfois même contradictoires, mais qui se rejoignent dans leur commune volonté de trouver des explications, simples de préférence, aux évolutions récentes de l'économie et de la société. La stratégie implicite, sur ce sujet comme dans d'autres, reste donc, on le verra, axée sur la volonté de se singulariser par rapport aux élites en place et aux discours dominants.

Une crise économique persistante

Parmi les phénomènes qui ont pu contribuer à transformer l'« environnement » de la politique, de nombreux analystes évoquent la crise économique persistante qui a touché les économies occidentales du début des années 1970 à la très récente reprise en Occident.

D'abord directement associée aux deux chocs pétroliers de 1973 et 1979, cette crise persistante a parfois été rattachée par la suite à des causes plus structurelles qui seraient fondées pour l'essentiel sur l'essoufflement d'un type d'organisation socio-économique hérité du fordisme. En accélérant la recomposition du tissu industriel dans les pays occidentaux et en facilitant l'essor économique de pays « émergents », cette récession durable aurait en effet marqué pour certains l'achèvement du cycle technologique ouvert par la révolution industrielle et par la mise en place d'une structure particulière de l'activité économique et commerciale.

Au-delà de ces causes conjoncturelles et structurelles, cette même crise a en outre parfois été mise en parallèle avec la globalisation, notamment par les tenants d'un « keynésianisme global[1] ». Pour ce courant de la littérature économique, la structure de l'économie internationale produite par la mondialisation économique nourrirait une crise générale de la demande en alimentant deux processus corollaires : la diminution de la demande dans les pays industrialisés serait tout d'abord l'effet du chômage accru, lié à la nouvelle division internationale du travail, et du blocage des salaires, à quoi s'ajouterait l'absence de demande véritable dans les pays nouvellement industrialisés en raison de la faiblesse des salaires et de comportements de consommation totalement différents.

Dépassant ces causes multiples, les analyses concordent généralement dans le diagnostic émis sur les effets délétères de ce ralentissement durable de l'activité. En raison de son ampleur et de sa durée, la crise (peut-être faudrait-il d'ailleurs parler de crises successives) semble en effet avoir généré une déconstruction profonde et continue de certaines structures socioécono-

---

1. *Cf.* notamment Collingsworth T., William Good J. et Harvey P. J., « Time for a Global New Deal », *Foreign Affairs*, 1994.

miques. Sont ainsi mis en avant des phénomènes aussi divers que les problèmes du développement urbain, la déstructuration de certains équilibres régionaux, voire l'impact négatif du chômage sur la cellule familiale. Ce seraient la plupart des « institutions » sociales productrices de réflexes identitaires et principaux repères des individus qui auraient été peu à peu détruites ou remises en cause par les évolutions socioéconomiques depuis les années 1970.

Le phénomène central reste, de ce point de vue, la brutale montée du chômage dans la plupart des pays occidentaux dès les années 1970 et le caractère longtemps irréversible (au moins jusqu'à une période très récente) de cette tendance presque partout.

Ce point est particulièrement intéressant pour notre propos dans la mesure où un certain nombre de travaux récents se sont attachés à mettre en évidence l'existence d'une nette corrélation entre apparition du chômage et essor des partis populistes dans la plupart des pays concernés[1]. Robert Jackman et Karin Volpert notamment parviennent à établir une interdépendance manifeste entre certaines conditions sociopolitiques (structure du système de partis, nombre de partis...), des facteurs socioéconomiques (en particulier le taux de chômage) et les succès électoraux des partis populistes d'extrême droite. Selon eux, « des taux agrégés de chômage élevé révèlent des performances économiques médiocres qui fournissent un contexte particulièrement favorable à des croisades politiques du type de celles qui sont valorisées par l'extrême droite[2] ».

Les conclusions de cette étude rejoignent certaines analyses de sociologie électorale appliquée aux électeurs des partis « populistes » contemporains, dont on verra plus loin qu'elles démontrent, dans certains cas tout du moins, l'existence d'une

1. Jackman R. W. et Volpert K., « Conditions Favouring Parties of the Extreme Right in Western Europe », *British Journal of Political Science*, 26, 1996, pp. 501-521.

2. *Ibid.*, p. 508.

sur-représentation des chômeurs dans l'électorat du Front national par exemple. Ainsi, 28 % des chômeurs votèrent pour le FN lors de l'élection présidentielle de 1995, constituant par là même un vivier important de l'électorat frontiste[1]. Ces mêmes conclusions entraînent une critique induite des idées invoquant l'hypothèse d'un courant « postmatérialiste » de plus en plus dominant au sein des sociétés occidentales. Comme le rappellent en effet Jackman et Volpert, « le déclin du plein emploi qui commença à la fin des années 1970 nous rappelle utilement que les vieux problèmes de la société industrielle attendent toujours d'être résolus et que les conflits liés à la pénurie matérielle sont loin d'être obsolètes[2] ».

Le caractère désagrégateur du chômage pour la communauté devient alors l'un des thèmes centraux du discours populiste. Ainsi dans son programme défini pour les législatives de 1997 le FN annonce-t-il en premier lieu son intention de « donner du travail aux Français » sur la base de ce diagnostic initial : « Le chômage est aujourd'hui l'un des phénomènes les plus destructeurs pour notre société. Ses conséquences sont évidemment économiques et sociales, mais surtout humaines. » Suit une évaluation qui conteste les chiffres officiels. Parlant des « vrais chiffres », les gens du FN estiment en effet que « plus de trois millions de personnes pointent régulièrement dans les agences de l'ANPE. Mais si l'on ajoute à ce chiffre les demandeurs d'emploi à durée déterminée, les préretraités, les salariés en formation après licenciement, voire les milliers de personnes définitivement abandonnées par le système, l'on atteint un seuil beaucoup plus élevé. En réalité, ce sont plus de six millions de Français qui sont privés d'emploi[3] ».

La dénonciation du phénomène et de ses effets délétères

1. Source : Mayer N., *Ces Français qui votent FN*, Paris, Flammarion, 1999, annexe 2, tableau n° 5, p. 343.

2. Jackman R. et Volpert K., art. cité, p. 517.

3. Programme disponible sur le site internet du FN.

conduit encore à stigmatiser les responsables présumés, essentiellement les élites en place taxées d'incompétence. Hans-Georg Betz rappelle, par exemple, à propos du Vlaams Blok, que le problème du chômage est corrélé aux « démons » traditionnels du parti : « Le parti accusa les partis établis, les grandes sociétés, et les syndicats d'avoir promu l'afflux d'immigrants et d'avoir laissé la population régler elle-même les conséquences ethniques et culturelles de ces politiques. En dépit du chômage de masse et d'un déficit massif, le gouvernement belge continuait sa politique de "discrimination positive", favorisant les immigrés en matière d'emploi et de logement[1] ». Autre exemple, selon le programme du FN : « Face à ce fléau, les gouvernements successifs n'ont pas engagé un véritable combat pour l'emploi. Ils se contentent d'organiser le traitement social du chômage en attendant une illusoire reprise de la croissance. Ils agissent sur les effets, non sur les causes. En fait, ils ont abandonné le combat[2] ». Par contraste, le parti d'extrême droite entend se singulariser par un traitement global du problème. En effet, selon cette déclaration d'intention, « le Front national entend mener une vigoureuse politique de lutte contre le chômage. Il affirme que le retour au plein emploi est possible, à condition de réfuter les tabous qui paralysent l'action gouvernementale. Le retour à l'emploi passe par la remise en cause de l'immigration, du libre-échangisme, du poids excessif de l'État et par une vraie réforme de l'Éducation nationale[3] ». De la même façon, reprenant un raisonnement tristement célèbre pour avoir été la source des slogans nazis de l'entre-deux guerres, un document du FPÖ datant de 1997, après avoir constaté un chiffre « record » du chômage (environ 5 % de la population active, l'un des taux les plus faibles de l'OCDE), estimait que « 300 000 travailleurs étrangers sont trop nombreux pour 300 000

1. Betz H.-G., *Radical Right-Wing Populism in Western Europe*, *op. cit.*, p. 137.

2. Programme disponible sur le site internet du FN.

3. Programme disponible sur le site internet du FN.

chômeurs[1] ». Les ennemis de toujours et d'aujourd'hui sont tous là... En permettant de mettre le doigt sur la responsabilité engagée des élites politico-administratives à propos du chômage, les partis populistes retrouvent un thème récurrent de leurs discours et alimentent également le sentiment diffus d'une perte de légitimité des gouvernants.

Car les multiples déséquilibres entrevus dans les structures socioéconomiques nationales et internationales ne sont pas sans conséquences sur les mécanismes identitaires constitutifs des communautés politiques et sur les dynamiques de participation politique et de légitimation des élites. Entre l'internationalisation et la localisation de l'espace public, partiellement liées aux pressions alimentées par la mondialisation, les États-nations se trouvent peu à peu vidés de leur substance et concurrencés par d'autres autorités politico-administratives légitimes, y compris dans les fonctions étatiques les plus emblématiques, comme le pouvoir de battre monnaie. Devant cet éclatement de la sphère publique[2], le terme de *gouvernance* tend ainsi à supplanter peu à peu la notion de gouvernement, pour désigner les modes contemporains de formulation des politiques publiques. Par gouvernance, la plupart des auteurs entendent « un processus de coordination d'acteurs, de groupes sociaux, d'institutions pour atteindre des buts propres et définis collectivement dans des environnements fragmentés, incertains[3] ». Loin d'être principalement le fait d'un acteur à qui est dévolu le monopole de la violence physique légitime – selon la définition canonique de l'État proposée par Max Weber –, les décisions publiques seraient aujourd'hui le fruit des multiples échanges associant acteurs publics et privés autour de problèmes précis à différents niveaux territoriaux. De manière

---

1. Argumente 03/97, 18 février 1997, disponible sur le site du FPÖ www.fpoe.or.at/combo/argumente.

2. *Cf.* par exemple pour le cas français, Muller P., « Entre le local et l'Europe, la crise du modèle français de politiques publiques », *Revue française de science politique*, vol. 42, n° 2, 1992, pp. 275-297.

3. Le Galès P., « Régulation et territoires » *in* Commaille J. et Jobert B. (dir.), *Théories de la régulation politique*, Paris, LGDJ, 1999.

caractéristique, « gouvernance » est fréquemment utilisé à propos de l'Union européenne, parfois définie comme système de gouvernance multi-niveaux[1]. Au sein de l'Union européenne, les actions publiques, tant en ce qui concerne la prise de décision que la mise en œuvre, sont le produit de l'action conjointe des institutions communautaires, d'autorités politiques nationales ou locales, ainsi que de groupes d'intérêt inégalement organisés à l'échelon européen.

En rompant l'équilibre des relations entre acteurs publics et privés, notamment lorsque ceux-ci étaient partiellement institutionnalisés (dans le cas des régimes corporatistes), ces évolutions socioéconomiques brouillent les circuits de représentation traditionnels des intérêts et tendent à exclure du jeu « normal » du champ politique un nombre de plus en plus important d'individus ou de groupes[1]. Un tel processus paraît pertinent, notamment dans le cas de l'Autriche. Fortement structuré autour de l'interpénétration entre les processus et les mécanismes de représentation sociale et politique, le champ politique semble se trouver ici délégitimé pour partie par l'évolution de la structure des clivages et par l'inadaptation des organes de représentation traditionnels. L'ensemble de ces dynamiques déboucherait alors sur un brouillage des circuits de responsabilité et de légitimité, qui affaiblit les acteurs politiques et ouvre la voie aux acteurs et aux comportements contestataires.

---

1. *Cf.* Marks G., Scharpf F., Streeck W. et Schmitter P., *Governance in the European Union*, London, Sage, 1996.

2. *Cf.* également l'interrogation plus générale menée par Bertrand Badie sur l'évolution du principe comme des cadres de la souveraineté, *Un monde sans souveraineté*, Paris, Fayard, 1999.

La crise de la légitimité politique

La légitimité, et en particulier la légitimité politique, est un concept difficile à cerner. Indéniablement, celui qui en a défini avec le plus d'acuité et de précision les linéaments reste Max Weber dans sa construction de trois formes idéal-typiques définies comme la légitimité traditionnelle, la légitimité charismatique et la légitimité légale-rationnelle. Trop souvent la pertinente et stimulante typologie webérienne a été comprise comme si chacune de ces formes était séparée et distincte des deux autres, et comme s'il existait une hiérarchie entre elles, de la forme primitive (la tradition) à la forme supérieure et moderne (la légale-rationnelle). Pourtant, Weber avait bien mis en garde contre cette lecture simpliste en soulignant que, dans la réalité, les trois formes sont mêlées, même si le rapport entre elles est divers, évolutif, variable dans le temps et l'espace. Théoriquement, avec l'avènement de la démocratie et de l'État de droit, la légitimité légale-rationnelle devrait régner en maître et laisser la portion congrue aux formes traditionnelles et charismatiques de la légitimité. Or nous savons par l'expérience quotidienne et l'observation des sociétés démocratiques que cette hypothèse est bien loin d'être vérifiée. La tradition continue de façonner non seulement les institutions, mais aussi les mentalités et les comportements ; le charisme, comme on l'a vu, n'est pas un ingrédient politique du passé, mais une qualité de plus en plus requise pour la conduite des sociétés démocratiques médiatisées.

C'est à la lumière de cette trilogie webérienne classique que la « crise de légitimité politique » qui affecte tant de démocraties prend toute sa dimension paradoxale. Jamais les élections n'ont été plus fréquentes, universelles (dans la composition de l'électorat) et moins sujettes aux fraudes ou aux pratiques douteuses, jamais elles n'ont été davantage placées sous le contrôle de juges impartiaux. Jamais comme aujourd'hui l'État de droit n'a été aussi sophistiqué dans son extension, vérifié dans son application, au point de susciter parfois des critiques quant au développement bureaucratique excessif qu'il entraînerait. On ne peut manquer d'être frappé par la multiplication et le raffinement des techniques légales et procédurales de légitimation allant de pair avec une insatisfaction importante, voire croissante à l'égard du système politique.

Certes, le phénomène n'est ni constant ni identique d'un système politique à l'autre. Ses formes et manifestations changent, de même que se modifient les horizons politiques, les classes, les groupes d'où émane l'insatisfaction. La légitimité est une qualité qui n'est jamais définitivement acquise et qui doit en permanence être maintenue et conquise soit à travers des mécanismes formels (élections), soit à travers les perceptions diffuses et donc plus incertaines de l'opinion publique (exprimée par les médias, les leaders des groupes sociaux, les mobilisations de soutien et de protestation, les sondages d'opinion[1], etc.). On ne doit donc pas être surpris par ses fluctuations et mutations. Il y a évidemment des graduations dans les déficiences du processus de légitimation : une chute dans les sondages d'opinion est le pain quotidien des hommes politiques et ne remet pas en cause la légitimité des gouvernants. Mais la persistance d'opinions négatives peut rendre problématique la gouvernabilité et contraindre à la démission même si rien ne l'impose formellement – Édith Cresson en fit l'amère expérience en 1992. Le problème peut se poser parfois sur une échelle plus réduite, lorsque ce n'est pas le gouvernement lui-même mais l'un de ses choix politiques qui est en cause. C'est la légitimité d'une décision qui est contestée et pas l'ensemble de l'action publique. Mais là encore le gouvernement est parfois contraint de faire machine arrière en dépit d'une solide majorité parlementaire (*cf.* le plan Juppé en 1995).

Tant que le déficit de légitimité concerne l'action publique – et seulement elle –, il n'y a pas péril en la demeure. C'est l'objet même de la démocratie d'organiser la divergence des opinions

1. Sur les sondages, *cf.* Blondiaux L., *La Fabrique de l'opinion : une histoire sociale des sondages*, Paris, Le Seuil, 1998.

(*adversarial politics*) et de prévoir des examens périodiques de la légitimité de poursuivre les politiques choisies par le biais des consultations électorales. En revanche, la situation devient plus problématique lorsque le déficit de légitimité porte sur les institutions ou les élites politiques. Porté à son point extrême, ce déficit se résout soit par la réforme des institutions (par exemple le passage de la IVe à la Ve République), soit par le renouvellement des élites (après la Seconde Guerre mondiale), soit, plus radicalement encore, par une révolution.

Or, après plusieurs décennies durant lesquelles la plupart des démocraties occidentales n'eurent à affronter que les problèmes de légitimation liés aux choix politiques, celles-ci ont dû faire face à de nouveaux défis. Ce furent d'abord ceux de la fin des années 60, où les modes de participation politique et sociale furent radicalement remis en cause, y compris par le recours au terrorisme, notamment en Italie et en Allemagne. Le pessimisme de la Commission trilatérale en 1975 doit se lire dans ce contexte, parfois dramatique à vrai dire, comme en témoignent l'assassinat d'Aldo Moro en Italie ou celui du leader du patronat en Allemagne. Pour les groupes radicaux d'extrême gauche, l'illégitimité fondamentale du régime pouvait justifier l'appel à la révolution et le recours à l'assassinat politique.

La nouvelle crise de légitimité qui a affecté nombre de démocraties dans les années 90 est de nature différente. En dépit ou en raison de l'absence véritable d'alternative au modèle démocratique occidental, la mise en cause de la légitimité n'est pas inspirée par l'aspiration à un autre modèle de société. Elle résulte plutôt de l'insatisfaction à l'égard des institutions, mais surtout à l'encontre des partis ou des hommes politiques[1].

Le changement le plus fondamental réside probablement dans l'attitude des citoyens à l'endroit de leurs représentants[2]. La rela-

---

1. *Cf.*, pour une analyse générale, Julliard J., *La Faute aux élites*, Paris, Gallimard, 1997.

2. Cité par Hague R. et Harrop M., *Comparative Government*, London, MacMillan, 1982, p. 141.

tion entre électeurs et élus s'établit à travers un mandat. La tradition démocratique occidentale ayant exclu le mandat impératif, la relation entre le mandataire et le mandant s'établit de manière flexible et relativement indéterminée. Les termes en sont suffisamment vagues pour laisser une grande latitude au représentant. Cette liberté n'a jamais été exposée avec autant de franchise que par Edmund Burke devant ses électeurs de Bristol en 1774 à qui il déclara abruptement : « Certainement, messieurs, ce serait le bonheur et l'honneur d'un représentant de vivre dans l'union la plus étroite, dans la communion la plus proche et dans la communication la plus directe avec ses électeurs. Leurs souhaits devraient avoir un grand poids; leurs opinions mériter le plus grand respect; leurs intérêts justifier la plus grande attention. [...] Mais il ne devrait jamais vous sacrifier la rigueur de son opinion, le sérieux de son jugement, la clarté de sa conscience. Votre représentant ne vous doit pas seulement son dévouement mais son jugement; et il vous trahirait plutôt qu'il ne vous servirait, s'il devait le sacrifier à votre opinion. » Toutefois, ce contrat aux contours indécis repose sur un mécanisme immatériel mais fondamental : la confiance. Alors que le mandat impératif se justifie par l'attitude contraire, c'est-à-dire la méfiance à l'égard d'un mandataire auquel on ne laisse ni libre arbitre ni marge de manœuvre, la représentation politique à l'occidentale ne peut fonctionner, voire n'est concevable que si elle est sous-tendue par le sentiment de confiance du mandant au bénéfice de son mandataire et accompagnée par des mécanismes de contrôle du « principal » sur « l'agent », pour reprendre une expression que le « *rational choice* » a contribué à diffuser largement. *Trust*, « confiance », est le maître mot du système représentatif.

Or, de ce point de vue, tous les indicateurs sont au rouge depuis plusieurs années (*cf.* tableau n° 3).

Tableau n° 3. Confiance dans les institutions, par pays

Question : Je voudrais vous poser une question à propos de la confiance que vous avez dans certaines institutions. Pour chacune de ces institutions, indiquez, s'il vous plaît, si vous avez confiance en elle ou si vous n'avez pas confiance.

Pourcentage de répondants qui tendent à avoir confiance	Union européenne	France	Allemagne	Italie	Grande-Bretagne
Gouvernement	37	37	29	27	46
Parlement	40	38	35	29	46
Partis politiques	16	12	13	13	18
Églises	50	36	47	55	54
Justice, système juridique	43	36	50	31	48
Syndicats	38	36	39	29	36
Presse	40	51	42	34	15
Radio	63	62	62	49	67
Télévision	56	46	59	42	65

Source : Sondage eurobaromètre. Commission européenne, 1998.

La confiance dans les partis, dans les hommes politiques voire dans les institutions est au plus bas et s'exprime tantôt par l'anomie et l'indifférence politiques, tantôt par le déclin du vote en faveur des partis qui dominent le système, les « partis de gouvernement ». Les études d'opinion confirment *ad nauseam* que les électeurs français, italiens, allemands, belges, etc. convergent dans leurs opinions négatives, pour ne pas dire franchement hostiles vis-à-vis de ce qu'il est convenu désormais d'appeler de manière péjorative la classe politique, la nomenklatura, les apparatchiks, etc. Déjà en 1983, Lipset et Schneider pouvaient dans leur ouvrage *The Confidence Gap*[1] déceler une idéologie diffuse anti-élite, antipouvoir, et, cinq ans plus tard, Russel Dalton soulignait que « les sentiments de méfiance s'étaient progressivement étendus à l'évaluation du régime politique et des autres institutions sociales. L'absence de confiance dans la politique et dans les institutions est généralisé[2] ».

Dans un ouvrage à paraître prochainement aux éditions de l'université de Princeton[3], Susan Pharr et Robert Putnam tentent d'aller au-delà des explications conjoncturelles et *ad hoc* de ce phénomène de rejet. Ils en constatent d'abord le caractère généralisé et extensif dans 19 pays démocratiques au cours des trois dernières décennies. Pratiquement, la confiance des citoyens décroît partout tant à l'égard des hommes politiques (c'est le cas dans douze des treize pays où des données systématiques sont disponibles), des partis politiques (l'identification partisane décline dans 17 des 19 pays considérés) que des institutions politiques elles-mêmes (la confiance dans le Parlement, par exemple, a régressé dans 11 pays sur 14). Comment expliquer la généralité d'un tel phénomène ? Les auteurs émettent l'hypothèse que la

1. Lipset S. M. et Schneider W., *The Confidence Gap*, New York, Free Press, 1983.

2. Dalton R., *Citizens Politics in Western Democracies*, Chatam, Chatam House Publishers, 1988. Voir aussi Flanagan S. C., « Value Change in Industrial Society », *American Political Science Review*, 81, 1987, p. 1303.

3. Pharr S. J. et Putnam R. D. (dir.), *Why Western Citizens Don't Trust their Governments*, Princeton, Princeton University Press, à paraître (2000).

nature et l'étendue de l'information pourraient avoir changé de même que les critères d'évaluation de la politique et de l'action gouvernementale, mais soulignent aussi que c'est la performance des institutions représentatives qui s'est détériorée. Ils concluent enfin que ce déclin de la performance démocratique pourrait trouver sa source soit dans l'incapacité des gouvernants à satisfaire leurs mandants (du fait de la globalisation, par exemple), soit dans le non-respect de leurs engagements tant spécifiques (promesses électorales) que fondamentaux (manquements éthiques).

Des études de cas approfondies confirment ces tendances générales. Pascal Perrineau[1] a bien montré comment en France le vote pour le Front national a émergé au sein de populations périurbaines vivant dans des conditions économiques difficiles, dans un environnement social délabré et déstructuré, et qui sont privées de repères politiques. Une part importante de ses soutiens provient des électeurs que l'isolement social, le sentiment de n'être ni entendus ni écoutés, l'insécurité des conditions de vie ont écartés de la participation politique. Hans-Georg Betz a suggéré de qualifier ces attitudes par le terme « ressentiment » qui s'explique, dit-il, par le fait que ces individus ont « le sentiment d'avoir été abandonnés par le reste de la société et qu'ils n'ont pas les moyens matériels d'échapper aux ghettos de l'ancienne et de la nouvelle pauvreté[2] ».

Dans sa récente étude sur les électeurs du Front national, Nonna Mayer confirme aussi que ce parti tend à attirer – en particulier depuis l'élection présidentielle de 1995 – un électorat prolétaire qui a la claire conscience de faire partie des défavorisés[3]. Le contraste du vote ouvrier en 1988 (élection présidentielle) et

1. Perrineau P., « Front national : l'écho politique de l'anomie urbaine », *Esprit*, mars-avril, 1988, p. 22-38. Voir aussi, du même, *Le Symptôme Le Pen, op. cit.*

2. Betz H.-G., *Radical Right-Wing Populism in Western Europe, op. cit.*, p. 177.

3. Mayer N., *Ces Français qui votent FN, op. cit.*

1997 (élections législatives) illustre bien les fluctuations liées aux attentes et aux désillusions : alors que les ouvriers avaient massivement voté pour Mitterrand en 1988 (61 % au premier tour, 70 % au second), près d'un tiers de ces électeurs (30 %) portèrent leurs voix sur les candidats lepénistes en 1997 (contre 18 % trois ans plus tôt).

Autre indicateur de ce ressentiment d'une partie de l'électorat : la baisse constante du pourcentage de votes obtenu par les partis dits « de gouvernement », c'est-à-dire ceux qui, au pouvoir ou dans l'opposition, ont eu, ont ou auront la possibilité de participer au pouvoir.

Partout les observateurs politiques ont souligné l'ampleur de cette désaffection. En France, on y a souvent vu une crise de la représentation ; en Italie, la perception a plutôt été celle de la faillite d'un système politique, la Ire République dont on célébra un peu hâtivement la disparition : aux dernières nouvelles, le mort « se porte bien ». En Allemagne, à partir du milieu des années 90, un terme nouveau a fait son apparition, *Parteienverdrossenheit* ou *Politikverdrossenheit*, désignant – peu après l'euphorie de la réunification – la désaffection à l'égard des partis et de la politique. Cette évolution défavorable aux partis traditionnels, qui nourrit la volatilité accrue des choix électoraux, traduit une diminution des modes de légitimation et des allégeances. Comme le note en effet Piero Ignazi, « ce qui est nouveau c'est que les citoyens se sentent désormais plus libres d'aller d'un parti à l'autre ; changer d'allégeance partisane est de moins en moins ressenti comme une expérience traumatisante. On peut parfaitement aller et venir sans avoir un sentiment de trahison et de culpabilité, associé auparavant au fait d'abandonner les anciennes allégeances politiques[1] ».

Toutefois, l'ampleur de la désaffection électorale ne donne pas la pleine mesure du discrédit auquel la plupart des partis ont été

1. Ignazi P., « The Crisis of Parties and the Rise of New Political Parties », *Party Politics*, vol. 2, n° 4, 1996, p. 550.

confrontés au cours de la décennie 90. Les résultats des sondages, encore plus explicites, convergent tous dans la même direction : la méfiance à l'égard des partis et des hommes politiques est générale, et l'évolution est souvent brutale. Entre 1985 et 1991 par exemple, le nombre des Italiens en désaccord avec l'affirmation selon laquelle les partis sont nécessaires à la démocratie passa de 18 % à 35 % ; chez les électeurs de la Ligue lombarde, 5 % avaient confiance dans les partis. Au début de la décennie 90, les deux tiers des Allemands estimaient que les grands partis étaient incapables de résoudre les problèmes du pays. À la même époque, l'opinion des Autrichiens était encore plus sévère, les trois quarts d'entre eux estimant que les partis n'étaient intéressés que par la recherche des voix. En France, les sondages Sofres menés depuis dix ans sur la confiance à l'égard des partis et des hommes politiques va du médiocre au franchement mauvais, manifestant un profond et persistant fossé entre représentés et représentants. Le panorama n'est guère plus réjouissant aux États-Unis ou dans les pays scandinaves, Norvège, Danemark et Suède.

Ce sentiment diffus mais généralisé a souvent été interprété sur fond de crise économique et sociale. La stagnation économique, l'augmentation massive du chômage dans certains pays ou régions de l'Union européenne ont indéniablement contribué à l'émergence d'un sentiment de méfiance voire d'hostilité. L'inquiétude suscitée par la globalisation ou les frustrations nées des nouvelles formes de gouvernance sont, comme on l'a vu, des ingrédients indéniables du malaise. Mais le contexte économique ne donne qu'une vue partielle du phénomène. Comment, en effet, interpréter la montée de certains populismes protestataires en ayant recours à la seule variable économique ? Celle du FPÖ s'effectue dans une Autriche sans crise économique majeure, prospère et où le chômage est l'un des plus bas d'Europe ; le Front national belge reste insignifiant dans une Wallonie sinistrée par les restructurations économiques, tandis que le Vlaams Blok prospère dans l'une des régions les plus dynamiques et les plus riches d'Europe ; la Lega Nord naît en Lombardie où le revenu par individu galope en tête des statistiques européennes ;

la Suisse, la Norvège, le Danemark, la Suède, tous champions de la réussite économique, de l'État-providence et de l'opulence collective, sont aussi confrontés à de puissants mouvements de protestation populistes. En d'autres termes, l'explication par l'économie ne peut être au mieux qu'un élément d'une interprétation plus complexe. C'est à ce point de notre réflexion que doit être prise en considération la confluence d'une structure idéologique et d'une conjoncture politique.

La structure idéologique commune en général aux partis protestataires, antisystème ou aux marges du système, est celle d'une critique féroce des modalités d'accès à la politique et de sa captation par des élites. La conjoncture politique est celle d'une faillite constatée ou perçue des élites politiques au regard des missions confiées et de la confiance déléguée. La critique populiste de la représentation politique s'appuie moins sur une analyse théorique à la Rousseau quant à l'inévitable aliénation de la souveraineté à travers tout mécanisme de représentation que sur la constatation d'une trahison des représentés par les représentants. Ce n'est sans doute pas forcer le trait que d'affirmer que, pour les partis qui se défient de la représentation, le problème est moral avant d'être théorique.

Il y a donc chez les populistes, tous les populistes, mais aussi de la part d'autres mouvements qui se réclament d'une nouvelle façon de faire la politique (les Verts, par exemple) une réserve, voire une hostilité à l'égard des mécanismes de représentation qui, chez les populistes, se traduit par l'affirmation du leadership (et du lien supposé direct base/sommet) et chez les autres au contraire par l'affirmation de la collégialité, la rotation rapide des fonctions, etc. On comprend pourquoi les premiers mouvements populistes américains pouvaient apparaître comme modernes et progressistes. Pour une part, leur discours reprenait, en l'ajustant, le dispositif des discours socialistes ou socialisants de la fin du XIXe siècle : le peuple était bien constitué par l'immense majorité de la population travailleuse (mais, à la différence des socialistes, l'accent n'était pas forcément mis d'abord sur les ouvriers, mais sur d'autres catégories exploitées, fermiers, artisans) à l'exclusion d'une petite minorité de ploutocrates, exploiteurs ou banquiers corrompus.

Le mot est lancé : corruption ! La structure idéologique de base trouve sa confirmation, son illustration et son bien-fondé dans une conjoncture propice et justificatrice. La corruption des élites, en particulier politiques, constitue pour les mouvements populistes l'illustration la plus flagrante, la démonstration la plus évidente de la trahison des représentés par leurs représentants. Les élus ont obtenu la confiance des électeurs et leur blanc-seing au nom de l'intérêt général dont ils devraient être les interprètes et les garants, et l'on découvre qu'ils sont vendus aux intérêts des puissants, ou, pis encore, qu'ils ne songent qu'à leurs propres intérêts financiers au mépris des devoirs de leur charge. « Tous pourris ! » C'est l'anathème usuel et universel des populismes en marche, l'argument mobilisateur, vindicatif, l'appel au « coup de balai », au nettoyage des écuries d'Augias. Le populisme n'est pas dans la dénonciation de la corruption, cette plaie de *tous* les régimes politiques, si dommageable aux démocraties puisqu'elle en nie les valeurs. Le populisme est dans la dénonciation de la corruption comme pratique généralisée, universelle, systématique de *tous* les hommes politiques : aucun n'y échappe. Il est dans le rejet de la démocratie représentative en même temps que dans celui des corrompus.

Il est clair que la corruption des élites offre une plate-forme idéale aux revendications populistes, puisqu'elle semble démontrer la véracité de la trahison du mandat au profit de ceux qui en sont les détenteurs. Il est aussi clair que l'existence de la corruption – y compris à grande échelle – ne suffit pas par elle-même à détruire le lien entre mandant et mandataires et la confiance dans les hommes, les politiques ou les institutions. Il est assez remarquable que la corruption plus ou moins rampante, plus ou moins importante qui a sévi dans la plupart des démocraties occidentales depuis la Seconde Guerre mondiale n'ait pas toujours eu des effets négatifs sur la légitimité des hommes politiques et des institutions démocratiques, demeurant cette corruption « grise », dont parle Heidenheimer[1], tacitement admise pourvu qu'elle

1. Heidenheimer A.J., Johnston M. et Levine V.T. (dir.), *Political Corruption, A Handbook*, New Brunswick, N.J., Transaction Publishers, 1989.

reste dans des limites acceptables. Pendant des années, Berlinguer et le PCI ont pu évoquer *la questione morale* sans mettre en péril ni même en difficulté passagère le système politique italien. Le scandale Flick, en Allemagne, n'eut pour effet que l'amendement du système de financement des campagnes et des partis politiques. La France se refusa jusqu'au milieu des années 1980 à y voir un problème sérieux, au nom d'une conception désabusée, voire cynique de l'action politique[1]. L'Espagne, aux prises avec les processus de démocratisation, fut peu regardante sur l'origine des fonds nécessaires à ses partis naissants – au demeurant, la CDU et le SPD allemands étaient les principaux pourvoyeurs de ressources indirectes et occultes. On pourrait multiplier les exemples et les illustrations de ces attitudes complaisantes à l'égard de la corruption non seulement de la part des élites économiques et des médias, mais aussi de l'opinion publique. Comment expliquer le revirement qui s'opère presque partout à partir de la fin des années 1980 ? On peut avancer plusieurs facteurs qui se combinent et s'additionnent sans que l'on puisse toutefois apprécier le rôle spécifique de chacun d'entre eux[2].

Notons d'abord que l'ampleur et la nature de la corruption ont changé au cours des quinze ou vingt dernière années du XXe siècle[3]. D'individuelle, la corruption devient organisée, voire systématique. Les partis politiques, pour se financer, mettent en coupe réglée le monde des affaires et instituent une sorte de prélèvement officieux (mais tout aussi « obligatoire » qu'une taxe) perçu à l'occasion des transactions entre la sphère publique et le monde des affaires.

De secrète, elle devient sans cesse moins occulte, tant sa pra-

1. Mény Y., *La Corruption de la République*, Paris, Fayard, 1992.
2. Voir Lascoumes P., *Corruptions*, Paris, Presses de Sciences po, 1999, ainsi que *Élites irrégulières. Essai sur la délinquance d'affaires*, Paris, Gallimard, 1997.
3. Mény Y., « Corruption "fin de siècle" : changement, crise et transformation des valeurs », *Revue internationale des sciences sociales*, 149, septembre 1996, pp. 359-370.

tique semble relever désormais d'une convention politique non écrite. Elle peut d'autant mieux apparaître à la lumière qu'elle se fait systématique et quasi légitime. La corruption au profit d'un individu reste condamnable en principe; celle au profit d'un parti relève de la nécessité, du moindre mal et ne serait donc pas, en fin de compte, répréhensible. Lors de l'apparition des premiers scandales, certains hommes politiques italiens, encore inconscients de la vague qui va les emporter, vont jusqu'à suggérer une légalisation de la *tangente*, c'est-à-dire du pot-de-vin systématique prélevé par les partis !

De simple, la corruption devient complexe, mettant en jeu un nombre grandissant d'acteurs, de mécanismes, et ce à tous les niveaux (local, national, international). De là naît un nouveau paradoxe : la corruption est de moins en moins cachée dans son principe puisque la tolérance à son égard en fait une pratique quasi normale, mais elle est aussi difficile à débusquer du fait de l'enchevêtrement des acteurs, des processus, du respect apparent des procédures formelles, de la multiplicité des formes qu'elle prend. La banalisation de la corruption est renforcée alors par des phénomènes de collusion au sein de la classe politique qui empêchent le jeu normal des institutions, des procédures, des contrôles politiques, administratifs ou financiers. L'opposition ne dénonce pas, puisqu'elle est elle-même partie prenante du jeu. Au mieux, chacun tolère les turpitudes de l'autre en s'interdisant de se mêler de ce qui relève du « libre fonctionnement des partis politiques ». Au pire, tous concourent allègrement aux processus corrompus en se redistribuant les prébendes selon des clefs de répartition convenues. Lorsque les scandales éclatent, dévoilant les complicités des hommes et des partis politiques au-delà des oppositions et des antagonismes affichés, cette collusion donne consistance et force à l'argument simpliste mais percutant, utilisé par les partis populistes : « Tous pourris ! »

Le changement radical d'attitude à l'égard de la question de la corruption et l'exploitation populiste qui en sera faite pour délégitimer hommes et partis politiques ne peuvent être compris sans se référer au climat des années 90. Ce contexte est d'abord en

Europe, comme on l'a vu, un contexte de crise économique, où la stagnation s'accompagne d'un taux de chômage élevé et de l'apparente incapacité des gouvernants à faire sortir l'économie du tunnel bien qu'ils l'aient annoncé à diverses reprises. La révélation des turpitudes politiques dans ce climat économique et social délétère donne l'impression que les hommes et les partis politiques sont des profiteurs, prenant leurs aises avec règles et principes tout en appelant les citoyens à la rigueur. Il est significatif à cet égard qu'en Italie la collusion entre partis politiques et la corruption généralisée du système soient bien tolérées tant que les gouvernements au pouvoir pratiquent une politique budgétaire laxiste, permettant une généreuse distribution de dividendes à tous et faisant oublier la gestion peccamineuse de l'État par la classe politique. Le traité de Maastricht et ses exigences en matière budgétaire et financière fut le révélateur de ces contradictions et les milieux internationaux des affaires, en imposant les dévaluations successives de la lire et des politiques drastiques de réforme mirent fin à l'euphorie pernicieuse des années 80 et à la corruption qui l'accompagnait[1].

Dans ce contexte de stagnation économique, le processus de délégitimation devient alors cumulatif : l'échec économique rend insupportable la corruption et la collusion ; il donne à la presse une plus grande liberté d'investigation, puisque les acteurs politiques disposent de moins de moyens de pression directs ou indirects pour limiter ou interdire les enquêtes journalistiques ; les révélations des médias accentuent le scandale, réduisent plus encore la marge de manœuvre des politiques tandis qu'elles accroissent celle des magistrats ; enquêtes des juges et révélations journalistiques se croisent, s'alimentent et se renforcent mutuellement[2]. Trahison des devoirs de la charge, oubli des principes, vio-

1. Recchi, E., « Parliamentary Recruitment and Consociationalism in the First and Second Italian Republics », *West European Politics*, 19 (2), avril 1996, pp. 340-360.

2. Pujas V. et Rhodes M., « Party Finance and Political Scandal in Italy, Spain and France », *West European Politics*, 22 (3), juillet 1999, pp. 41-63.

lation des règles par ceux qui sont chargés de les établir deviennent les leitmotive de l'opinion et les points forts de l'acte d'accusation contre les gouvernants. En se faisant l'écho justifié des affaires, les médias fournissent tous les éléments d'un réquisitoire potentiel.

Dans une étude publiée en 1993, Carlo Ruzza et Oliver Schmidtke[1] montrent comment la Lega lombarda a su mobiliser une partie de l'opinion à son profit en surfant sur la vague des critiques récurrentes des médias italiens à l'égard du système politique. Analysant les principaux titres du journal *La Repubblica* (le premier quotidien de la Péninsule et le plus acerbe critique de la *partitocrazia*), les auteurs mettent en évidence la concordance des critiques journalistiques et des slogans de la Lega. Tant le « programme » de la Ligue que les titres du journal mettent en relief quatre thèmes principaux : la corruption politique, l'inefficacité du système politique, le gaspillage des ressources publiques, l'inadéquation des services publics (transports, hôpitaux...). Certes, des différences de tonalité, de langage, d'accent apparaissent, mais il est remarquable que la Ligue ait pu se saisir de l'ensemble de ces mécontentements et exprimer la perception diffuse de l'opinion publique. La Lega proposait des solutions, certes considérées par beaucoup comme irresponsables, vulgaires, xénophobes, mais elle présentait alors la seule offre politique capable de répondre à une demande non satisfaite, celle d'un changement radical du système des partis et de gouvernement. Il serait sans doute ridicule de prétendre que la presse a été le fourrier de la Ligue, ne serait-ce qu'en raison de son attitude généralement réservée, pour ne pas dire hostile au parti et à son leader, Umberto Bossi. Mais il y a un parallélisme entre la critique virulente d'un régime déconsidéré et la captation par la Ligue de ce mécontentement politique réel et justifié. Sans compter que Bossi, comme la plupart des leaders populistes, a su utiliser à merveille

1. Ruzza C. et Schmidtke O., « Roots of Success of the Lega Lombarda », *West European Politics*, 16 (2), avril 1993, pp. 2-23.

le talon d'Achille de la société médiatisée, c'est-à-dire son intérêt quasi pathologique pour le scandale. Jeux de mots douteux, provocations sémantiques ou gestuelles, grossièreté du vocabulaire ou formules assassines, tout est bon pour provoquer les opinions reçues, les règles de convivialité, les conventions sociales et politiques, et donc pour attirer, en scandalisant, l'attention des médias[1]. Inversement, nombre d'analyses, voire de trouvailles sémantiques de la presse peuvent être instrumentalisées par les mouvements populistes avec des intentions d'une pureté contestable. En Italie par exemple, des mots ou expressions à succès comme *partitocrazia*, *Tangentopoli* (la cité des pots-de-vin), Operazione Mani Pulite (opération mains propres), la IIe République (pour signifier la mort politique, à défaut d'être constitutionnelle, de la Ire République... qui continue son chemin !) sont nés dans les médias et sont devenus des référents quotidiens, des mots de passe politiques usuels et la référence de tous ceux – y compris et surtout les populistes – qui en ont fait des instruments du combat politique.

Dans ce contexte, il est aisé pour les mouvements ou partis populistes de remettre à jour un registre de critiques et un vocabulaire sous-jacents, disponibles pour l'usage et familiers parce que déjà utilisés à un moment ou à un autre de l'histoire prédémocratique, voire démocratique. L'argument de la corruption est probablement celui qui affecte le plus négativement le pouvoir, même lorsqu'il n'est pas démocratique. De nombreux régimes ou gouvernements non démocratiques se sont en effet donné une légitimation traditionnelle ou d'ordre divin, ou plus récemment se sont autojustifiés par la volonté de défendre et d'incarner l'intérêt de la nation, de l'État, bref de tous. Trahir cette aspiration, se servir de sa charge pour s'enrichir indûment sont des actions illégitimes, et ce bien avant l'établissement de la démocratie. Les charges de Cicéron contre Verrès en Sicile, les

1. *Cf.* l'importance du « registre de scandalisation », dont Michel Offerlé parle dans un autre cadre, celui de l'action collective, Offerlé M., *Sociologie des groupes d'intérêt, op. cit.*

vers railleurs et frondeurs du peuple parisien contre Mazarin, la rébellion de Luther ou les prêches de Savonarole montrent que la corruption n'est pas nocive pour les seuls régimes démocratiques. Mais l'Histoire enseigne qu'elle est encore plus redoutable pour eux. Comme l'a noté Gianfranco Pasquino, « la démocratie est frappée au cœur[1] ».

C'est dire si la dénonciation de la corruption devient un terrain idéal pour qui se propose de régénérer le système politique. C'est vrai bien sûr pour les démocrates dans l'opposition qui cherchent à chasser un pouvoir corrompu grâce au verdict des urnes, comme c'est souvent le cas en Amérique latine ou dans certains pays d'Asie. C'est également vrai des militaires qui trouvent aisément dans la corruption passée un argument de poids pour justifier leur intrusion sur la scène politique. C'est vrai encore des apprentis dictateurs qui peuvent trouver dans la corruption de la démocratie les raisons qui justifient l'établissement d'un régime autoritaire. La France, avec le général Boulanger ou les émeutes du 6 février 1934 consécutives au scandale Stavisky, ne fut pas épargnée par ce risque. C'est vrai enfin des mouvements et partis populistes qui se proposent de restaurer la démocratie en chassant les profiteurs et en dénonçant les élites au pouvoir.

La corruption du système, la collusion des hommes et des partis politiques, en manifestant la vacuité des principes qui sont à la base de l'organisation politique, permettent un changement radical de perspective que les partis populistes ont toujours exploité. Dans un système démocratique, la relation verticale entre électeurs et élus/élites est une relation fondée sur la confiance et organisée à travers une structure *ad hoc*, le parti, qui constitue le réceptacle commun des valeurs et des aspirations des représentants aussi bien que des représentés. En revanche, dans la dimension horizontale, le système se présente comme un ensemble fragmenté composé d'unités (les partis) qui combattent entre elles pour la conquête du pouvoir en s'appuyant sur une fraction du

1. Cité par Y. Mény, *La Corruption de la République, op. cit.*, p. 319.

peuple. Le monde anglo-saxon utilise deux mots opposés pour désigner ce complexe : *trust* (confiance) désigne la vertu cardinale de la dimension verticale ; *adversarial politics* caractérise au niveau horizontal une lutte pacifiée (mais concurrentielle à travers la compétition électorale qui oppose les groupes politiques).

Le populisme renverse l'équation : la symbiose s'établit au sein du peuple. Il rétablit et ramène à l'unité ce que la politique classique avait divisé. Les populistes séparent en revanche ce que la représentation démocratique avait uni, c'est-à-dire le couple représentants/représentés rassemblé par des intérêts, des idéologies, des visions communes du monde au sein d'un parti politique : les élites contre le peuple, les gros contre les petits, eux contre nous. Le langage est significatif de ce renversement de perspective : il n'est plus question d'hommes politiques, mais de « politiciens » ; de partis politiques, mais de « classe politique » ; d'élites, mais d'« établissement » ; de démocratie représentative, mais de « pouvoir à rendre au peuple ».

La perte de légitimité des systèmes démocratiques[1] n'est pas due aux mouvements et partis populistes. Ceux-ci n'en sont pas la cause, mais l'effet. Cependant, une fois mis en branle, ce mouvement de délégitimation s'amplifie sous les coups des organisations politiques protestataires, qui font de l'illégitimité du gouvernement, des élites, des institutions, du système la base et le principe même de leurs revendications. Au « Sortez les sortants » de Poujade fait écho le « *Throw the rascals out* » (chassez la racaille) du populisme américain ou la revendication indépendantiste de Bossi séparant les bons Lombards de « *Roma ladra* » (Rome la voleuse) ou du Mezzogiorno corrompu, clientéliste et mafieux. Le déclin de la légitimité des régimes démocratiques débouche en général, chez les populistes, sur un déni complet de légitimité, du moins au niveau rhétorique et principalement dans la phase constitutive du mouvement ou du parti. La modération n'est pas dans les habitudes langagières du populisme et pas davantage l'esprit de

1. Voir Ignazi P., « The Silent Counter-Revolution : Hypotheses on the Emergence of Extreme Right-Wing Parties in Europe », *European Journal of Political Research*, 22, 1992, pp. 3-34.

compromis. L'intransigeance des positions et le simplisme de la radicalité concourent au refus des concessions : l'illégitimité ne se discute pas. Elle est présumée.

Au sein de ce tableau « contextuel » très large, deux hypothèses semblent donc se dégager, décrivant toutes deux différents schémas interprétatifs des évolutions en cours : alors que certains auteurs amorcent une réflexion centrée sur une crise profonde, liée à l'essence même de la politique, d'autres analystes plaident plus modestement pour l'existence d'une crise partielle qu'illustreraient les aménagements marginaux des systèmes de partis.

Dans la première forme d'analyse, Jean Leca ébauche une piste intéressante en estimant que s'opère peut-être actuellement une rupture de la dialectique entre affranchissement individuel et intégration politique, dialectique qui a été au cœur des processus de construction et de consolidation des régimes occidentaux[1]. Les dynamiques sociopolitiques traditionnelles, dont le parti politique constituait d'une certaine façon l'un des éléments cardinaux, seraient aujourd'hui profondément en crise, nécessitant une refonte des cadres comme des modalités de fonctionnement du politique. Dans cette perspective, l'émergence de la « gouvernance » ne serait que l'une des premières manifestations de cette recomposition du politique, tandis que le populisme, lui, ne serait qu'un signal de cette transformation dans l'arène électorale, annonçant peut-être de nouvelles formes de faire la politique.

Pour ce qui concerne la seconde hypothèse, liée à des changements marginaux des principes comme des acteurs politiques, elle recouvre très généralement l'idée qu'a pu se créer un « espace » favorable à la montée du populisme. L'évolution du contexte socioéconomique comme des dynamiques propres au champ politique aurait produit une « structure d'opportunité » pour l'éclosion de ces nouvelles formations politiques. En affaiblissant le poids du politique dans la régulation des processus sociaux et des

1. Leca J., « The Enduring Dialog of Conflict and Order in a Changing World : Political Science at the Turn of the Century », non publié.

problèmes économiques, la globalisation aurait contribué à saper la légitimité par les *outputs*, autrement dit la légitimité indexée sur les résultats de l'action publique[2]. Or, dans le même temps, la corruption et la transformation de certaines règles du jeu de la politique semblent également avoir affecté les principes et les modes de légitimation par les *inputs*, à savoir la légitimité à la source du système politique liée à l'élection. Pris dans une forme d'effet « de ciseaux », les partis et les acteurs politiques traditionnels ont vu leur « espace » légitime se diluer progressivement, offrant de nouvelles possibilités et de nouvelles opportunités à d'autres ressources, d'autres acteurs ou d'autres organisations populistes.

C'est sur la base de ces deux hypothèses que les chapitres suivants vont s'appliquer à montrer comment ce « vide » relatif a pu être comblé dans certains cas par des mouvements ou par des acteurs qui ont puisé pour partie dans le répertoire populiste. Trois questions nous semblent de ce point de vue mériter un examen attentif :

1. En premier lieu, quel est le « noyau dur » du populisme, au-delà des formes contemporaines qu'il a pu prendre ? Peut-on isoler une certaine permanence des registres discursifs et des schèmes idéologiques qui permettrait d'identifier la nature, sinon l'essence du phénomène populiste ?

2. Par ailleurs, comment les dynamiques socioéconomiques et les facteurs politiques ont-ils été convertis dans l'arène politique ? Plus précisément, peut-on isoler une transformation des systèmes de partis, qui permettrait de spécifier le positionnement des partis populistes, voire leurs fonctions dans le champ politique ?

3. Enfin, quelles formes les mobilisations populistes ont-elles prises ? Les acteurs rangés – souvent par facilité – sous cette étiquette se singularisent-ils par des modes opératoires, des types d'organisation ou une base électorale qui tranchent fortement sur les cadres comme les acteurs classiques de la démocratie représentative ?

---

1. *Cf.* les analyses développées par Fritz Scharpf, *Gouverner l'Europe, op. cit.*

Les (tentatives de) réponses à ces trois questions structureront les chapitres suivants consacrés à l'idéologie, aux systèmes de partis et aux mobilisations populistes contemporaines. Pour reprendre la métaphore employée par sir Isaiah Berlin, le décor étant planté, aussi bien pour ce qui concerne les rapports généraux du populisme avec la démocratie que pour les conditions contemporaines de sa ré-émergence, il est temps à présent de se mettre en quête du « soulier de Cendrillon ».

CHAPITRE IV

Au(x) nom(s) du peuple

La plupart des impasses et difficultés qui tiennent à l'appréhension de l'objet « populisme » sont spécialement présentes lorsque l'on s'attache à l'identifier et à le comprendre en tant que système de pensée. Les études sur le populisme butent en effet sur l'impossibilité de classer cet *isme* au sein des idéologies consacrées. Comparé par exemple au socialisme, au libéralisme ou au nazisme, le populisme ne semble pas constituer un corps de doctrine cohérent dont l'inspiration originelle serait le fruit d'œuvres ou d'auteurs fondateurs qui auraient nourri à leur tour une multitude d'exégèses, voire plusieurs écoles de pensée. De manière caractéristique, le populisme ne se fonderait pas sur un schéma explicatif de la société à prétention scientifique, comme dans le cas du marxisme, ou reposant plus ou moins directement sur une discipline scientifique reconnue, comme pour la récente vague néolibérale qui a puisé son inspiration originelle ainsi que l'essentiel de ces thèmes de prédilection et de son vocabulaire au sein de certains courants de la science économique. Les discours, les structures de pensée et les acteurs populistes semblent au contraire se fonder plus volontiers sur des argumentaires et des prises de position ascientifiques, sinon antiscientifiques ou anti-intellectuelles, l'appel constant au bon sens populaire présumé constituant l'un des aspects fondamentaux du populisme comme conception particulière du lien social[1].

1. Ce qui ne signifie pas que le populisme ne puisse être initié par une intel-

Cette apparente « faiblesse » idéologique par rapport à d'autres « lectures » des dynamiques sociopolitiques, qui a souvent conduit à décrire le populisme comme une « pensée molle[1] », ne doit cependant pas être surévaluée. D'abord sans doute parce que le socialisme, le communisme ou le libéralisme sont eux-mêmes le plus souvent reconstruits sous la forme de catégories générales qui alimentent des typologies simplificatrices et méconnaissent les modes de déclinaison de ces courants de pensée dans des situations historiques et géographiques précises. Leurs cohérences internes, supposées capables de survivre à différentes époques et de surdéterminer la variété des conditions pratiques de leur usage et de leur activation, sont fondées sur les présupposés de l'histoire traditionnelle des idées, à savoir une explication génétique des idéologies consacrées qui s'appuie sur un commentaire exégétique des principales œuvres de philosophie politique. Se référant à ces idéologies prétendûment « fortes », Peter Worsley dénonçait d'ailleurs leur unité fictive, mettant notamment en avant les différentes significations du communisme attachées aux déclinaisons socio-historiques du mouvement. Distinguant par exemple les variations de sens construites par les guérillas se réclamant plus ou moins clairement du marxisme-léninisme, par les partis de masse intégrés aux régimes parlementaires comme en France et en Italie, par les apparatchiks des partis communistes soviétiques en URSS et en Chine, etc., il constatait en définitive que « des choses extraordinairement différentes sont faites au nom des "mêmes" idéaux [...]. Dans leur essence même, de telles

---

ligentsia donnée. Ainsi, évoquant le mouvement russe des *narodniki,* sir Isaiah Berlin estimait « raisonnable de dire que, historiquement parlant, le populisme est créé comme toute autre idéologie par des idéologues » ; cité dans le compte rendu de la conférence de la London School of Economics tenue les 19 et 21 mai 1967, *Government and Opposition,* vol. 3, n° 2, printemps 1968, p. 177.

1. Évoquant les principaux traits constitutifs du populisme, qu'il concevait comme un syndrome plus qu'une doctrine, Peter Wiles estimait que son idéologie est « molle », déstructurée *(loose),* un qualificatif qui devait durablement lui être associé. *Cf.* Wiles P., « Syndrome, not a Doctrine », *in* Gellner E. et Ionescu G. (dir.), *Populism,* London, Weidenfeld and Nicholson, 1969, pp. 166-179.

"valeurs communes" sont purement des légitimations idéologiques, plutôt que de sérieux "guides pour l'action"[1] ».

Une telle perception conduirait dès lors à envisager ces idéologies consacrées comme des rationalisations dépendantes des contextes qui les ont vues émerger, plutôt que comme des systèmes de pensée homogènes et intemporels. Leur analyse reposerait nécessairement, par là même, sur une entreprise de déconstruction des significations empruntées dans chaque contexte spécifique, plutôt que de s'attacher à l'inutile recherche du Graal essentialiste de toute idéologie. Le même Peter Worsley, tirant les conséquences d'un tel angle d'analyse pour l'étude du populisme, proposait de l'appréhender en s'intéressant « aux milieux, aux agences et aux canaux de communication au sein desquels les idées sont diffusées », seul moyen de « rejeter l'hypothèse que "l'idée" demeure inchangée au travers de ces vicissitudes contextuelles successives[2] ». Le risque d'une telle approche reste cependant d'interdire toute généralisation et s'oppose à toute forme d'entreprise comparative, en noyant le phénomène populiste sous l'infinie et décourageante variation de ses manifestations. On serait dès lors plutôt fondé, dans cette perspective, à parler *des* populismes, plutôt que de s'appuyer sur l'idée d'une hypothétique convergence des phénomènes observés, ce que suggérait d'ailleurs Margaret Canovan dans sa typologie descriptive[3].

Le problème est même accentué par les usages polémiques qui ont pu être faits de ce terme, particulièrement dans la période récente. Loin d'être valorisé, comme il a pu l'être aux États-Unis dans les années 1960, le populisme est en effet devenu une étiquette et un qualificatif péjoratifs, stigmatisant certains mouvements politiques au nom de leurs caractéristiques atypiques par rapport aux formes traditionnelles de la démocratie représenta-

1. Worsley P., « The concept of populism », *in* Gellner E. et Ionescu G. (dir.), *Populism, op. cit.,* p. 214.
2. *Ibid.*, p. 212-213.
3. Canovan M., *Populism, op. cit.*

tive. Ainsi que le note Pierre-André Taguieff, « les usages récents du mot “populisme” semblent avoir pris le même pli que ceux du mot “fascisme” dans le langage ordinaire : le suremploi polémique a fait de ce terme une étiquette disqualificatoire et un opérateur d'amalgame permettant de stigmatiser, en les rassemblant abusivement, un certain nombre de phénomènes sociopolitiques ou de leaders jugés détestables ou redoutables par celui qui les dénonce[1] ». La difficulté essentielle que nourrissent de tels usages polémiques tient dès lors aux variations qu'ils font subir à une notion relativement stable du point de vue académique. En embrassant des catégories particulières d'acteurs ou de phénomènes politiques, l'emploi du mot « populisme » tend à en modifier le contenu et l'extension, et par là même la signification.

Cette dilution de l'objet « populisme », encore accélérée aujourd'hui par l'usage polémique du mot, n'empêche pourtant pas certaines caractéristiques de paraître récurrentes. Comme l'ont montré les chapitres précédents, il semble d'abord surgir dans des contextes relativement semblables, marqués par des déséquilibres dans les arrangements politico-institutionnels ou les structures socioéconomiques. D'une certaine façon, le populisme est alors le signe d'une « dés-intégration ». Au-delà de certaines similitudes contextuelles, il reste cependant à découvrir quelles dynamiques sont au principe de ces discours sur différents types de « dés-intégration ». Dans la mesure en effet où les circonstances et les facteurs qui concourent à son éclosion périodique semblent avoir des traits communs, ne peut-on pas émettre l'hypothèse que le populisme comme discours explicatif et prescriptif appliqué à de telles situations ne présente pas lui-même, comme schème idéologique, des propriétés relativement stables sinon une véritable « essence » ?

Pour répondre à une telle question, entre une improbable démarche essentialiste et un relativisme phénoménologique, nous

---

1. Taguieff P.-A., « Le populisme et la science politique. Du mirage conceptuel aux vrais problèmes », *Vingtième Siècle. Revue d'histoire,* n° 56, 1997, p. 4.

avons tenté ici de déconstruire le discours et les schèmes de pensée populistes autour de deux éléments principaux.

Dans la mesure où il repose essentiellement sur la valorisation du peuple, le populisme draine avec lui toutes les ambiguïtés d'un mot, celui de « peuple », lui-même chargé d'une pluralité de sens. Déconstruire les registres de sens du terme « peuple » peut permettre tout à la fois d'éclairer les dynamiques du populisme comme schème (sinon comme système cohérent) de pensée et d'identifier la diversité de sens et de formes que le phénomène lui-même a pu emprunter. L'objectif est ici d'éclairer ce qui peut fonder le « contenu » du populisme en mettant en lumière les acceptions variables et changeantes du peuple comme communauté imaginée. Fondamentalement, ces univers de sens plus ou moins contradictoires s'appuient sur trois acceptions principales, le peuple-souverain, le peuple-classe, le peuple-nation, qui se conjuguent à trois acceptions « culturelles » déterminées par les mots de peuple, de *people* et de *Volk*. Mobilisées de manière séparée ou concomitante, ces logiques de sens constituent ainsi une forme de stock normatif dans lequel chaque mouvement ou chaque acteur va puiser pour élaborer un discours qui pourra être qualifié de « populiste ».

Par ailleurs, si le populisme ne semble pas constituer effectivement un système idéologique initiant une tradition politique particulière à l'exemple des autres courants de pensée, il n'en possède pas moins une propriété idéologique au sens où il alimente ce que Clifford Geertz a pu définir comme « des cartes d'une réalité sociale problématique et des matrices pour la création d'une conscience collective[1] ». Cette dynamique idéologique propre au populisme semble tourner autour de trois propositions principales qui s'enchaînent les unes aux autres : a) le peuple est considéré comme étant le fondement de la communauté; b) cette « supériorité/antériorité » légitime a été bafouée par un certain nombre d'acteurs et/ou de processus qu'il faut dénoncer; c) il

1. Geertz C., « Ideology as a Cultural System », *in* Apter D.E. (dir.), *Ideology and Discontent,* New York, The Free Press, 1964, p. 64.

faut (r)établir le peuple à sa place dans le cadre d'une régénération globale de la société. Parce qu'il recèle une logique discursive et conceptuelle « simple », le populisme semble dès lors constituer le socle commun à différentes idéologies culturellement et historiquement déterminées, par lesquelles peuvent s'exprimer des intérêts ou se résoudre des tensions sociales, en particulier lorsque les structures normatives éprouvées ne semblent plus fonctionner[1].

Les usages d'un mot

Toute définition du populisme reste en pratique fortement indexée aux univers de sens sémantiquement, socialement et culturellement construits qui s'attachent au mot « peuple ». Le peuple se caractérise par une polysémie et une variété des usages qui en font un instrument rhétorique extrêmement prisé et une notion difficile à analyser. En effet, ainsi que le note Margaret Canovan, « le charme puissant du "peuple" pour un homme politique – et la source profonde d'exaspération pour un politologue – tient au fait que ce terme parvient à être à la fois vide de toute signification précise et riche de résonance rhétorique[2] ». Conformément à l'aphorisme de Wittgenstein selon lequel les mots n'ont pas de sens mais des usages[3], le « peuple » fonctionne ainsi

---

1. Pour Geertz en effet, c'est précisément lorsque « ni les orientations culturelles les plus générales d'une société, ni celles qui sont les plus pragmatiques, les plus terre à terre ne suffisent plus à fournir une image adéquate du processus politique, que les idéologies commencent à devenir cruciales comme sources des attitudes et des significations politiques », *ibid.,* p. 64.

2. Canovan M., *Populism, op. cit.,* p. 285-286.

3. Comme le constate Gérard Fritz à propos de l'impossibilité à tracer une frontière établie entre les différentes dimensions constitutives de la notion, « rien de plus fluctuant, de plus dépendant de l'époque, mais aussi surtout de la posi-

autour de dimensions antagonistes et contradictoires qui alimentent la pluralité et le changement incessant de ses attributs.

En tant que synecdoque, le « peuple » est d'abord la partie et le tout, désignant une communauté donnée et une fraction de celle-ci. Problème qui n'est d'ailleurs pas propre à l'époque contemporaine, Moses Finley notant par exemple que, dans la Grèce antique, le *dêmos* « désigne d'une part le corps civique dans son ensemble [...]; mais d'autre part on l'applique au commun peuple, à la foule, aux pauvres[1] ». Le terme désigne en effet toujours un ensemble d'individus[2], témoignant d'une indifférenciation fondamentale, en particulier lorsque le « peuple » est utilisé pour désigner la communauté politique. Il signifie par là même l'existence d'une union essentielle entre les unités constituantes de la communauté (individus ou groupes), fruit de l'histoire ou de la nécessité, qui dresse une « frontière » par rapport à ceux qui « ne sont pas » du peuple.

Le « peuple » reste en outre attaché, même négativement, aux oppositions classiques, du type universel/particulier, individu/communauté... Universel, l'artefact du peuple l'est devenu avec l'avènement de la « modernité », constituant depuis cette « coupure » l'unité d'identification la plus commune des communautés politiques. Reinhard Bendix, analysant le passage de l'autorité fondée sur l'institution monarchique d'essence divine à un mode de définition et de légitimation du politique axé sur le peuple, définissait d'ailleurs la « modernisation » comme cette « rupture de l'ordre traditionnel idéal-typique » par laquelle « l'autorité perd son caractère sacré, la monarchie décline, l'ordre social hié-

tion sociale du locuteur, de sa vision de la société, de la nature de son propos », *L'Idée de peuple en France,* Strasbourg, Presses universitaires de Strasbourg, 1988, p. 2.

1. Finley M., *L'Invention de la politique. Démocratie et politique en Grèce et dans la Rome républicaine,* Paris, Flammarion, 1994, p. 22.

2. Gérard Fritz note à cet égard qu'il s'agit là d'un terme qui n'a jamais possédé de distributif, à l'éphémère exception du mot « peuplard », brièvement apparu au XVIe siècle, *L'Idée de peuple en France, op. cit.*

rarchique est disloqué. L'autorité séculière, le gouvernement au nom du peuple et un *ethos* égalitarien sont des attributs typiques de la société moderne[1] ». À la hiérarchisation verticale de l'ordre et de la légitimité sociopolitiques se substituèrent par conséquent des principes d'organisation et de légitimation horizontaux dont le peuple devint l'élément fondamental. Comme de nombreux auteurs l'ont déjà noté, il devint ainsi le fondement d'une mystique de substitution, l'artefact du peuple en remplaçant un autre avec l'effacement du principe de la source divine du pouvoir.

Cet universel se prête pourtant dans le même temps à toutes les définitions possibles, notamment dans l'ordre politique où chaque communauté repose sur une perception particulière de la *polity*. Il est peu d'exemples en effet où la notion de « peuple » ait pu être confondue avec l'humanité tout entière, à la notable exception des premiers mois de la Révolution française et de certains courants philosophiques, comme c'est le cas dans les œuvres de Lamennais. La conception commune va au contraire mettre plus volontiers en avant le caractère irréductible et particulier de la communauté, l'universalité du terme comme forme d'identification s'opposant aux particularismes que revêt le mot dans chaque contexte précis. C'est en cela que le « peuple » se prête à toutes les utilisations possibles et à diverses formes d'imputation, qui en font un enjeu récurrent dans le débat politique, ces usages et ces imputations engageant notamment des perceptions particulières et évolutives, applicables à la nature du lien social et aux modes légitimes d'association. Ainsi que le remarque d'ailleurs Philippe Braud, « le Peuple renvoie à un groupe qui ne peut être imaginé qu'abstraitement, car l'interconnaissance, même relative, entre ses membres est devenue impossible. La construction de cette catégorie de pensée, à travers les débats idéologiques et politiques, y joue de ce fait un rôle singulièrement important. C'est à ce niveau que vont s'en dessiner les contours, et non pas d'abord dans une expérience pratique[2] ».

---

1. Bendix R., *Kings or People,* Berkeley, University of California Press, p. 10-11.
2. Braud P., *Science politique.* 1. *La Démocratie,* Paris, Le Seuil, 1997, p. 64.

Comme le notait Benedict Anderson à propos de la nation, un terme qui lui est d'ailleurs proche comme on le verra, le « peuple » forme fondamentalement une « communauté imaginée », un artefact ouvert à une pluralité de définitions dont l'usage est d'autant plus important qu'il s'agit là de l'une des fictions constitutives de toute communauté politique moderne. Comme le mot de « nation », le « peuple » est ainsi l'une de ces abstractions qui, « une fois créées, [deviennent] "modulables", capables d'être transplantées, avec des degrés variables de conscience, à une grande variété de terrains sociaux, et de se fondre ou d'être incorporées à une variété tout aussi large de constellations politiques et idéologiques[1] ». Il n'y a donc pas un Peuple comme principe intangible constitutif du politique, mais des peuples, artefacts historiquement et culturellement situés autour de plusieurs lignes essentielles de fracture possible.

Trois formes de « communauté imaginée » se distinguent de ce point de vue, constituant trois univers analytiquement isolables mais qui se confondent souvent en pratique : le peuple-souverain dans l'ordre du politique, le peuple-classe selon l'acception socio-économique, le peuple-nation dans une perspective « culturelle ».

Le peuple souverain

Dans l'ordre politique, le peuple est l'une des fictions constitutives de la communauté et entretient par là un lien fondamental avec la notion de souveraineté, qualité nécessaire, depuis l'époque moderne, à toute communauté sociale pour se définir comme une entité politique autonome. La conception du peuple comme acteur légitime et fondateur de l'ordre politique puise de ce point de vue sa source dans une généalogie intellectuelle qui commence au Moyen Âge et connaît une première formalisation « moderne » avec Hobbes et Rousseau, généalogie qui démontre comment fut « construit » peu à peu le peuple-souverain.

---

1. Anderson B., *Imagined Communities,* London/New York, Verso, 1991, p. 4.

Un certain nombre de travaux portant sur la genèse des conceptions du politique propres à la modernité ont notamment mis en évidence l'apparition de notions aussi importantes que celles de contrat fondateur de la communauté politique et de souveraineté populaire à la fin du Moyen Âge, essentiellement lors du conflit récurrent qui opposa la papauté à l'Empire germanique. Soucieux de consacrer l'autonomie de l'Église et, partant, le principe de la dualité des sphères spirituelle et temporelle, un certain nombre de clercs posèrent alors le principe du lien nécessaire entre le peuple et le Prince comme source du pouvoir temporel irréductible à la seule dimension divine[1]. D'autres dynamiques, moins directement liées à un tel conflit, jouèrent également un rôle, comme la disjonction progressive de l'autorité royale de la notion de propriété (des terres, des biens...), ou encore la croissance de la bureaucratie et de l'influence des classes aristocratiques dans l'exercice du pouvoir, ce qui nuança peu à peu l'autorité effective de l'institution royale[2].

Plus que le principe de la dualité, c'est la nature de la hiérarchisation entre temporel et spirituel qui devait par la suite être progressivement remise en cause. Dans un contexte historique et philosophique marqué par la critique des principes de l'ordre politique et social hérité de la période féodale, et par la recherche d'une nouvelle unité fondatrice, Hobbes opéra une forme de glissement en consacrant le couplage de la souveraineté et du peuple

1. Bertrand Badie situe ainsi plus précisément au pontificat de Grégoire VII la genèse d'un certain nombre de principes fondateurs de la modernité occidentale, démontrant que « l'intrusion du peuple dans la rivalité du pape et de l'empereur a bien correspondu à un effort du premier pour ramener et cantonner le second dans son propre domaine : le prince temporel ne peut pas tout faire, parce qu'il n'est pas [...] *solutus a lege* (détaché de la loi), mais parce qu'il est lié par contrat avec son peuple », ce dernier ayant précisément confié le pouvoir au prince pour se prémunir du risque de tyrannie, *Les Deux États,* Paris, Fayard, 1986, p. 27.

2. Sur ce point, *cf.* notamment Bendix R., *Kings or People, op. cit.,* chap. 8, « Transformation of Western European Societies in the Sixteenth Century », p. 247-272.

comme substitut à la détermination des cadres et du contenu du pouvoir défini par essence divine. Reprenant la coupure opérée avant lui par Machiavel et Bodin avec la pensée antiquo-chrétienne, il établit l'ordre politique sur le principe fondateur de la souveraineté[1]. Tenant compte de la condition humaine, et notamment de l'impératif de conservation de la communauté par elle-même devant les risques d'éclatement de la paix civile et devant la peur qu'inspire cette menace chez tout individu, l'organisation politique repose, selon lui, non plus sur une finalité supposée de l'« association civile », mais sur l'autoconstitution de la multitude en un corps souverain. En ce sens, le peuple est donc la multitude qui accède à l'existence politique. La convention originaire, génératrice de la république, au sens où c'est elle qui fonde et légitime la communauté formée par les individus, « va plus loin que le consensus, ou concorde : il s'agit d'une unité réelle de tous en une seule et même personne, unité réalisée par une convention de chacun avec chacun, passée de telle sorte que c'est comme si chacun disait à chacun : j'autorise cet homme ou cette assemblée, et je lui abandonne mon droit de me gouverner moi-même, à cette condition que tu lui abandonnes ton droit et que tu autorises toutes ses actions de la même manière[2] ». La fiction d'une entité homogène comme socle de la communauté politique était posée, la dialectique entre le peuple et son représentant conférant parallèlement une articulation pratique à ce principe de souveraineté.

Dans la vision hobbésienne du politique, cependant, la souveraineté du peuple ne s'exprimait que par la sujétion de la communauté au Prince, sujétion nécessitée par les impératifs de la conservation de la communauté par elle-même. Par conséquent, l'unité de l'association civile n'était parfaitement réalisée qu'en cas de concordance absolue entre cette personne abstraite qu'est le peuple et la personne concrète du représentant[3]. Le problème

---

1. Pour une étude générale récente, *cf.* Mairet G., *Le Principe de souveraineté,* Paris, Gallimard, 1997.

2. Hobbes T., *Léviathan,* Paris, Sirey, 1971, p. 177.

3. « Une multitude d'hommes devient une seule personne quand des hommes sont représentés par un seul homme ou une seule personne, de telle

du primat du peuple comme source/axe du politique se déplaçait dès lors sur les modalités d'exercice de la souveraineté autour du thème de la représentation, qui finit par incarner entièrement la souveraineté effective[1].

Si Hobbes est considéré comme l'un des fondateurs des théories modernes de la souveraineté et de la représentation (dans un sens limité chez lui), la « pensée » populiste est plus nettement débitrice d'autres auteurs, notamment Rousseau. L'argumentaire rousseauiste repose d'abord sur la contradiction logique que recèle toute forme de représentation par rapport à la volonté générale, cette dernière ne pouvant être représentée, précisément parce qu'elle est une et générale, sauf à être aliénée à quelques intérêts particuliers, ce qui serait sa négation même[2]. Derrière cette conception de la souveraineté, c'est l'existence même du peuple qui est questionnée, puisque, selon Rousseau, le peuple n'existant

---

sorte que cela se fasse avec le consentement de chaque individu singulier de cette multitude. Car c'est l'unité de celui qui représente, non l'unité du représenté, qui rend une la personne. Et c'est celui qui représente qui assume la personnalité, et il n'en assume qu'une seule. On ne saurait concevoir l'unité dans une multitude sous une autre forme », Hobbes T., *Léviathan, op. cit.,* p. 166.

1. Analysant la conception de la représentation présente chez Hobbes, Hannah Pitkin montre qu'elle se concentre essentiellement autour du mécanisme d'autorisation par lequel le représenté confie l'exercice de sa souveraineté au représentant, sans réel intérêt pour la source comme pour le contenu de l'acte qui découle de l'autorisation. Pitkin H., *The Concept of Representation,* Berkeley, University of California Press, 1967. Gershon Weiler en déduit la conception totalitariste de Hobbes, fondée sur l'échange « protection contre obéissance », qui ferait même, selon lui, de la pensée hobbesienne une pensée « antipolitique », récusant le « discours » comme essence du politique conformément à la conception aristotélicienne. *Cf.* Weiler G., « Logos against Leviathan : The Hobbesian Origins of Modern Antipolitics », *in* Schedler A. (ed.), *The End of Politics ?,* Basingstoke, MacMillan, 1997, pp. 40-56.

2. « La souveraineté ne peut être représentée, par la même raison qu'elle ne peut être aliénée; elle consiste essentiellement dans la volonté générale, et la volonté ne se représente point : elle est la même, ou elle est autre; il n'y a point de milieu. Les députés du peuple ne sont donc ni ne peuvent être ses représentants, ils ne sont que ses commissaires; ils ne peuvent rien conclure définitivement. » Rousseau, *Du contrat social,* Paris, Garnier-Flammarion, 1966, p. 134.

que par la volonté générale qui s'exprime, il se dissout dès que celle-ci se transmet à un ou des représentants. Comme le constate Gérard Mairet, « si donc le contrat est une condamnation radicale de toute représentation, c'est parce que Rousseau a vu – de Hobbes à Montesquieu – que la représentation suppose nécessairement une corruption de la volonté souveraine originaire : la volonté du peuple. Avec Hobbes, le peuple est proprement *aliéné* au monarque ; avec Montesquieu, c'est l'intérêt particulier, privé, qui prime sur l'intérêt commun ». Contre ces conceptions, c'est dès lors « la volonté générale, qui n'est rien en réalité que *la pensée du peuple quand celui-ci pense l'être commun*, énonce la chose publique[1] », qui devient l'essence même du principe de la souveraineté, et par là même la condition nécessaire à l'existence de cet acteur politique particulier que constitue le peuple.

Rousseau consacre ainsi le principe de souveraineté dans son lien consubstantiel au peuple. Comme le remarque Jacques Julliard, son œuvre est un véritable « coup de force théorique » qui réside « dans cette proposition inouïe, qui est restée aujourd'hui objet de scandale : que non seulement le peuple est souverain, mais qu'il doit *lui-même* exercer sa souveraineté, sans jamais la déléguer[2] ». Il résout en outre, de son point de vue, le double problème des fins et du contenu de l'organisation politique en spécifiant le sens de la souveraineté, ce principe fondateur de toute communauté politique : le peuple est un moi moral collectif à la recherche constante du bien commun, notion qui ne se résume ni à la conservation des individus contre la peur de la mort violente, comme chez Hobbes, ni à la consécration de la propriété comme attribut essentiel de la souveraineté, comme chez Locke. En ce sens, la philosophie politique de Rousseau

1. Mairet G., *Le Principe de souveraineté, op. cit.*, p. 89. Souligné par l'auteur.

2. Julliard J., « Le peuple », *in* Nora P. (dir.), *Les Lieux de mémoire,* III. *Les France,* 1. *Conflits et partages,* Paris, Gallimard, 1992, p. 195. « Coup de force théorique » qui posera des problèmes pratiques à son auteur, lorsque celui-ci sera amené à trouver des solutions institutionnelles lors de la rédaction des Constitutions de Pologne et de la Corse.

constitue tout à la fois une forme de tension essentielle au cœur de toute pensée démocratique (la notion de la souveraineté populaire se présentant comme la forme la plus achevée de l'utopie démocratique) et, pour certains auteurs[1], comme la version originelle et/ou la plus « intellectualisée » du populisme[2].

Dans ce cadre général, le populisme, en tant qu'appel constant à la réalisation de la souveraineté du peuple, n'a donc pas de réelle spécificité, dans la mesure où il recouvre l'idéal démocratique qui pose la nécessité d'un gouvernement du peuple, par le peuple et pour le peuple. Dans le débat politique contemporain, le peuple-souverain est en effet revendiqué par tous les acteurs politiques, et parmi eux, par ceux qu'on a pu affubler de l'étiquette « populiste ». Ainsi le leader de la Ligue du Nord peut-il affirmer sans crainte véritable d'être démenti : « Je suis un démocrate convaincu, je me suis toujours battu pour que la volonté du peuple soit respectée[3]. » Position qui rejoint l'un des principes fondamentaux du projet de Constitution fédéraliste défini par son mouvement et qui pose classiquement dans son article premier que « la souveraineté appartient au peuple qui l'exerce dans les formes et les limites de la Constitution[4] ». De la même façon, le credo populiste de Bruno Mégret, alors délégué général du Front

---

1. *Cf.* notamment Hayward J., « The Populist Challenge to *Elitist* Democracy in Europe », *in* Hayward J. (éd.), *Elitism, Populism and European Politics,* Oxford, Oxford University Press, 1996, pp. 10-32.

2. Cette assimilation, ou tout du moins cette quête d'une paternité légitime, nous semble cependant méconnaître deux types de considérations essentielles : le fait tout d'abord que la pensée rousseauiste va bien au-delà de l'idéologie populiste, comportant même des dimensions contradictoires avec cette carte simplifiée d'une réalité sociale problématique que constitue le populisme, notamment pour ce qui concerne l'idée de contrat fondateur ; ensuite, en raison des circonstances particulières au populisme contemporain, la critique populiste actuelle de la représentation se fonde sur un modèle parmi d'autres de la démocratie représentative, déduit de l'histoire politico-institutionnelle des principaux régimes occidentaux.

3. Bossi U., *Tutta la verità,* Milano, Sperling & Kupfer Editori, 1995, p. 206.

4. *Proposta di riforma federalista della Costituzione della Repubblica Italiana,* Lega Nord, Assemblée fédérale, Genova, 6 novembre 1994, p. 3.

national, ne trahit pas en apparence cet attachement viscéral à la primauté du peuple : « Du peuple, par le peuple, pour le peuple ; en France, le peuple est souverain. C'est de lui que procède le pouvoir, c'est lui qui décide de son destin et c'est pour lui qu'agissent les gouvernants[1]. » Mais, inversement, le populisme, dans cette acception floue et générale, ne se limite pas à ces acteurs, l'affirmation de la souveraineté populaire comme principe d'organisation et de légitimation du gouvernement étant partagée par la quasi-totalité des personnages et des organisations politiques. Ainsi, lors de la campagne électorale pour la présidentielle de 1995, qui le vit mobiliser un registre d'action et de discours qui a pu être qualifié de « populisme néogaulliste[2] », Jacques Chirac rappelait que « la République, c'est le pouvoir des citoyens, le pouvoir au peuple. Je me fixe aussi pour objectif de rendre aux Français la maîtrise de leur destin[3] ».

L'originalité de la « pensée » populiste est dès lors sans doute ailleurs, dans sa continuelle insatisfaction devant la pratique effective de la souveraineté populaire et, corollairement, dans le fait de définir la dichotomie peuple/élite comme perpétuellement structurante. Loin de s'arrêter à la dimension fusionnelle du peuple, le populisme y ajoute en effet un principe de division fondé sur la dénonciation de l'autorité en vigueur. La permanence est remarquable dans le cas des États-Unis, seul pays à posséder vraiment un courant politique populiste durable. Déjà à la fin du XIXe siècle, les mouvements populistes fondaient leurs argumentaires sur cette dichotomie, les leaders du mouvement de l'Alliance – organisation réunissant des représentants de fermiers, qui préfigurait le People's Party – affirmant par exemple dès 1890 que leur action devait être orientée contre les partis traditionnels. Aujourd'hui encore, les différents acteurs politiques américains qualifiés de

1. Mégret B., *L'Alternative nationale,* Saint-Cloud, Éditions nationales, 1997, chap. 3.

2. Taguieff P.-A., *La République menacée,* Paris, Textuel, 1996, p. 35.

3. Discours de Jacques Chirac, porte de Versailles, 17 février 1995.

populistes défendent des positions analogues, fustigeant les élites traditionnelles et les opposant au « peuple », seule source légitime du pouvoir. Dans un discours de campagne pour l'élection présidentielle de 1996, Ross Perot, candidat du Reform Party, reprenant les accents antifiscaux traditionnels du populisme américain, dénonçait le train de vie de la Maison-Blanche, et par là même la légitimité du président Clinton : « La seule raison pour laquelle il existe une Maison-Blanche, c'est que des millions d'entre vous paient pour cela. Gardez à l'esprit que le président ne paie pas pour la Maison-Blanche. Il ne paie pas de loyer. Vous payez tout[1]. »

De la même façon, en Europe, la dénonciation des élites en place pour des motifs qui tiennent à leurs origines sociales ou à leurs pratiques constitue l'une des antiennes typiques des mouvements ou même simplement des discours populistes. Lors de sa campagne de 1995, Jacques Chirac a pu, comme on l'a vu plus haut, exploiter une veine populiste dans ce sens précis, estimant qu'un fossé s'était peu à peu creusé entre le peuple et les acteurs politiques[2].

La particularité du populisme est ici d'être anti-élite, voire antisystème, tout en rappelant le principe de la souveraineté populaire comme élément constitutif nécessaire de toute association politique. Quel que soit le système, corporatisme autrichien ou oligarchie politico-administrative selon Chirac en 1995, ce sont ses défauts intrinsèques, et notamment la coupure qu'il entretient entre le peuple et les élites, qui sont pour partie à la source des problèmes politiques. Si l'on s'arrête uniquement au registre politique, on pourra constater que ces caractéristiques du populisme embrassent un ensemble extrêmement vaste d'acteurs ou de mouvements. D'une certaine façon, en raison des exigences rhétoriques et des logiques de positionnement interne à la compétition électorale, on pourrait même avancer que la plupart des acteurs politiques sont populistes. Admettant tous, au moins formellement, la souveraineté populaire, ils ont en effet souvent tendance

1. Discours devant le National Press Club, 24 octobre 1996.
2. Chirac J., *La France pour tous,* Paris, NiL Éditions, 1994, p. 39.

à revendiquer des changements des élites et/ou du système en place, la situation n'étant jamais assez bonne et le débat politique jamais suffisamment consensuel pour alimenter une revendication explicite en faveur du *statu quo*.

Par rapport à certaines formes antérieures, le populisme contemporain se distingue cependant par son absence de solutions à la coupure peuple/élite. Le référendum est bien revendiqué par la plupart des mouvements, comme par exemple par le Front national qui appelle dans son programme à l'« extension du référendum et [à la] création du référendum d'initiative populaire pour permettre aux Français d'exprimer directement ce qu'ils pensent sur l'immigration, la réforme du code de la nationalité, la priorité d'emploi aux Français, la peine de mort, l'école[1] ». Mais son usage est, comme on le voit, limité à des sujets précis, définis au travers des exigences propres au mouvement qui en proclame la nécessité.

Surtout, le populisme contemporain ne semble pas défendre une conception de la représentation mobilisée par des mouvements antérieurs, à savoir la représentation « fidèle » du peuple dans la personne même des représentants. Au-delà des déclamations vagues d'un Jean-Marie Le Pen, selon qui « le peuple de France, c'est nous », on ne retrouve pas ici la conception particulière qu'Hannah Pitkin a pu identifier comme l'une des acceptions principales de la notion de représentation, la représentation/miroir, laquelle, à l'exception de quelques utilisations ponctuelles déjà citées, semble le plus souvent absente des thématiques mobilisées par les acteurs populistes contemporains. Dans les cas examinés ici, le discours anti-élites semble se suffire à lui-même, et la rhétorique de la dénonciation ne supporte en pratique qu'une volonté d'accès au pouvoir par des organisations structurées de manière traditionnelle, c'est-à-dire sous la forme de partis participant régulièrement aux élections et cherchant la conquête du pouvoir par les moyens institutionnels classiques.

1. Programme disponible sur le site internet du FN.

Pour conclure sur ce point, on observera ici que le populisme constitue pour l'essentiel une tension idéologique fondamentale au cœur des régimes démocratiques, qui vise à réaliser l'effectivité de la souveraineté du peuple. Loin de se contenter de voir dans la démocratie le « gouvernement du peuple, pour le peuple », conformément à la perception représentative traditionnelle, il poursuit l'idéal du gouvernement par le peuple, c'est-à-dire l'exercice concret du pouvoir par le seul acteur en qui repose la légitimité. En ce sens, il alimente une insatisfaction récurrente, voire une opposition de principe selon le degré de radicalisation, à l'encontre des élites en place supposées agir dans le sens d'une représentation/trahison. Cependant, au sein de cette grille générale, le populisme contemporain se caractérise par l'absence d'un élément prescriptif véritable, fondé sur des solutions institutionnelles précises. Dans les discours et les programmes des acteurs populistes, du moins dans la période contemporaine, ne figurent pas de dispositions cherchant une solution originale à cette « coupure » inhérente au régime représentatif.

En toute rigueur, on devrait dès lors retirer à de tels mouvements le qualificatif « populistes » comme élément de catégorisation et de définition, ou tout du moins limiter son emploi à la nature du discours mobilisé. C'est ce que fait par exemple Pierre-André Taguieff en affirmant que « le "populisme" ne s'incarne ni dans un type de régime politique (une démocratie ou une dictature peuvent présenter une dimension ou une orientation populiste, avoir un style populiste) ni dans des contenus idéologiques déterminés (le "populisme" ne saurait être considéré comme une grande idéologie parmi d'autres) », le même auteur préférant alors le considérer « comme un style politique susceptible de mettre en forme divers matériaux symboliques et de se fixer sur de multiples lieux idéologiques, prenant la coloration du lieu d'accueil[1] ». Une telle solution ne nous semble cependant pas satisfaisante pour deux raisons déjà partiellement évoquées :

1. Taguieff P.-A., « Le populisme et la science politique. Du mirage conceptuel aux vrais problèmes », art. cité, n° 56, 1997, p. 8.

limité à un style, le populisme est un élément rhétorique qui est en pratique commun à toute la classe politique ; dire que le populisme contemporain n'est pas conforme à un populisme idéologique « idéal », c'est oublier que le populisme dépend fondamentalement des contextes, des acteurs et des usages dont il est l'objet. À ce stade, il est préférable et nécessaire de rechercher certaines de ses dimensions complémentaires en interrogeant les acceptions socioéconomique et culturelle du « peuple » comme modes alternatifs ou cumulatifs de déclinaison du populisme.

Le peuple-classe

Dans son acception socioéconomique, le peuple est la *plebs*, la partie la plus basse de la population, même si le critère de différenciation peut varier d'une époque à l'autre, d'un pays à l'autre, voire d'un acteur à l'autre. L'élément de définition le plus courant et le plus durable a longtemps été l'absence de biens. Fritz rappelle ainsi qu'avant même la révolution industrielle et l'éclosion du prolétariat, le peuple était le plus souvent défini négativement comme l'ensemble des individus ne possédant ni biens ni terres. Même avec certaines préventions (« On ne peut pas fixer les limites du mot "peuple" »), Necker tenta au XVIIIe siècle de caractériser le peuple comme « la partie de la nation née sans propriété, de parents à peu près dans le même état et qui, n'ayant pu recevoir d'eux aucune éducation, sont réduits à leurs facultés naturelles, et n'ont d'autre possession que leur force ou quelque art grossier et facile. C'est la classe la plus nombreuse de la société et la plus misérable par conséquent, puisque sa subsistance dépend uniquement de son travail journalier [1] ». Le sens de « peuple » est alors proche de celui de « populace », agrégat

1. Necker J., *Sur la législation et le commerce des grains,* Paris, Chez Pissot, 1775, p. 165-166.

plus ou moins informe de miséreux tentés régulièrement par la révolte contre les possédants.

Dès cette époque, le peuple-classe entretient des relations ambivalentes avec le peuple-souverain en constituant plus ou moins explicitement un élément de définition de la « compétence » politique. Assez vite, en effet, les critères de distinction fondés sur la richesse et/ou la propriété ont alimenté les définitions du peuple-souverain par l'introduction du clivage censitaire. En vertu du cens, ne sont considérés comme citoyens actifs, reconnus « compétents » à participer aux processus de désignation des représentants ou de décision que les individus possédant un revenu minimal. Ainsi, au sein même de *Qu'est-ce que le tiers état ?,* les précisions apportées sur les individus aptes à la participation politique pour leur rôle dans l'enrichissement de la communauté nationale conduisirent à une conception restrictive de la notion de citoyenneté. Outre les nobles et les membres du clergé, qui ne peuvent bénéficier de la capacité de représenter la nation en raison de l'inéquité civile dans laquelle les placent leurs privilèges, Sieyès établit que « la loi doit déterminer un âge au-dessous duquel on sera inhabile à représenter ses concitoyens. Ainsi les femmes sont partout, bien ou mal, éloignées de ces sortes de procurations. Il est constant qu'un vagabond, un mendiant ne peuvent être chargés de la confiance politique des peuples. Un domestique et tout ce qui est dans la dépendance d'un maître, un étranger non naturalisé seraient-ils admis à figurer parmi les représentants de la nation[1] ? » Une telle conception limitative devait fonder et justifier l'instauration des différents systèmes de suffrage censitaire dès la Révolution française.

La révolution industrielle et la constitution progressive d'une classe ouvrière prolétarisée ne firent que renforcer cette adéquation entre « peuple » et « classe », dont le trait commun est encore une fois l'absence de toute propriété ainsi que la relation ambivalente entre le peuple-souverain et le peuple-classe. Avant

---

1. Sieyès E., *Qu'est-ce que le tiers état ?*, Paris, PUF, coll. « Quadrige », 1989, p. 41.

même Marx, les socialistes français soulignèrent à quel point le critère distinctif constituant le peuple en opposition à la bourgeoisie reposait sur la détention de biens. Ainsi Louis Blanc affirmait-il : « Par bourgeoisie, j'entends l'ensemble des citoyens qui, possédant des instruments de travail ou un capital, travaillent avec des ressources qui leur sont propres et ne dépendent d'autrui que dans une certaine mesure. Le peuple est l'ensemble des citoyens qui, ne possédant pas de capital, dépendent d'autrui complètement, et en ce qui touche aux premières nécessités de la vie[1]. » De la même manière, analysant la révolution de 1848 en France dans ses *Souvenirs,* Tocqueville constatait son caractère populaire et définissait à ce titre le peuple comme « les classes qui travaillent de leurs mains[2] ».

Par là même, la notion de peuple entretint rapidement un lien ambivalent, relevé notamment par Philippe Braud, avec la notion de prolétariat qui recouvre les travailleurs dépourvus de capital. Cette dernière, au cœur de la pensée marxiste, reste cependant distincte de celle du peuple pour deux raisons concomitantes : la connotation politique de « peuple », qui tire le raisonnement du côté des « libertés formelles » plutôt que des « libertés réelles », pour reprendre la dichotomie usuelle; le fait que l'image unitaire du peuple récuse implicitement la dynamique de lutte des classes, qui est au centre du marxisme. Dès lors, « la référence au peuple s'est [...] trouvée concurrencée, mais non éliminée par la notion de prolétariat, voire celle de masses populaires. Le premier terme mettait l'accent sur le rôle central de la classe ouvrière et de ses alliés comme moteur de la révolution sociale; le second connotait la puissance du nombre mais prenait acte aussi de la disparition des repères traditionnels : à une société ordonnée et hiérarchisée succédait l'ère de la "massification"[3] ».

Loin d'alimenter la dichotomie fondée sur la lutte des classes,

1. Blanc L., *Histoire de dix ans,* cité par Fritz G., *L'Idée de peuple en France, op. cit.*, p. 6.

2. Tocqueville A. de, *Souvenirs,* Paris, Gallimard, 1978, p. 123.

3. Braud P., *Science politique.* 1. *La Démocratie,* Paris, Le Seuil, 1997, p. 66.

le peuple se confond en effet plus volontiers ici avec la foule ou la populace. Cette inorganisation interne ne l'empêche d'ailleurs pas de constituer un ensemble relativement homogène, souvent comparé dès le XIXe siècle à un animal ou à la mer. Ainsi pour Victor Hugo dans « Les feuilles d'automne » :

Écoutez, écoutez, à l'horizon immense,
Ce bruit qui parfois tombe et soudain recommence
Ce murmure confus, ce sourd frémissement
Qui roule et qui s'accroît de moment en moment
C'est le peuple qui vient ! [...].

C'est encore Tocqueville, relatant l'arrivée du peuple à l'Assemblée lors des journées révolutionnaires de février 1848, qui écrit : « Le peuple n'entrait pas encore dans la Chambre par flots, il s'y introduisait peu à peu, homme par homme ; à chaque instant apparaissait une figure nouvelle ; c'était une inondation par infiltration[1]. »

Malgré ces acceptions quelque peu différentes, la relation entre prolétariat et peuple n'en soulève pas moins, plus généralement, le problème des rapports étroits entre socialisme et populisme. Un tel lien apparaît assez nettement dans le cas russe où le populisme « fin de siècle », mouvement essentiellement intellectuel valorisant les traditions et intérêts des paysans, prépara et annonça dans une large mesure l'irruption des mouvements socialistes. De nombreux travaux ont insisté sur les itinéraires parallèles du populisme et du socialisme dans la Russie de la fin du XIXe siècle[2], tous deux constitués par une intelligentsia convaincue de la nécessité de la révolution pour mettre fin au régime tsariste et permettre l'éclosion d'un véritable pouvoir du peuple. Étudiant

1. Tocqueville A. de, *Souvenirs, op. cit.*, p. 95.

2. *Cf.* notamment Venturi F., *Roots of Revolution : A History of the Populist and Socialist Movements in Nineteenth Century Russia,* London, Weidenfeld, 1960 ; Walicki A., « Russia », *in* Gellner E. et Ionescu G. (dir.), *Populism, op. cit.*, pp. 62-96.

le cheminement parallèle de ces deux mouvements, Michael Curtis rappelait que « ni le populisme ni le socialisme ne sont des concepts statiques, mais l'un comme l'autre ils devinrent la base des mouvements politiques du XIXe siècle, l'un comme l'autre ils réagirent à des conditions sociales et économiques analogues, et l'un comme l'autre partagèrent une hérédité intellectuelle en partie coïncidente[1] ».

Au-delà de cette ambiguïté entre socialisme/marxisme et populisme, et en raison des connotations attribuées désormais aux termes de « classe » ou de « prolétariat », on estimera d'une manière plus commune que le critère de différenciation passe dès lors dans la terminologie populiste entre les « petits » et les « gros[2] », entre une économie traditionnelle assise sur de petites structures (capitalisme familial, activités artisanales, structures d'échanges localisées...) et des acteurs économiques plus importants, dont le rayon d'action dépasse les cadres consacrés et dont l'activité tend vers l'économie immatérielle et financière. Ensemble vaste aux formes variables, le peuple se confond alors avec les petits entrepreneurs, les petits artisans ou encore les petits commerçants qui s'opposent aux agents économiques dominants, industriels et banquiers notamment. Plutôt que de se fonder sur l'absence de propriété, critère de plus en plus difficile à utiliser, le peuple rassemble dès lors plus volontiers les hommes du commun, les hommes sans qualités, les « petites gens ».

La contestation populiste qui s'est développée aux États-Unis à la fin du XIXe siècle comportait ainsi par exemple une attaque contre les banques et Wall Street, réifiés en un tout homogène menaçant les agriculteurs et les petits commerçants attachés aux structures traditionnelles de l'économie américaine. Michael Kazin note à cet égard que les industriels et les principaux financiers étaient souvent dénoncés comme les alliés objectifs des politiciens en raison des menaces qu'ils faisaient peser sur le peuple.

---

1. Curtis M., « Populismo : destra o sinistra? », *Rivista Italiana di Scienza Politica,* XV, n° 23, décembre 1985, pp. 460-461.

2. Birnbaum P., *Le Peuple et les Gros,* Paris, Grasset, 1979.

Analysant la permanence du courant populiste aux États-Unis dans les années 1920, il remarque en outre que ces thématiques reposaient sur des représentations communes, dans la mesure où « quelques périodiques devaient continuer à publier des images de l'Américain "ordinaire" ou "moyen" comme étant un homme blanc, vêtu d'un bleu de travail, fermier ou artisan, qui refusait d'être dirigé par les monopolistes, les fonctionnaires fédéraux et les réformateurs professionnels[1] ». Cette réticence à l'égard de l'économie « immatérielle » est liée plus profondément, selon Edward Shils, au fait que le populisme considère généralement « le système monétaire et les banques comme un vaste système de pièges visant à priver les pauvres de ce à quoi ils ont droit et à enrichir les gens oisifs[2] ». Ce qui compte aux yeux de l'argumentaire populiste, c'est l'exercice d'un travail tangible, fondé sur la production de biens matériels durables, qui contraste avec l'activité financière, la spéculation, le crédit, les rentes...

Ce qui explique que, au-delà des revendications proprement politiques, le populisme se fonde souvent sur cette dichotomie pour délivrer un discours stigmatisant les transformations des structures économiques qui menacent l'économie traditionnelle. Ce qui est mis en avant, ce sont notamment les dangers produits par les modifications du cadre de l'activité économique, en particulier lorsqu'elles semblent déterminer une « dématérialisation » de l'économie. L'une des cibles privilégiées des argumentations contemporaines d'inspiration populiste est formée, de ce point de vue, par les acteurs économiques et financiers qui paraissent devoir dominer le marché sans pour autant être directement parties prenantes aux échanges et aux structures de production, à savoir les banquiers et les opérateurs de la Bourse.

Reprenant cette « tradition », les mouvements populistes contemporains élaborent un discours opposé aux logiques qui

1. Kazin M., *The Populist Persuasion,* New York, Basic Books, 1995, pp. 76-77.
2. Shils E. A., *The Torment of Secrecy,* London, William Heinemann Ltd, 1956, p. 102.

semblent aujourd'hui faciliter la dématérialisation accrue de l'économie, essentiellement analysable au travers de l'internationalisation des échanges et de l'influence croissante des acteurs et des flux financiers. La globalisation des dynamiques et des acteurs économiques est la première évolution systématiquement dénoncée par la pensée populiste qui la considère comme une menace directe pour les structures traditionnelles. Fondamentalement, l'extension du cadre des échanges et de la production apparaît comme un mouvement non maîtrisé qui remet en cause le juste équilibre hérité du passé. Dans un discours de 1997, Jean-Marie Le Pen pouvait ainsi reprendre le même type d'argumentation que les mouvements populistes originels pour clouer au pilori les ennemis et les menaces : « Les mêmes intérêts égoïstes, ceux du capital anonyme et vagabond qui firent souvent, au XIXe siècle, des mines et des usines de véritables enfers et qui, aujourd'hui encore, réduisent dans le tiers monde des dizaines de millions d'enfants en esclavage et des centaines de millions d'autres à la pauvreté, ceux des intérêts financiers massifs de la spéculation, des grandes multinationales, qui, dans le but d'accumuler un profit illimité et donc illicite, ont mis en place et imposé dans les esprits comme issue inéluctable les éléments d'un complot : le mondialisme[1] ». Réactivation d'une lutte séculaire entre les titulaires du pouvoir économique et les peuples soumis aux pressions des logiques internationales et financières, la mondialisation des échanges est ainsi réifiée en projet cohérent fomenté par les spéculateurs et les compagnies internationales.

Sur un ton plus modéré, reprenant, dans le contexte de la campagne pour l'élection présidentielle de 1995, les accents populistes du gaullisme originel, Jacques Chirac notait quant à lui que « la crise, en effet, n'a pas été dure pour les détenteurs de gros capitaux : ils se sont enrichis sans effort, par de simples jeux d'écriture, tant il est vrai que l'argent appelle l'argent. [...] Elle [cette évolution] justifie l'indignation des petites gens et promet

1. Discours du 1er mai 1997, disponible sur le site internet du Front national.

des lendemains amers si un changement de cap n'intervient pas rapidement[1] ». La spéculation, facilitée par l'internationalisation des capitaux, apparaît de nouveau comme un processus d'enrichissement indu, lorsqu'on le compare aux difficultés des « petites gens », notamment les agriculteurs, les artisans et les petits commerçants. Là où le bât blesse, c'est que « nous avons fait passer la finance avant l'économie réelle[2] ».

Les « profiteurs » varient d'un pays à l'autre, selon les avantages supposés qu'alimentent les structures socioéconomiques d'un pays donné. Pour le FPÖ de Haider, dirigé vers la dénonciation des méfaits du corporatisme traditionnel, ce sont les fonctionnaires qui sont la cible privilégiée, le système semblant fonctionner à leur seul profit. Ainsi, la concomitance des structures, des processus et des acteurs au sein des différents mécanismes de représentation sociale et politique aboutit, selon Patrick Hassenteufel, à une critique de « cette “double parité” [qui] s'incarne – négativement – dans la figure du multifonctionnaire synonyme à la fois de non-représentation des intérêts du peuple et de détournement de l'argent versé par le contribuable[3] ». Une caste de profiteurs, abritée par l'appareil étatique et associée aux industriels et aux syndicats, peut se permettre de ne plus travailler, contrairement à ceux qui incarnent l'économie réelle et qui sont les victimes principales du système.

Quel que soit le système socioéconomique, il s'agit cependant toujours de dénoncer une minorité oisive et parasite, qui profite de manière éhontée du labeur d'un « petit » peuple d'autant plus exploité que les transformations en cours des structures socioéconomiques alimentent ou accroissent ces décalages. Évoquant le mouvement poujadiste des années 1950, assez typique au regard de la mobilisation de cette acception socioéconomique du peuple, Pierre Birnbaum résume en ces termes les caractéristiques

---

1. Chirac J., *La France pour tous, op. cit.*, p. 50.
2. Discours de Jacques Chirac, porte de Versailles, 17 février 1995.
3. Hassenteufel P., « Structures de représentation et “Appel au peuple” : Le populisme en Autriche », art. cité.

de cette déclinaison particulière de la thématique populiste : « Ce que l'on trouve à nouveau, derrière ce type de discours, c'est le refus de la modernisation, de l'industrialisation, la haine à l'égard des profondes transformations culturelles et sociales que symbolise la création, en 1953, de *L'Express*, c'est l'attachement à une communauté naturelle et organique où tous les "petits" seraient fraternellement unis, où rien ne diviserait ni n'opposerait les petits Français les uns aux autres[1]. » Équivalent « fonctionnel » de ces processus et acteurs, c'est aujourd'hui le développement des échanges internationaux et l'économie de plus en plus « immatérielle » qui sont stigmatisés.

Le populisme révèle sans doute là l'une de ses particularités, qui tient à l'attachement aux structures et aux liens socioéconomiques traditionnels contre les évolutions en cours, perçues comme menaçantes. De la même façon que le « populisme agrarien » aux États-Unis à la fin du XIXe siècle pouvait s'en prendre aux compagnies de chemin de fer, aux sociétés pétrolières ou à la figure mythifiée du « millionnaire », le populisme contemporain condamne l'ouverture des échanges, la tertiarisation accrue de l'économie et leur immatérialisation. L'ennemi est moins une forme particulière d'économie, une étape donnée du capitalisme ou un agent spécifique (même si la sphère financière est à chaque fois l'une des cibles privilégiées) que « ce » qui arrive et détruit les formes traditionnelles de l'économie et de la société : le fordisme au début du XXe siècle, le postfordisme aujourd'hui. Le populisme prend la forme d'une valorisation des petites gens menacés par des dynamiques et des acteurs qu'ils ne connaissent pas, ne savent ni ne peuvent maîtriser. Cette valorisation repose même plus précisément sur la conviction que c'est là, dans les classes populaires, que réside la vertu véritable et le secret des dynamiques sociales légitimes.

1. Birnbaum P., *Le Peuple et les Gros, op. cit.*, p. 77.

Le peuple-nation

Le dernier mode de déclinaison et de définition du « peuple » repose sur ce que l'on peut qualifier, faute de mieux, de volet culturel, dans la mesure où l'acception accordée au terme est liée ici à certaines caractéristiques géographiques, linguistiques ou ethniques qui délimitent une communauté donnée. En ce sens, le peuple est ici essentiellement défini comme un *ethnos* et non plus (seulement) comme un *dêmos* et/ou comme cette masse informe composée par les « petits » de la sphère socioéconomique. Définir le peuple comme *ethnos* suppose encore d'articuler un artefact, le « peuple », à un autre, et de conditionner l'existence du peuple à la possession de certains attributs caractéristiques d'une autre forme de « communauté imaginée » dont la forme concrète la plus courante se réalise dans la figure de la nation.

Comme l'a montré Benedict Anderson [1], la nation est une construction sociale particulière à l'époque moderne [2], attachée à un certain nombre de conditions historiques et sociales qui rendent possible la constitution d'une communauté sur une base culturelle dépassant les échanges interindividuels. La révolution de l'imprimé, le développement des langues vernaculaires et l'éclosion des transports constituent certaines des préconditions, remplies à partir de l'époque moderne, qui alimentèrent un sentiment de fraternité et des mécanismes de conscience collective au principe de l'« imaginaire national ». On retrouve d'ailleurs, dans les critères de définition de la nation comme artefact proposés par Anderson, certains éléments proches de l'acception traditionnellement attachée au terme de « peuple ».

Pour Benedict Anderson en effet, la nation se caractérise par

1. Anderson B., *Imagined Communities, op. cit.*

2. Cela semble attesté, même si certaines études mettent en lumière l'antériorité de certains processus de construction de la nation, notamment par l'effet unificateur des monarchies centralisatrices. *Cf.*, par exemple pour le cas de la France, Beaune C., *Naissance de la nation France,* Paris, Gallimard, 1985.

quatre éléments conjoints : 1) « Elle est imaginée parce que même les membres de la plus petite des nations ne connaîtront jamais la plupart de leurs compatriotes, pas plus qu'ils ne pourront les rencontrer ou même entendre parler d'eux, alors que, dans l'esprit de chacun d'entre eux, n'en vivra pas moins l'image de leur communion. » 2) « La nation est imaginée comme étant limitée parce que même la plus étendue d'entre elles [...] a des frontières finies, même si elles peuvent être élastiques, au-delà desquelles vivent d'autres nations. » 3) « Elle est imaginée comme souveraine parce que ce concept apparut à une époque où les Lumières et la Révolution détruisaient la légitimité du royaume dynastique hiérarchique ordonné par Dieu. » 4) « Enfin, elle est imaginée comme étant une communauté car, en laissant de côté l'inégalité et l'exploitation réelles qui peuvent prévaloir dans chacune d'entre elles, les nations sont toujours conçues comme des fraternités profondes et horizontales[1]. »

Tous ces caractères sont applicables à la notion de « peuple », qu'il s'agisse du caractère imaginé, qui résout le problème de l'impossible interconnaissance des membres individuels de la communauté, ou des autres éléments constitutifs (limites, souveraineté, sentiment fusionnel). La différence réside dès lors dans les attributs supposés de la nation, celle-ci étant nécessairement constituée par des lignes de fracture ethniques, géographiques ou linguistiques qui ne se reproduisent pas nécessairement lorsque l'on s'attache à définir le peuple. Autrement dit, les signifiés du peuple n'en font pas nécessairement une nation, alors qu'une nation repose toujours sur un (ou des) peuple(s).

Attaché à de tels critères de différenciation et de définition, le peuple-nation constitua à partir du XVIIIe siècle le principal mode de fondation de l'ordre politique, sans que son couplage avec l'acception politique du peuple-souverain ne revête cependant un caractère nécessaire. Le lien paraît de ce point de vue évident lors de la Révolution française où la valorisation du peuple comme

1. Anderson B., *Imagined Communities, op. cit.*, p. 6-7.

nouveau principe d'organisation et de légitimation du politique justifia les rapprochements possibles entre le peuple français et d'autres peuples supposés pouvoir accéder à cette « nouvelle » communauté politique. De manière emblématique, « les » peuples, définis sur une base territoriale, étaient alors perçus comme les composantes « du » peuple français : Merlin de Douai, à propos du rattachement de l'Alsace à la France, pût avancer par exemple que « le peuple alsacien s'est uni au peuple français parce qu'il l'a voulu[1] ». À l'inverse, dans les processus d'unification nationale propres à d'autres pays européens, comme l'Allemagne ou l'Italie, la constitution de la nation « par le haut », par l'effet des monarchies prussienne et piémontaise, se fit sans affirmation corollaire de la souveraineté du peuple comme principe de l'ordre politique.

Cette indétermination relative des significations tient sans doute pour partie au fait que, au-delà même des circonstances historiques propres à la formation des États-nations en Europe, la conception « culturelle » du peuple se décline de manière variable selon certaines traditions philosophiques distinctes, notamment sous le rapport *dêmos/ethnos*. Le « peuple » ne dispose pas du même contenu selon que l'on parle de « peuple » au sens français, de *people* dans l'acception anglo-saxonne ou du *Volk* propre à la tradition allemande. Dans l'acception française, le peuple est conçu traditionnellement comme l'union volontaire des individus, acte fondateur de la communauté politique par l'effet notamment de la création d'une volonté générale et qui prendra une forme institutionnelle propre dans l'État. Le peuple-nation se confond ici avec le peuple-souverain, la souveraineté étant la condition tout autant que l'attribut fondamental de la communauté nationale. À l'inverse, si la notion de *people*, définie comme l'agrégation des individus, rejoint l'acception française avec l'idée d'association, celle-ci ne se confond pas nécessairement avec l'intérêt général, ou

1. Cité par Godechot J., *La Pensée révolutionnaire en France et en Europe,* Paris, Colin, 1964.

plus précisément, le *people* ne dispose d'aucune transcendance qui puisse justifier de le considérer comme un corps séparé des individus qui le composent. Ainsi, de manière emblématique, le principe de la *common law* suppose que la législation puisse s'appliquer aussi bien à l'État qu'aux individus. Enfin, si la notion de transcendance se retrouve bien dans le sens traditionnellement attaché au terme allemand *Volk*, il ne s'agit pas ici d'une association des individus, mais d'une entité à caractère organique préexistante qui dépasse et conditionne les individus. Ici, l'individu n'est pas premier, dans la mesure où il n'existe pas véritablement sans son immersion dans la communauté qui le dépasse.

Ces différences sémantiques, fondées sur des univers culturels et historiques distincts, ne constituent pour autant que des types idéaux, qui ne se retrouvent pas à l'état « pur ». Chaque cas concret pose en effet de manière autre chaque fois le problème de l'interpénétration des différentes conceptions. Ainsi, dans le débat politique contemporain, le peuple français a parfois aujourd'hui des accents de *Volk* (*cf.* le Front national et plus largement le droit du sang), mais il est parfois appelé à devenir également un *people* anglo-saxon (valorisation du marché et de l'État de droit).

De telles dynamiques éclairent la spécificité idéologique de certains mouvements catalogués comme populistes et dont l'orientation générale prend une tonalité résolument nationaliste. De manière emblématique, si l'on examine plus en détail le credo démocratique avancé par Bruno Mégret, rappelant la primauté du peuple souverain, on pourra constater que le positionnement idéologique de cet ex-leader du Front national est totalement différent de la pensée démocratique classique fondée sur la notion d'association. Il affirme en effet que « la démocratie ne peut [...] se réaliser avec une simple collection d'individus sans liens entre eux, et encore moins avec une juxtaposition de groupes ethniques différents ou possédant des références culturelles incompatibles. Il lui faut, pour naître et s'épanouir, le creuset d'un peuple authentique, c'est-à-dire une communauté d'hommes et de femmes qui se reconnaissent mutuellement comme proches les uns des autres par la langue, la culture, la foi, le sang et l'histoire[1] ». La démocratie n'est donc pas conçue ici comme l'association volontaire d'individus égaux affirmant la souveraineté de la communauté ainsi formée, mais elle est suspendue à une conception préexistante du peuple, fondée sur les liens de sang, l'histoire, la langue. C'est non seulement la nation qui prend le pas sur le peuple comme principe d'organisation du politique, mais une nation conforme à une tradition intellectuelle particulière, qui fait de cette communauté un véritable organisme dépassant et s'imposant à tous les individus[2]. Ici, l'authenticité du peuple, c'est la nation, et le populisme, pris dans cette acception « culturelle » étroite, est un nationalisme, ou plus vraisemblablement un simple *modus operandi*. Pour Taguieff, « le mouvement lepéniste s'affirme comme un mouvement nationaliste, idéologiquement centré sur la défense de l'identité nationale pensée en termes ethniques et fonctionne sur un mode populiste, son leader multipliant les appels au peuple[3] ». Le couplage du peuple-souverain et du peuple-nation – ce dernier pris en tant que *Volk* – illustre la spécificité d'un mouvement dont la qualification « populiste » ne rend qu'imparfaitement compte des caractéristiques propres.

Au-delà de ces variations conceptuelles de la notion de peuple qui tiennent à des traditions culturelles et philosophiques distinctes, l'aspect intéressant, qui brouille d'ailleurs le lien entre le peuple et la nation, tient à la redécouverte et/ou à l'usage continu par des mouvements traditionnellement classés comme populistes de l'acception culturelle au sens d'*ethnos* dans des cadres culturels différents de l'État-nation. Depuis quelques années en effet, la notion de peuple soutient et encadre certaines revendications régionalistes qui entendent (re-)fonder la *polity* sur des cadres

1. Mégret B., *L'Alternative nationale, op. cit.*, chap. 3.

2. Comme le précisa Jean-Marie Le Pen dans une conférence de presse du 27 mars 1998, lorsqu'il affirmait : « La République française selon nous, c'est le régime démocratique qui a pour cadre la nation française. »

3. Taguieff P.-A., « Le populisme et la science politique. Du mirage conceptuel aux vrais problèmes », art. cité, p. 23.

culturels différents, comme par exemple dans le parti régionaliste flamand, Vlaams Blok. Le cas extrême, de ce point de vue, notamment par rapport aux logiques sociales qui déterminent généralement les processus de construction de cet artefact particulier, tient sans doute à l'exemple italien et à la revendication de la Lega Nord de voir reconnaître l'autonomie de la « Padania ». Dans un cadre national déjà fermement constitué et institutionnalisé sous la forme étatique, il s'agit ici d'une communauté imaginée sans aucun antécédent historique ni véritable ancrage géographique, si ce n'est par la référence vague à la plaine du Pô, le Val di Padana. La « création » d'un peuple se fait dès lors essentiellement par l'agrégation de deux enjeux politiques : une revendication régionaliste structurée par le clivage traditionnel entre l'Italie du Nord et l'Italie du Sud (critique du cadre national établi) ; la contestation du système politique italien dans sa forme actuelle (rejet de la forme étatique traditionnelle). En se construisant négativement par ce double refus, le « peuple padanien » accède à une existence (contestée, il est vrai) qui induit la définition de critères historiques et géographiques définis, précisés voire amendés par l'évolution du mouvement de la Lega Nord.

Cette dynamique de construction négative montre d'autre part que la définition du contenu du peuple dans son acception « culturelle » est indissociablement liée, comme pour les autres registres de sens, à l'exclusion de certains éléments, en l'occurrence l'étranger et/ou l'extérieur. La pureté imaginée de la communauté semble menacée tout à la fois par les acteurs et les logiques venus de l'étranger, notamment par les individus ou groupes étrangers qui se sont installés au sein même de l'entité considérée, mais également par les acteurs et/ou les dynamiques extérieurs aux cadres de la communauté.

Sur le premier point, on a souvent souligné, comme l'a fait notamment Hans-Georg Betz, la corrélation existant entre « partis populistes » et sentiments xénophobes ou racistes. Selon cet auteur, « on ne doit pas s'étonner de constater que l'émergence et l'ascension de partis populistes d'extrême droite en Europe de l'Ouest aient coïncidé avec le flot croissant d'immigrants, en particulier l'accroissement considérable du nombre de réfugiés cherchant la paix, la sécurité et une vie meilleure dans les sociétés opulentes d'Europe de l'Ouest. La réaction à ces nouvelles arrivées fut une explosion de xénophobie et de racisme dans une majorité de pays de l'Europe occidentale[1] ». Cette corrélation est attestée le plus souvent par la mise en parallèle des motivations exprimées par les électeurs « populistes » et l'importance du thème de l'immigration dans les discours et les programmes des acteurs populistes. Des sondages effectués à la sortie des urnes pour le premier tour des élections législatives en France en 1997 sur les motivations des électeurs attestent un comportement atypique des électeurs du Front national, l'immigration constituant l'un des enjeux fondamentaux (à égalité avec le chômage) pour 67 % d'entre eux (contre 22 % pour l'ensemble de l'électorat)[2]. Cette « demande » s'ajuste à une « offre » des partis populistes, qui se distinguent pour la plupart par une survalorisation du thème de l'immigration dans les discours et les programmes. Une analyse des discours du leader du Front national a montré que le mot « immigration » était l'un des substantifs les plus utilisés (118 occurrences), plus que « chômage » (80) ou encore l'« insécurité » (35)[3]. Même importance dans le cas du Vlaams Blok flamand, dont l'un des leaders, Dewinter, proposait de mettre en œuvre « 70 solutions au problème étranger[4] », parmi lesquelles on pouvait recenser l'expulsion des immigrés ayant commis un crime quelconque, l'arrêt du regroupement familial et l'application du droit du sang pour l'acquisition de la nationalité.

---

1. Betz H.-G., *Radical Right-Wing Populism in Western Europe, op. cit.,* p. 81.
2. Sondage « sortie des urnes », 25 mai 1997, CSA, cité par Perrineau P., *Le Symptôme Le Pen, op. cit.,* p. 178.
3. Source dans Souchard M., Wahnich S., Cuminal I. et Wathier V., *Le Pen. Les mots. Analyse d'un discours d'extrême droite,* Paris, Le Monde Éditions, 1997.
4. Dewinter F., *Immigratie : De oplossingen,* Bruxelles manuscrit non daté.

Si l'on s'attache à considérer les principes qui sous-tendent ce type de discours, on pourra constater que l'argumentation repose pour l'essentiel sur une vision organiciste du corps social, la métaphore permettant de mettre en avant l'incompatibilité de « corps étrangers », menaçant l'intégrité même, physique et spirituelle, de la communauté organique que forme la nation. Contre la vision de la société comme abstraction découlant d'un contrat social ou d'une association volontaire des individus, il s'agit de mettre en exergue l'impossibilité ontologique qu'il y a à vouloir intégrer des étrangers. Selon Mégret par exemple, « certains, en effet, prétendent que notre patrie pourrait fort bien s'accommoder de la présence massive d'une population africaine et maghrébine et de la prolifération des minarets dans nos villes et nos campagnes sans pour autant cesser d'être elle-même[1] », mais c'est justement cette vision universalisante qu'il faut combattre, car « la marée de l'immigration met [...] directement en cause les grands équilibres de notre nation. La paix civile est menacée, le plein emploi compromis, le système scolaire perturbé, les finances publiques et sociales sont déséquilibrées et, pire que tout, l'identité même de notre nation est mise en péril. Déjà, la mode "black-blanc-beur" contamine notre jeunesse et l'islam se répand sur tout le territoire[2] ». Même type d'argumentation pour Haider, qui affirme que « ce dont l'Autriche n'a certainement pas besoin, c'est d'une "légion étrangère made in Austria"[3] ». Et là encore, l'islam fait l'objet d'une dénonciation privilégiée, Haider estimant notamment que « l'organisation sociale de l'islam est contraire à nos valeurs occidentales[4] ».

Parallèlement à cette « menace » intérieure, il existe des acteurs et des dynamiques qui affectent la communauté « de l'extérieur ».

---

1. Mégret B., *L'Alternative nationale, op. cit.,* chap. 4.
2. *Ibid.*
3. Haider J., *Freiheitlicher Pressedienst,* 13 mai 1993, cité par Tributsch G. (dir.), *Schlagwort Haider. Ein politisches Lexicon seiner Aussprüche von 1986 bis heute,* Wien, Falter Verlag, 1994, p. 250.
4. Haider J., *Die Freiheit, die ich meine,* Frankfurt/Main-Berlin, 1993, p. 93.

Là encore, tout ce qui est étranger est inconnu et fait peur, car posé comme incompatible avec le fonctionnement traditionnel et légitime de la communauté. Dans certains discours récents, cette forme de dénonciation prend les traits d'une stigmatisation des impérialismes, quelles qu'en soient les formes. La plupart des acteurs populistes délivrent ainsi un discours, opposé à la mondialisation des échanges, qui s'articule et nourrit l'acception socioéconomique du peuple et du populisme déjà évoquée. Pour Jean-Marie Le Pen par exemple, « de toute évidence, le mondialisme, doctrine de l'établissement d'un gouvernement mondial, qui se veut justifié par une mondialisation réputée inévitable et salutaire de l'économie, est-il aujourd'hui l'ennemi juré des nations et des patriotes[1] ». D'autre part, les ensembles supranationaux et les puissances étrangères sont perçus comme menaçants. C'est notamment vrai de la construction européenne. Si l'on prend simplement le cas récent du traité de Maastricht, on pourra constater qu'il a contribué à cristalliser sur ce point les ressentiments et le rappel de la primauté du peuple-nation. Faisant le lien entre l'incompétence des élites et l'Europe comme alternative à leurs propres déficiences, un article publié par le service de presse du FPÖ estimait ainsi que « le gouvernement parvient à s'imposer par la panique et cherche, par une propagande présentant la situation comme abominable, à intimider les Autrichiens. "Le gouvernement Vranitzky a peur du peuple", constate Haider. Ils ne veulent toujours pas admettre que les Autrichiens peuvent réfléchir tout seuls et qu'ils n'ont pas besoin de l'alarmisme des Vranitzky et autres Busek. Le gouvernement s'est lancé dans une escalade d'hystérie européenne, qui s'est en fin de compte traduite par une brutale politique de chantage à l'encontre de la population[2] ».

Certains mouvements classés comme populistes font cependant

---

1. Discours de clôture de Jean-Marie Le Pen, Xe Congrès du Front national, 29 au 31 mars 1997, disponible sur le site internet du Front national.

2. *Freiheitlicher Pressedienst,* 1er juin 1994, cité par Tributsch G. (dir.), *Schlagwort Haider. Ein politisches Lexikon seiner Aussprüche von 1986 bis heute, op. cit.,* p. 281.

preuve d'une certaine originalité sur ce point, se présentant plus volontiers comme des défenseurs de l'idée européenne. C'est en particulier le cas de la Lega qui, loin de stigmatiser les dangers de l'intégration européenne, favorise au contraire l'idée d'une Europe des régions, ces dernières constituant le seul cadre communautaire légitime. Ainsi, faisant sa propre lecture du traité de Maastricht, Umberto Bossi l'envisage comme un possible catalyseur de la cause lombarde : « Nous devons poursuivre le processus d'unification européenne. "Le traité de Maastricht prévoit d'importants transferts de la responsabilité législative des niveaux nationaux à l'échelon communautaire", soutiennent les détracteurs du fédéralisme, et cela est vrai. Ils oublient seulement que, dans la répartition des rôles entre l'État et la Communauté européenne, le traité s'inspire du principe de subsidiarité selon lequel un niveau plus élevé de gouvernement exerce seulement les fonctions qui garantissent les biens et les services publics qui ne pourraient être fournis avec efficacité au niveau inférieur[1] ». Argumentation qui soutient pour Bossi la revendication régionaliste[2].

Au-delà de ces nuances, c'est cependant toujours la valorisation du caractère irréductible du peuple imaginé qui ressort et qui donne cohérence et réalité aux menaces. Coutumier des amalgames, le discours du Front national parvient même parfois à articuler les deux types de dynamiques dans des raccourcis qui

1. Discours d'Umberto Bossi, 28 mai 1995, assemblée fédérale de la Lega Nord, Turin.

2. Une même dynamique s'applique d'ailleurs au thème de la mondialisation, mais de manière plus ambiguë. Car, si la mondialisation est bien perçue comme un facteur de déséquilibre des processus et des structures économiques traditionnelles en Italie, elle est également vue comme le vecteur d'une remise en cause du principe de l'*assistenzialismo,* c'est-à-dire des transferts financiers effectués du nord vers le sud de la Péninsule : « La mondialisation de l'économie impose de substituer à l'assistentialisme entre systèmes productifs différents des pactes commerciaux reposant sur des règles et des institutions différentes en raison de l'interaction bien connue entre les institutions et le marché », discours d'Umberto Bossi, 30 mai 1996, Chambre des députés, disponible sur le site internet de la Lega, www.leganordsen.it.

attestent que la France est, sur le plan juridique, menacée à la fois « par la soumission à la loi de l'étranger et par la loi des étrangers : d'ores et déjà les lois de la République ne s'appliquent plus sur tout le territoire, en particulier dans les banlieues sanctuarisées par l'immigration étrangère; plus de 40 % des lois sont désormais faites à Bruxelles[1] ».

De ce point de vue, il n'est pas rare que le discours populiste/nationaliste dérive vers l'antisémitisme, vecteur traditionnellement privilégié de ce genre d'amalgame. À la menace de l'intérieur que représente une « communauté étrangère » s'ajoute ici un rappel plus ou moins explicite du fantasme du complot sioniste, souvent associé à la franc-maçonnerie. Liant les différents éléments, Jean-Marie Le Pen en arrive ainsi à se demander « quelles sont les forces qui visent à établir une idéologie mondialiste, réductrice, égalisatrice. [...] Il y a la Maçonnerie, je crois que la Trilatérale joue un rôle, les grandes Internationales comme l'Internationale juive jouent un rôle non négligeable dans la création de cet esprit antinational[2] ». Ce type de discours se fait particulièrement virulent lorsqu'un même homme, titulaire du pouvoir, incarnant la modernisation de la société et d'origine juive peut constituer la cible. Lors de la flambée poujadiste au milieu des années 1950, la personnalité de Pierre Mendès France représenta un opérateur très efficace de dénonciation/stigmatisation. Dans *Fraternité française*, organe du mouvement Poujade, on pouvait lire : « Par qui sommes-nous gouvernés ? par des gens qui n'osent même pas dire leur nom : Mendès-Portugal, d'une famille de Juifs portugais et marié à une Juive égyptienne[3]. »

1. Discours de clôture de Jean-Marie Le Pen, Xe Congrès du Front national, 29 au 31 mars 1997, disponible sur le site internet du Front national.

2. « Jean-Marie Le Pen répond à nos six questions politiques », *Présent,* 11 août 1989, cité par Souchard M., Wahnich S., Cuminal I. et Wathier V., *Le Pen. Les mots. Analyse d'un discours d'extrême droite,* Paris, Le Monde Éditions, 1997, p. 71.

3. Cité par Hoffmann S., *Le Mouvement Poujade,* Paris, Colin, 1956, p. 226.

Y a-t-il un peuple populiste ?

Au terme de cette déconstruction, on pourrait sans peine reprendre à propos du peuple, la remarque déjà citée que Giovanni Sartori appliquait à la démocratie « qui pourrait être définie comme un mot pompeux pour quelque chose qui n'existe pas[1] ». Les deux termes, intimement liés, partagent en effet une semblable indétermination et une essence improbable qui les rendent vulnérables à toutes les formes possibles de déclinaison et d'instrumentalisation. De plus, dans la mesure où les deux notions recouvrent l'essentiel des fondements de l'association politique et des formes de légitimité dans les communautés politiques contemporaines, elles sont l'enjeu de la plupart des débats fondamentaux qui ont trait aux formes et aux principes de gouvernement. Comme le remarquait George Orwell, en ce qui concerne la démocratie, « non seulement il n'existe pas de définition admise, mais toute tentative qui tend à y parvenir fait l'objet de résistances de toutes parts... Les défenseurs de n'importe quel genre de régime affirment qu'il s'agit bien d'une démocratie, et craignent de devoir cesser d'utiliser ce mot si ce dernier était relié à une seule signification[2] ». De la même manière, le peuple constitue un instrument et un enjeu récurrent qui doit permettre de légitimer une action par le rappel de sa souveraineté et de son absence effective dans les pratiques du pouvoir en place.

Face à cette indétermination essentielle, les univers de sens distingués ici permettent tout du moins d'éclairer les dynamiques sémantiques et conceptuelles qui sont au principe des multiples déclinaisons et des usages variés du terme. Si l'on veut résumer, on pourra considérer qu'il s'agit là d'un mot qui évolue autour de trois registres sociaux différents et selon trois traditions philo-

---

1. Sartori G., *Democratic Theory,* Westport, Greenwood Press, 1976, p. 3.
2. Orwell G., « Politics and the English Language » in *Selected Essays,* Baltimore, 1957, p. 149.

sophiques distinctes. Soit six dimensions que l'on a rassemblées sous les catégories simplifiées de peuple/souverain, peuple/classe, peuple/nation, « peuple » à la française, *people* et *Volk*.

Dans la volonté de distinguer une essence au populisme, il serait tentant de le définir, de manière relativement stricte, comme la conjonction d'éléments appartenant à ces différentes dimensions, la prise en compte de ces structures de différenciation traçant une ligne de démarcation entre la pensée populiste et les courants voisins. Le problème posé par une telle solution repose cependant sur le risque de procéder à une réification idéale du magma empirique auquel on se trouve confronté lorsque l'on étudie le populisme. De plus, il est clair que l'une des originalités du populisme tient le plus souvent à son indétermination relative et sa propension à jouer de l'ambiguïté propre au terme de « peuple », plusieurs mouvements mobilisant différentes notions à la fois. À l'inverse, des acteurs pourront activer périodiquement, pour des raisons stratégiques ou tactiques, certains éléments idéologiques du populisme. Ainsi, il est clair que la campagne menée par Jacques Chirac en 1995 s'est faite sur le double volet politique et socioéconomique des schèmes idéologiques populistes, instrumentalisation limitée aux échéances électorales qui interdisent de placer le leader gaulliste sur le même plan que certains des mouvements traditionnellement classés comme populistes [1].

Par là même, il apparaît impossible de parvenir à une définition essentialiste du populisme qui soit arrimée à une acception relativement homogène et stable du terme de « peuple ». Le peuple en effet n'existe pas, il ne constitue pas une essence, mais le socle d'usages sociaux divers fondés sur le rejet récurrent de certains

1. Outre les nécessités de positionnement imposées au candidat (nécessité de se distinguer d'Édouard Balladur, candidat de la droite libérale traditionnelle), Jacques Chirac put également jouer de la tension populiste inhérente au mouvement gaulliste, sans que l'on soit pour autant conduit à parler, de notre point de vue, d'un populisme néogaulliste.

éléments. De ce fait, parce qu'il alimente en principe une tension idéologique valorisant le peuple, le populisme varie avec les différentes acceptions de la communauté imaginée à laquelle il s'applique. Comme le peuple, il se définit plus aisément de manière négative, par les exclusions auxquelles les valorisations du peuple parviennent le plus souvent.

Si l'on veut rassembler ces différentes dynamiques, on parvient à mettre en évidence un certain nombre d'oppositions dialectiques au sein desquelles le populisme « fait un choix ». En reprenant les trois univers de sens principaux relevés, on obtient différents éléments – simplifiés pour les besoins de l'exposition – qui clarifient les problèmes et les enjeux des dynamiques idéologiques portées par la « tension populiste ».

1. Lorsqu'il est défini par rapport à l'acception de peuple-souverain, le populisme pose essentiellement le problème de la représentation et de l'allocation du pouvoir. Il valorise le peuple non seulement comme source de la légitimité, mais également comme « décisionnaire » effectif. Il nourrit par là même des défiances et des critiques à l'égard des élites en place, suspectées de trahison.

2. Dans l'acception socioéconomique, le populisme s'attache essentiellement à mettre en avant le problème de la distribution des richesses, dont l'équilibre traditionnel est menacé par de nouvelles logiques économiques. Il valorise ici les « petits » contre les « gros », l'économie « réelle » contre la sphère financière, les échanges à l'échelle humaine contre l'internationalisation des économies.

3. Dans la perspective « culturelle » qui associe au terme de « peuple » celui de « nation », le populisme est le plus souvent confondu avec un type particulier de nationalisme, insistant sur le caractère irréductible et éternel de la communauté organique. Notamment dans la période contemporaine, le populisme rejoint ainsi l'acception *völkisch* du peuple-nation comme union idéale construite par l'histoire, la géographie et/ou le sang. Cette valorisation conduit au rejet des corps étrangers, aussi bien les minorités étrangères suspectées de corrompre la pureté du peuple et de

lui arracher ses biens légitimes que les acteurs et dynamiques transnationaux ou supranationaux.

On pourrait ainsi estimer qu'il existe trois types principaux de populismes attachés à la valorisation d'un type d'acception du peuple. Toutefois, ce serait exclure les cas hybrides, où un mouvement, un acteur étiquetés populistes mobilisent conjointement différents registres de sens. Par ailleurs, lorsqu'un même acteur (comme le Front national) mobilise plusieurs registres de sens, il peut décliner et hiérarchiser les différentes acceptions en fonction des circonstances. Bien plus, au sein même d'une organisation, on a pu voir se créer des « courants » dont la relative cohérence idéologique ressortissait à des mobilisations différentes de ces univers de sens. L'analyse du Front national menée par Guy Birenbaum montre par exemple que le mouvement fut longtemps parcouru de divisions opposant des « nationaux-populaires » assez proches de l'héritage poujadiste et des partisans d'un ultralibéralisme[1]. Si les deux tendances se rencontraient sur le nationalisme intransigeant et le rappel de la primauté du peuple-souverain, elles divergeaient sur l'importance à accorder aux « petits » face aux « gros ».

Plutôt que d'essayer de fixer un contenu précis, chose impossible dans la mesure où cela supposerait l'existence d'une conception homogène, universelle et intemporelle du « peuple », on peut s'attacher à mettre en lumière certaines propriétés récurrentes. Deux éléments transversaux éclairent le « fonctionnement » du populisme comme système de pensée : a) la valorisation du peuple conduit à une conception fusionnelle de la communauté imaginée ; b) le populisme, parce qu'il se propose avant tout de défendre le peuple, possède un caractère réactif.

Sur le premier point, il apparaît que le populisme, quel que soit l'univers de sens mobilisé, repose sur le postulat d'une indifférenciation fondamentale de la communauté. L'idée de fusion repose

1. *Cf.* Birenbaum G., *Le Front national en politique,* Paris, Balland, 1992.

sur une perception idéale du lien social, où l'individu est intimement lié à ses semblables par un tissu de relations essentielles, formant la substance de la communauté qui acquiert son caractère organique. Donald Mac Rae, s'interrogeant sur le populisme comme idéologie, écrivait à cet égard que « ce qui [lui] semble le plus typique du populisme d'une certaine manière, c'est sa théorie de la personnalité[1] ». Le populisme s'en prend notamment à tout ce qui peut menacer l'équilibre des individus et le tissu social, en particulier, comme on l'a vu, les logiques économiques héritées de la révolution industrielle. Pour les premiers mouvements populistes par exemple, la division du travail social a provoqué une déstructuration des solidarités et des modes identitaires traditionnels fondés sur de petites communautés villageoises agraires dans les versions originelles, sur la petite entreprise, le petit commerce et l'artisanat dans les formes contemporaines. La différenciation des rôles conduisant à un éclatement de la personnalité, le populisme s'attelle alors à une analyse en termes moraux de la fragmentation de la société, comme élément de dispersion de l'individu[2]. Ce qui est dénoncé, c'est la distance qui s'est progressivement établie entre l'individu et son environnement personnel et/ou social, cette distance étant un élément destructeur de la personnalité. L'individu perd en effet ses principaux

---

1. Mac Rae D., « Populism as an Ideology » *in* Gellner E. et Ionescu G. (dir.), *Populism, op. cit.,* p. 159.

2. Analysant le contraste établi par la pensée populiste entre ces deux formes successives d'organisation sociale, le même Donald Mac Rae pouvait résumer ainsi les modalités de passage et les principales différences, telles qu'elles sont appréhendées par le populisme : « Dans les sociétés simples, il y a rareté et uniformité des institutions. Les individus, dans de telles sociétés, sont capables de remplir un grand nombre de rôles : ils ont plusieurs facettes, et par conséquent des personnalités variées, accomplies et intégrales. Dans les sociétés complexes, les individus sont adaptés à une division du travail avancée et complexe. Leurs personnalités sont dominées par leur rôle occupationnel dominant. [...] Les gens sont par conséquent des personnalités inaccomplies, fragmentaires et unilatérales », « Populism as an Ideology » *in* Gellner E. et Ionescu G. (dir.), *Populism, op. cit.,* pp. 159-160.

repères en raison des évolutions en cours. Il se voit coupé de ses racines naturelles de la même façon qu'il est tenu en marge de toute forme véritable de participation politique. La société et avec elle l'individu se trouvent ainsi atomisés, menacés par l'anomie qu'évoquait Durkheim en des termes similaires, à savoir la perte de l'ensemble des règles qui organisaient traditionnellement le lien social.

Dans un article consacré à la révolution romantique, sir Isaiah Berlin montre que cette conception doit pour l'essentiel à la réaction aux Lumières d'un certain nombre de philosophes allemands contemporains de la Révolution française, en particulier Fichte et Herder. Pour ce courant de pensée, « être un homme ne consiste pas à comprendre ou raisonner mais à agir ; agir, faire, créer, être libre c'est la même chose : c'est la différence entre les animaux et l'homme. [...] Mais, comme Herder l'a montré, l'individu est plongé dans le courant naturel de sa société ; la vie d'une société n'est pas la simple somme des vies de ses membres. Les communautés, les vraies communautés créent collectivement[1] ». Concevant les communautés comme des individus collectifs, la pensée de Herder emporte une conception de l'individualité comme entité unique et incommensurable, qu'il s'agisse d'un individu en tant que personne ou des communautés comme êtres collectifs.

Cela montre que les mouvements populistes comportent une lecture biaisée de tels schémas de pensée, en concevant essentiellement les communautés comme des ensembles organiques individualisés, mais en articulant strictement la liberté des individus à leur « plongée » au sein de ces mêmes communautés. L'unité de la communauté est de ce point de vue indissociablement liée à celle de l'individu, car, selon Donald Mac Rae, « le populisme pose que l'individu devrait être un homme complet. Les hommes complets [...] devraient s'entendre les uns avec les autres. Leurs perceptions seraient saines, bienfaisantes, limitées aux "piétiés" appropriées. Leurs jugements seraient libres mais

1. Berlin I., « The Romantic Revolution » *in The Sense of Reality,* London, Chatto et Windus, 1996, p. 183-184.

coïncideraient. Leur société serait par essence consensuelle et uniforme. L'homme paradigmatique du populisme est libre de toute forme d'aliénation. [...] Parce qu'il est parfait, il est libre – et le populisme utilise le mot “liberté” comme l'un de ses référents –, mais, parce qu'il est parfait, cette liberté est réalisée dans l'uniformité et dans l'identité de caractère avec ses compagnons[1] ». Contre la conception héritée des Lumières de l'individu affranchi des contraintes de tous ordres et capable pour cela de participer à l'institution de la communauté sur la base contractuelle établie entre citoyens égaux, le populisme participe d'une vision contraire, celle de l'homme soumis avec bonheur à l'environnement et à l'histoire de sa communauté d'appartenance.

Pour reprendre les catégories webériennes, le populisme est donc clairement soutenu, en définitive, par une revendication de « communalisation », c'est-à-dire par des processus d'agrégation des individus fondés sur un sentiment subjectif d'appartenance. Identifiant encore une fois la genèse de cette perception dans la pensée de Herder, Isaiah Berlin définissait le populisme comme « la croyance dans la valeur que représente le fait d'appartenir à un groupe ou à une culture[2] ». Existe au cœur du populisme la croyance dans le bien-fondé d'une uniformité sociale, d'une structuration organique du lien social, l'individu disposant de sa liberté pour autant qu'il se connaisse et se reconnaisse comme la partie d'un ensemble qui le dépasse, notamment du point de vue temporel. La règle majeure est celle de la fusion des individus dans une communauté qui présente tous les traits d'un organisme dont la vie propre dépasse la volonté et le temps de chaque individu.

On comprend dès lors mieux pourquoi le populisme s'oppose au constitutionnalisme et au libéralisme. Incarnation de la massification de la société dans un corps organique et de la dilution de l'individu dans ce même espace, le populisme a pour corollaire et

1. Mac Rae D., « Populism as an Ideology » *in* Gellner E. et Ionescu G. (dir.), *Populism, op. cit.,* p. 160.

2. Berlin I., « Herder and the Enlightenment » in *Vico and Herder. Two Studies in the History of Ideas,* London, The Hogarth Press, 1976, p. 153.

adversaire l'idéologie libérale de la limitation du pouvoir. Ce qu'il faut réaliser c'est, dans la perspective constitutionnaliste, de maîtriser, apprivoiser ou éduquer cette bête dangereuse et inconnue qu'est le peuple. Il faut pouvoir éviter la tyrannie de la majorité et se prémunir des menaces que portent les classes laborieuses et dangereuses[1] qui n'ont pas les moyens de diriger effectivement, voire de simplement participer à la formation et à la définition de l'intérêt général.

Contre ces freins imposés à la suprématie du peuple, le populisme réagit par un argumentaire, qui peut avoir des accents réactionnaires, autour de trois propositions conjointes qui posent tour à tour un principe, un constat et des solutions : a) le peuple est le fondement des logiques politiques, socioéconomiques et culturelles ; b) cette légitimité a été bafouée. c) il faut retrouver la « pureté » des origines par le moyen d'une régénération.

Et c'est là peut-être que réside l'hypothétique « structure fondamentale » du populisme en tant que schème idéologique, source de son originalité par rapport à d'autres traditions de pensée.

1. *Cf.* l'ouvrage classique de Louis Chevalier sur les représentations littéraires du peuple, des classes laborieuses, au XIXe siècle : *Classes laborieuses et classes dangereuses,* Paris, Hachette, 1984.

CHAPITRE V

Populismes et systèmes de partis en Europe

Si le populisme semble bien avoir une certaine unité idéologique, cette caractéristique est insuffisante à identifier et expliquer les formes qu'il prend de nos jours en Europe. Le « noyau dur », on l'a vu, se décline différemment selon les époques et selon les pays. Pour comprendre ces différenciations, il nous faut intégrer d'autres éléments d'analyse. L'objet de ce chapitre est de nourrir une explication du populisme qui fasse une place à d'autres variables, en l'occurrence les systèmes de partis. De manière générale, on définit les systèmes de partis comme « les relations qu'entretiennent les organisations politiques en fonction de leur nombre et de leur importance respective [...], mais aussi des règles qu'elles appliquent et des propriétés qu'elles doivent à leur insertion dans ce type particulier d'interaction[1] ». Cette notion recouvre par conséquent l'idée que les organisations politiques entretiennent des relations particulières liées à leur positionnement sur l'échelle droite-gauche, à la nature des clientèles dont elles disposent traditionnellement, aux possibilités d'alliances existant pour certaines d'entre elles... Étudier le populisme par l'analyse des systèmes de partis en Europe doit nous permettre d'éclairer son positionnement contemporain dans la compétition électorale, de déterminer pourquoi et comment il

1. Lagroye J., *Sociologie politique*, Paris, Presses de la FNSP, 1993, pp. 240-241.

peut être souvent situé aujourd'hui à l'extrême droite de l'échiquier politique, et de savoir enfin quelles fonctions il est susceptible de remplir à l'égard de son électorat potentiel et des autres formations politiques.

Lorsque l'on interroge le populisme contemporain par référence à la notion de système de partis, deux éléments paraissent déterminants qui peuvent être considérés comme complémentaires. Le premier repose sur l'idée que les transformations récentes des clivages sociopolitiques traditionnels ont ouvert un espace aux acteurs politiques s'appuyant sur des programmes, des outils rhétoriques et/ou des organisations de type populistes. Le second facteur est lié aux évolutions « internes » des systèmes de partis et repose sur l'hypothèse d'un affaissement des partis politiques traditionnels et/ou d'un bouleversement des règles du jeu politique qui créent un espace nouveau pour des forces politiques alternatives, comme les écologistes ou les partis populistes.

De manière plus précise, le populisme semble en effet au cœur de certaines mutations « externes » essentiellement liées au renouvellement des clivages sociopolitiques pertinents. Un certain nombre de travaux récents[1] se sont attachés à montrer que la structure des clivages mise en évidence par Lipset et Rokkan[2] dans les années 1960, et qui a été au principe même de la constitution des systèmes de partis en Europe et de leur permanence, se trouve aujourd'hui menacée de « dégel ». Dans cette perspective, la recomposition des clivages sociopolitiques permettrait d'expliquer pour partie la réémergence d'acteurs politiques à caractère populiste, l'idéologie populiste pouvant sembler suffisamment

1. *Cf.* en particulier Mair P., « Myths of Electoral Change and the Survival of Traditional Parties », *European Journal of Political Research*, vol. 24, n° 2, 1993, pp. 121-133, ou encore Kriesi H., « The Transformation of Cleavage Politics. The 1997 Stein Rokkan Lecture », *id.*, 33, 1998, pp. 165-185.

2. Lipset S. et Rokkan S., « Cleavage Structures, Party Systems, and Voter Alignments : An Introduction », *Party Systems and Voter Alignments*, *op. cit.*, pp. 1-64.

vague et englobante pour rassembler des individus coupés de leurs réflexes identitaires traditionnels.

À cette première hypothèse « optimiste » qui rejoint les analyses traditionnelles du populisme comme symptôme pathologique d'une démocratie en crise[1], s'oppose une interprétation plus pessimiste, dans laquelle le populisme n'est plus perçu comme un phénomène transitoire, mais au contraire comme une constellation politique (d'idéologies, de partis, de leaders...) durable, qui s'articule sur de nouveaux clivages sociopolitiques. Dans le cas de la France par exemple, les analyses des résultats du référendum de ratification du traité de Maastricht en 1992 ont souvent renvoyé l'image d'une France duale opposant des couches sociales prêtes à affronter la modernisation économique et sociale ainsi que l'européanisation à des couches défavorisées ou marginalisées par les transformations politiques, économiques et sociales en cours.

Une deuxième série importante d'argumentations repose sur la conviction que les bouleversements « internes » des systèmes de partis – au sens où ils recouvrent des dynamiques et des facteurs proprement politiques – ont joué un rôle décisif dans la réémergence significative et durable de partis populistes, de vocables populistes ou d'instruments (rhétoriques notamment) populistes dans les différents pays européens. L'une des hypothèses fortes est liée à l'idée que les partis populistes jouissent d'une position traditionnellement particulière dans les systèmes de partis en raison des « fonctions » qu'ils sont supposés y remplir. Dans ce cadre, c'est l'absence ou la crise d'acteurs politiques ayant auparavant réussi à s'arroger ces fonctions qui seraient à l'origine de cette nouvelle vague populiste en Europe.

Une dernière précision s'impose ici. La distinction proposée entre variables exogènes et endogènes aux systèmes de partis doit être conçue comme une partition analytique. Elle permet de ren-

---

1. *Cf.* Wiles P., « A Syndrome, Not a Doctrine », *in* Gellner E. et Ionescu G. (dir.), *Populism*, *op. cit.*, pour la version canonique de cette idée.

voyer à des objets et des problématiques particuliers, les clivages d'une part, les logiques de fonctionnement propres aux systèmes de partis d'autre part, qui sont classiques et facilement mobilisables pour une recherche comparative comme la nôtre. Il est clair cependant que ces deux faisceaux de dynamiques interagissent constamment, se nourrissent l'un l'autre. Ainsi, la transformation des clivages, si elle peut être empiriquement prouvée, pourrait constituer un puissant facteur explicatif de la crise connexe des partis traditionnels, dont l'émergence et la permanence furent indissociablement liées au « gel » des clivages mis en lumière par Lipset et Rokkan. Inversement, les transformations internes aux systèmes des partis et notamment la banalisation de l'alternance politique ont pu susciter une évolution significative des modalités de la compétition politique dans le sens d'un découplage croissant entre la sphère de la concurrence électorale et la structure des enjeux ou des attentes ressenties par les citoyens. Autant d'éléments qui sont susceptibles d'avoir alimenté l'affaissement des clivages traditionnels en facilitant les mécanismes de « désalignement » et de « réalignement ».

Le populisme et les clivages sociopolitiques

L'objet de cette première section est d'approfondir l'hypothèse d'une connexion entre l'évolution de la structure des clivages sociopolitiques pertinents et des systèmes de partis en Europe et l'émergence ou le renouveau de partis populistes. L'argumentation principale repose ici sur l'idée que le « dégel » (par référence à la métaphore employée par Lipset et Rokkan de « *freezing of political alternatives* ») a permis ou tout au moins facilité l'éclosion de nouvelles forces politiques en provoquant des désalignements multiples au sein des systèmes de partis traditionnels[1].

1. *Cf.* notamment une analyse générale dans l'article de Herbert Kitschelt,

La notion de clivage sociopolitique est un outil classique qui permet à la sociologie politique de penser le champ politique en relation avec des dynamiques sociales plus vastes. De manière traditionnelle, on les définit comme des principes de division durables des comportements politiques, fondés sur la structure des intérêts et/ou des orientations normatives concurrentes entre des groupes définis par référence à des critères socioéconomiques, politiques et/ou culturels. S'attachant à une opérationalisation adéquate de la notion, Stefano Bartolini et Peter Mair[1] ont par exemple posé la nécessité d'utiliser trois critères conjoints pour attester de l'existence de clivages sociopolitiques : les traits particuliers des individus appartenant à un groupe (position socioéconomique, race, religion, langue...) ; les attitudes auxquelles les membres du groupe souscrivent et se conforment le plus souvent ; les actions collectives communes à un groupe donné sous la forme de mobilisations diversifiées qui peuvent même prendre les traits d'une organisation durable (l'exemple typique d'une telle organisation étant le parti politique).

L'étude dirigée par Lipset et Rokkan dans les années 1960 reposait pour l'essentiel sur la première série de variables, mais elle n'en avait pas moins montré que les pays européens, à la suite de ce qu'ils qualifièrent de « révolutions » successives, avaient vu progressivement se structurer des lignes de clivages sociopolitiques qui avaient elles-mêmes largement déterminé la structure des oppositions partisanes et les forces politiques[2]. Ces « révolutions », essentiellement liées à la révolution industrielle et à l'éclosion du fait national au XIXᵉ siècle, avaient en effet nourri plu-

---

« European Party Systems : Continuity and Change », *in* Rhodes M., Heywood P. et Wright V. (dir.), *Developments in West European Politics*, London, Macmillan, 1997, pp. 131-150.

1. Bartolini S. et Mair P., *Identity, Competition, and Electoral Availability. The Stabilisation of European Electorates, 1885-1985*, Cambridge, Cambridge University Press, 1990.

2. Lipset M. et Rokkan S., *Party Systems and Voter Alignements*, *op. cit.*

sieurs lignes de clivages, notamment autour des conflits de classe, des divisions religieuses, de l'opposition urbain/rural ou encore autour de la tension entre culture et ethnicité.

En pratique, l'analyse des différents systèmes de partis nationaux en Occident attestait la prévalence des clivages de classe, le plus souvent au principe des divisions droite/gauche dans la plupart des régimes démocratiques, avec des aménagements ou des spécificités nationales liées à la présence plus ou moins importante d'autres lignes de clivage pour des raisons historiques et culturelles propres à chaque pays. C'est ainsi qu'en Italie les clivages religieux étaient regardés comme l'une des dynamiques les plus influentes dans la constitution du système de partis et des organisations politiques, autour de la figure centrale de la démocratie chrétienne. Bien plus, l'extraordinaire permanence des clivages sociaux, alimentée par des dynamiques de reproduction liées à l'activité des acteurs politiques eux-mêmes, justifiait alors que l'on parle d'une structure des clivages « gelée » autour des caractéristiques héritées des « révolutions » du XIXe siècle.

Cet édifice majeur de la sociologie semble se lézarder à présent par l'effet de dynamiques apparues à la fin des années 1970 et au début des années 1980. Deux éléments notamment ont semblé jouer : 1) la volatilité accrue de l'électorat associée à une désaffection croissante pour la participation électorale ; 2) l'émergence de valeurs nouvelles échappant à la structure de clivages traditionnelle.

La volatilité de l'électorat

De nombreux travaux ont tout d'abord souligné la multiplication de comportements atypiques au sein des différents électorats européens. Le phénomène central, ici, est lié au constat d'une volatilité croissante des électorats qui se traduit par une reconduction de plus en plus aléatoire des comportements électoraux d'une élection à l'autre[1]. Ainsi, dans le cas de la France, Jean Chiche et Jérôme Jaffré ont pu montrer que l'électorat « mobile », c'est-à-dire dont le vote varie d'une élection à l'autre, a constamment augmenté de 1986 à 1995, pour atteindre aujourd'hui près du tiers des électeurs[2] (tableau n° 4).

Tableau n° 4. La mobilité électorale en France (1986-1995) en %

	législatives de 1986	*législatives de 1993*	*présiden-tielle de 1995*
électeurs stables de gauche	25	22	20
électeurs stables de droite	25	27	24
électeurs mobiles intragauche	5	10	9
électeurs mobiles intradroite	5	3	9
électeurs mobiles gauche-droite	11	14	12
(sous-total électeurs mobiles)	21	27	30
abstentionnistes fréquents ou constants	29	25	26

Source : Chiche J. et Jaffré J., « Mobilité, volatilité, perplexité », *in* Boy D. et Mayer N. (dir.), *L'électeur a ses raisons*, Paris, Presses de Sciences Po, 1997, p. 292.

Même si elle est encore parfois contestée[3], cette idée d'une

---

1. Voir Gallagher M., Laver M. et Mair P., *Representative Government in Modern Europe*, London, McGraw-Hill, 1995.
2. Chiche J. et Jaffré J., « Mobilité, volatilité, perplexité », *in* Boy D. et Mayer N. (dir.), *L'électeur a ses raisons*, Paris, Presses de Sciences Po, 1997, pp. 285-325.
3. *Cf.* notamment les travaux de Bartolini et de Mair, qui établissent la per-

volatilité accrue est d'une importance particulière pour ce qui concerne le populisme. Dans le cas du Front national français par exemple, de nombreux travaux se sont attachés à montrer que les transferts de voix au profit du parti d'extrême droite suivaient des logiques profondément atypiques. Ainsi, les notions de « gaucho-lepénisme[1] » ou d'« ouvriéro-lepénisme[2] » reposent toutes deux sur la constatation qu'une proportion non négligeable des votes en faveur du FN provient d'électeurs qui « appartenaient » auparavant à l'électorat de la gauche classique, du Parti communiste en particulier[3].

Ces transferts de voix sont d'autant plus significatifs que la participation électorale s'est affaiblie de manière continue depuis quelques années. Dans la plupart des élections législatives nationales en Europe, on constate une croissance progressive de l'abstentionnisme ainsi que d'un vote protestataire particulier avec la recrudescence des votes blancs ou nuls. Par voie de conséquence, les gouvernements disposent en Europe d'un socle électoral qui s'est considérablement érodé par rapport à leurs prédécesseurs, ce qui nourrit certaines analyses parfois un peu hâtives sur la crise de la représentation. Si l'on considère simplement les deux dernières élections législatives en France, on pourra établir que les

---

manence remarquable des audiences électorales des principaux partis européens tout au long du XXe siècle, *Identity, Competition, and Electoral Availability. The Stabilization of European Electorates, 1885-1985*, Cambridge, *op. cit.* Ainsi Peter Mair rappelle-t-il que « le niveau moyen de volatilité agrégée est simplement de 8,7 % pour la période qui va de 1945 à 1989. Ce qui veut dire que les changements nets en moyenne, d'une élection à l'autre, ont été inférieurs à 9 % depuis la guerre. Et cela signifie, symétriquement, qu'il y a eu une stabilité nette agrégée de 91 % », Mair P., « Myths of Electoral Change and the Survival of Traditional Parties », European *Journal of Political Research*, vol. 24, n° 2, 1993, p. 124.

1. Perrineau P., *Le Symptôme Le Pen. Radiographie des électeurs du FN*, Paris, Fayard, 1998.

2. Mayer N., *Ces Français qui votent FN*, *op. cit.*

3. Voir également les travaux de Jocelyn Evans, *Electoral Deviancy as Normality : Modelling Left-Wing Voter Defection to the Extreme Right in France*, thèse de doctorat, Florence, Institut universitaire européen, 1998.

coalitions électorales successivement portées au pouvoir ont disposé en réalité du tiers environ de l'électorat potentiellement mobilisable (*cf.* tableau n° 5).

Tableau n° 5. Le vote « de protestation » en France en % de votants

	1993	*1997*
Abstentionnistes	31	31,7
Bulletins blancs et nuls	3,6	3,3
FN	8,1	9,8
Total vote protestataire	42,8	44,8
Coalition majoritaire	28,8	28,9

Source : Surel Y., « The 1997 French Elections », *ECPR News*, vol. 9, n° 1, automne 1997, p. 15.

De nouvelles valeurs ?

Parallèlement à ces éléments centrés sur les comportements électoraux au sens strict, un certain nombre de travaux ont formulé l'hypothèse que s'était produit, à partir des années 1970, un changement significatif dans les orientations normatives dominantes, phénomène indissociablement lié à d'importantes transformations des structures sociales comme des modes de mobilisation et de participation politiques. L'étude la plus célèbre de ce point de vue (ou plutôt la succession d'études) est sans doute celle de Ronald Inglehart sur l'avènement d'orientations idéologiques qualifiées de postmatérialistes, au sens où elles contribuèrent à la valorisation de thématiques telles que l'écologie, l'individualisme, le respect des minorités culturelles, sociales, sexuelles[1]... En se diffusant progressivement à la sphère politique, notamment par la promotion de nouveaux enjeux sur l'agenda politique (pollution, aménagement du temps de travail, dispositifs légaux de « discrimination positive »...), ces nouvelles normes globales légitimes auraient eu pour effet de relativiser les axes traditionnels de conflit et d'opposition au profit d'autres lignes de fracture.

Ce mouvement reste consubstantiellement lié pour la plupart des auteurs à certaines transformations économiques et sociologiques lourdes[2]. Le phénomène emblématique de ces évolutions est sans doute la mise en évidence d'une profonde mutation (voire d'une disparition pour certains) de la classe ouvrière. Différentes dynamiques cumulatives ont suscité ces transformations, parmi lesquelles on se contentera de citer ici, pêle-mêle, les conséquences du progrès technique, notamment dans le sens d'une automatisation et d'une flexibilité accrues des systèmes de production, le développement des services ou encore l'accroissement des flux de capitaux, de marchandises et de personnes.

Ces différentes analyses ont permis de développer l'idée de l'éclosion de nouveaux partis politiques ou de nouvelles formes de mobilisation et de participation, directement liés à ces transformations globales des sociétés occidentales contemporaines. L'expression générique de *new politics*[3] semblait résumer, il y a peu encore, les bouleversements enregistrés dans le champ politique par l'effet de cette transformation des valeurs sociales légitimes. De manière plus précise, cette notion comme les dynamiques qui lui étaient associées ont été largement appliquées à la caractérisation de l'émergence un peu partout en Europe des par-

1. *Cf.* Inglehart R., *The Silent Revolution,* Princeton, Princeton University Press, 1977 ; Étienne Schweisguth, « Le postmatérialisme revisité : Inglehart persiste et signe », *Revue française de science politique*, vol. 47, n° 5, 1997, pp. 653-659.

2. *Cf.* notamment Crouch C., *Social Change in Western Europe*, London, Oxford University Press, 1999.

3. *Cf.* notamment Dalton R. et Kuechler M. (dir.), *Challenging the Political Order*, Cambridge, Polity Press, 1990.

tis écologistes dont les succès variables furent interprétés comme le fruit de ces nouvelles tendances idéologiques confrontées aux logiques et aux acteurs caractéristiques des systèmes de partis traditionnels.

Si l'hypothèse de cette translation de nouvelles valeurs sociales légitimes dans le champ politique est intéressante pour notre propos, c'est aussi parce qu'elle a suscité certaines analyses directement liées à l'émergence du populisme contemporain. Ainsi, en réaction à ce qu'Inglehart appelait la « révolution silencieuse », Piero Ignazi a avancé l'idée que la résurgence du populisme et de thématiques d'extrême droite pouvait être liée à l'émergence ou à la réactivation d'orientations normatives à caractère réactionnaire et autoritaire, s'opposant aux valeurs libertaires identifiées par Inglehart[1]. Certains vont même plus loin et, assimilant les partis écologistes à une déclinaison très particulière de thématiques populistes, voient dans ces nouvelles valeurs sociales légitimes, qu'elles soient postmatérialistes ou réactionnaires, un terreau extrêmement favorable à l'émergence de nouvelles organisations, de nouvelles argumentations ou de nouvelles thématiques qui dénient à l'espace politique toute véritable légitimité[2].

Toutes ces évolutions, volatilité et désaffection accrues de l'électorat d'une part, transformation de la structure des valeurs sociales légitimes d'autre part, accréditent l'idée d'une remise en cause des démonstrations et des conclusions émises par Lipset et Rokkan dans les années 1960. Pour reprendre les termes mêmes employés par les auteurs, on assisterait à l'évolution ou aux effets induits de nouvelles « révolutions » modifiant en profondeur les structures de clivage héritées du XIXe siècle. Les évolutions économiques et technologiques récentes – ce que l'on appelle parfois la « révolution postindustrielle » –, comme la dilution progressive

1. Ignazi P., « The Silent Counter-Revolution. Hypotheses on the Emergence of Extreme Right-Wing Parties », *European Journal of Political Research*, vol. 22, 1992, pp. 3-34.

2. *Cf.* notamment l'ouvrage stimulant dirigé par Andreas Schedler, *The End of Politics ?, op. cit.*

des États-nations, constituent autant de processus qui remettent directement en cause les dynamiques propres générées par les révolutions industrielle et nationale du siècle dernier. Dès lors, les oppositions de classe, les conflits religieux ou encore l'opposition urbain/rural tendent à se retrouver relativement dévalorisés par rapport à d'autres lignes de fracture, comme les différenciations sectorielles (l'informatique et le secteur financier sont par exemple des secteurs valorisés), les appartenances ethniques ou sexuelles, ou encore l'opposition entre des acteurs raisonnant de manière transnationale et ceux qui restent attachés à des réseaux de proximité.

Si la plupart des auteurs accréditent aujourd'hui l'idée du « dégel » des clivages sociopolitiques isolés par Lipset et Rokkan, il est plus rare et plus difficile de tenter de penser, voire simplement d'identifier les modes de translation de ces transformations socioéconomiques au sein du champ politique. Le principal problème est d'abord lié à l'obsolescence des catégories de pensée et des méthodes d'analyse adaptées précisément à l'ancienne structure de clivages. Hans-Peter Kriesi note en particulier qu'il est extrêmement difficile de parvenir à une ventilation et à une différenciation internes satisfaisantes de la « classe moyenne », devenue dominante. Bien plus, selon lui, « plutôt que de conclure que la structure sociale et les valeurs sont largement déconnectées l'une de l'autre, je voudrais suggérer que nous n'avons pas encore été capables d'identifier les variables structurelles des clivages normatifs d'une manière satisfaisante. La conceptualisation de la transformation des sociétés contemporaines d'Europe de l'Ouest doit encore être poursuivie[1] ».

Certaines tentatives ont cependant été déjà amorcées pour tenter de comprendre et de reconstruire les structures évolutives des clivages sociopolitiques. En liaison avec l'étude du populisme, Herbert Kitschelt, dans un ouvrage consacré à l'analyse de la nouvelle droite radicale en Europe[2], a notamment essayé de

1. Kriesi H., « The Transformation of Cleavage Politics. The 1997 Stein Rokkan Lecture », *op. cit.*, p. 177.

2. Kitschelt H., en collaboration avec McGann A., *The Radical Right in Western Europe*, Ann Arbor, University of Michigan Press, 1995.

comprendre comment l'évolution des systèmes de partis avait pu, sous la pression de ces dynamiques « exogènes », ouvrir un espace à de nouvelles formations politiques relevant de ce qu'il appelle une « droite radicale ». Selon lui, le capitalisme postindustriel est très directement à l'origine d'une nouvelle ligne de clivage sociopolitique caractérisée par une polarisation autour d'une gauche libertaire et favorable à la redistribution d'un côté et une droite libérale et autoritaire de l'autre. Ces dynamiques de polarisation, qui paraissent quelque peu paradoxales et contradictoires avec les clivages éprouvés, s'expliquent, selon Kitschelt, par la conjonction de deux séries de facteurs déterminants. Il s'agit tout d'abord de la situation professionnelle de l'individu, notamment dans l'exposition qu'elle implique à l'égard de la mondialisation et des relations transnationales, ce qui tend à supplanter, toujours selon Kitschelt, les vieilles lignes de fracture organisées autour des appartenances de classe dont les frontières semblent de plus en plus floues. Le second facteur déterminant est lié à l'orientation culturelle de l'individu, elle-même fondée pour l'essentiel sur le degré d'exposition aux dynamiques de communication. La polarisation s'effectue ici entre des orientations universalistes et égalitaristes d'une part, qui sont dues à une forte exposition aux dynamiques de communication, et des orientations particularistes et autoritaires d'autre part. On retrouve dans cette dichotomie la plupart des dimensions normatives isolées par Inglehart et Ignazi sur le postmatérialisme hérité des années 1970 et la contre-révolution silencieuse, à caractère réactionnaire, qui formerait le terreau principal du populisme d'extrême droite contemporain.

En prenant en compte l'ensemble de ces éléments, Kitschelt propose alors le schéma suivant (*cf.* figure n° 1), qui s'organise autour des deux lignes de polarisation précitées.

Figure n° 1. La structure des clivages contemporains

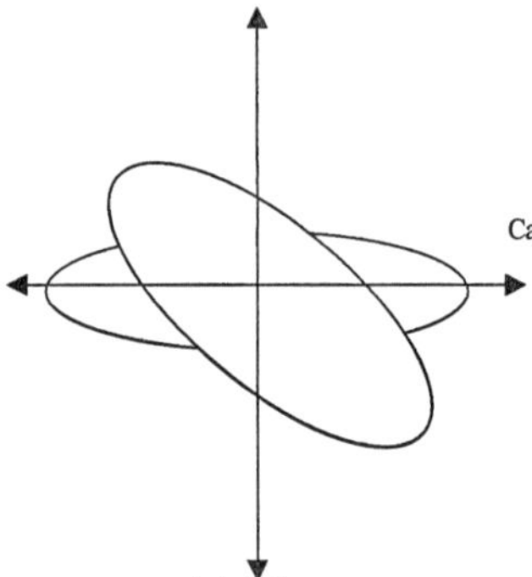

Pour construire cette polarisation, Herbert Kitschelt a conservé la ligne de clivage dominante selon les travaux de Lipset et Rokkan, qui figure ici dans un plan horizontal. Ce qui a changé, selon lui, c'est l'ajout d'une nouvelle ligne de polarisation fondamentale, l'opposition entre tendances libertaires et autoritaires, qui figure ici dans un plan vertical. Par là même, alors que les systèmes de partis s'organisaient grossièrement autour d'une ellipse suivant un plan horizontal, ils sont aujourd'hui le plus souvent structurés autour d'une ellipse diagonale. D'une certaine manière, l'axe de structuration des systèmes de partis en Europe s'est donc déplacé et ressortit aujourd'hui à des dynamiques plus complexes que ne l'était l'opposition gauche droite organisée autour des conflits de classe. De la sorte, la gauche évolue plutôt vers des tendances libertaires, suivant en cela le déplacement de l'axe des systèmes de partis, ce que semblent attester les diverses coalitions entre les sociaux-démocrates et les Verts. À l'inverse, la droite est présumée évoluer vers des positions plus systématiquement autoritaires, comme semble le prouver actuellement en France la division du Rassemblement pour la République (RPR) entre une tendance libérale et europhile et une tendance étatiste/nationale qui a conduit à la formation d'un nouveau parti en 1999, le Rassemblement pour la France (RPF), à l'initiative de Charles Pasqua et Philippe de Villiers.

À ce schéma général, Kitschelt ajoute une correction importante[1]. Au-delà du déplacement mécanique des forces politiques le long de l'axe dominant de structuration du système des partis, ce qui le frappe, c'est le rapprochement des partis de gouvernement et l'espace créé en conséquence pour de nouvelles forces politiques aux marges du système. Rapportée au schéma initial, cette constatation implique que les partis de gouvernement se rapprocheraient de l'intersection des deux lignes de clivage, libérant ainsi un espace aux franges de la constellation envisageable des organisations politiques. La « normalisation » de certains systèmes de partis auparavant très conflictuels, comme en France ou en Italie – « normalisation » qui prend notamment la forme d'une multiplication des alternances politiques dans ces deux pays et d'un rapprochement des programmes de gouvernement –, crée un espace disponible pour de nouvelles forces défendant les normes alternatives récemment apparues et pouvant contester les forces politiques établies. Ainsi, même si la conversion des thèmes écologistes en ressources politiques au sein du débat électoral est parfois difficile, l'éclosion de ces nouveaux enjeux, difficilement maîtrisables par les partis traditionnels, explique très largement l'apparition de formations « vertes » dans la plupart des pays européens à partir des années 1980.

De la même façon, Kitschelt voit dans la rotation de l'axe des systèmes de partis européens le principal facteur explicatif de l'émergence de nouveaux partis d'extrême droite à une forte tonalité populiste. À la suite de ces transformations globales, l'auteur isole quatre formes possibles de nouvelle droite radicale émergeant à différents points des systèmes de partis européens (*cf.* figure n° 2).

---

1. *Cf.* également Kitschelt H., « European Party Systems : Continuity and Change », *in* Rhodes M., Heywood P. et Wright V. (dir), *Developments in West European Politics,* London, MacMillan, 1997.

Figure n° 2. Les droites radicales et le populisme contemporains

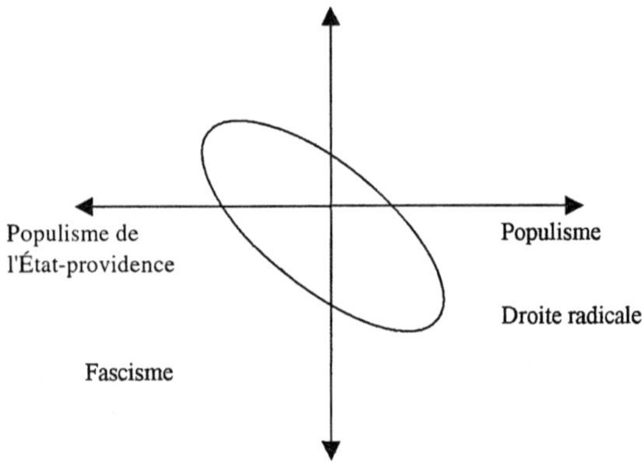

Les quatre formes possibles de droite radicale identifiées sont les suivantes.

Le fascisme dans sa forme la plus traditionnelle[1], c'est-à-dire une tendance et/ou des formations politiques qui disposent d'une large base sociale (d'où leur situation privilégiée à gauche du spectre formé par les systèmes de partis), et qui se caractérisent en outre par un appel socialisant et autoritaire. Comme le montre le schéma de Kitschelt, cette éventualité est considérée comme non pertinente dans le cas des systèmes de partis européens contemporains en raison du déplacement de l'axe de polarisation. Par conséquent, les partis qui se réclament toujours d'un fascisme traditionnel sont voués à l'échec et à la marginalisation[2].

Reprenant une catégorie déjà proposée par Hans-Georg Betz[3], Kitschelt établit ensuite l'existence possible de *partis populistes d'un type particulier*, dans la mesure où ils sont attachés à préserver l'État-providence, mais en offrant comme solution aux problèmes classiques des politiques sociales le retrait des subventions

1. *Cf.* Eatwell R., « Towards a New Model of Generic Fascism », *Journal of Theoretical Politics*, vol. 4, n° 2, 1992 ; Mudde C., « The War of Words. Defining the Extreme Right Party Family », *West European Politics,* vol. 19, 1996, n° 2, pp. 225-248.

2. *Cf.* le cas des différents groupuscules nazis en Allemagne.

3. Betz H.-G., *Radical Right-Wing Populism in Western Europe, op. cit.*

accordées aux non-nationaux. Ce type de revendication, qui s'est trouvé notamment mobilisé dans le cas des pays scandinaves avec les divers *Progress Parties*[1], renvoie à une base électorale plutôt ouvrière avec là encore des appels socialisants et autoritaires, mais concentrés cette fois-ci sur quelques thématiques spécifiques aux dispositifs de l'État-providence. Selon Kitschelt, ces types de mobilisation et de revendication restent toutefois marginaux ou simplement éphémères. Ils peuvent constituer une dimension parmi d'autres, souvent peu significative, des partis populistes contemporains, comme le suggèrent par exemple Pascal Perrineau ou Nonna Mayer en parlant de « gaucho » ou d'« ouvriérolepénisme » dans le cas français.

Les partis de la droite radicale, qualification mieux adaptée, selon Kitschelt, à la situation contemporaine, recouvrent quant à eux des formations caractérisées par une base électorale mixte, fondées sur une orientation normative de type capitaliste-autoritaire. Dans la perspective adoptée ici, il s'agit incontestablement de la forme la plus caractéristique de la nouvelle droite extrême dont les exemples les plus symptomatiques seraient le Front national en France ou le Vlaams Blok en Belgique. Ces partis sont en effet populistes au sens où ils contestent la légitimité des leaders et des systèmes politiques en place, ce qui leur permet de drainer des soutiens électoraux très larges. Mais leur originalité, par rapport au fascisme traditionnel par exemple, tient à leur revendication de dynamiques économiques plus équilibrées et/ou traditionnelles, ce qui contraste avec la critique de l'économie capitaliste traditionnellement portée par l'idéologie fasciste.

Enfin, la dernière forme de partis nouveaux isolée par Kitschelt rassemble des *partis dits « populistes anti-étatistes »*, qui, pour des raisons diverses et propres à chaque système politique natio-

1. *Cf.* notamment Andersen J., « Denmark : the Progress Party – Populist Neo-Liberalism and Welfare State Chauvinism », *in* Hainsworth P. (dir.), *The Extreme Right in Europe and the USA*, London, Pinter Publishers, 1992, pp. 193-205.

nal, sont essentiellement antisystème. Leur caractéristique électorale tient en outre à des soutiens beaucoup plus concentrés au sein de la petite bourgeoisie, voire dans certaines franges des élites économiques, comme c'est le cas en Italie avec la Lega Nord. L'orientation normative de ces partis valorise des appels de type capitaliste autoritaire, déterminés le plus souvent par la contestation du système économique en place, duquel les membres de ces partis se sentent marginalisés (acteurs économiques du nord de l'Italie dénonçant le soutien traditionnel de l'État au profit du Sud; élites flamandes critiques à l'égard d'un État belge supposé servir les intérêts de la communauté wallonne).

D'une manière générale, le populisme contemporain semble donc recouvrir les trois dernières catégories de mouvements définis par Kitschelt, la mobilisation de thèmes populistes contrastant avec ce qui faisait la particularité du fascisme. À chaque forme de populisme correspond en pratique une acception particulière du terme de « peuple », déclinant les trois dimensions isolées dans le chapitre précédent, le populisme contemporain semble ainsi recouvrir les trois dernières catégories de mouvements définies par Kitschelt, la mobilisation de thèmes populistes contrastant notamment avec ce qui faisait la particularité du fascisme. Dans le cas du populisme de l'État-providence, la revendication nationale s'articule à l'acception sociale de « peuple » pour défendre l'idée de la préservation des droits sociaux acquis au profit des seuls nationaux. Pour les mouvements anti-étatistes, l'argumentaire s'appuie essentiellement sur la conception du peuple-souverain spolié par les élites en place. Enfin, la droite radicale isolée par Kitschelt valorise une revendication nationaliste plus classique. Autrement dit, si les trois acceptions du mot « peuple » sont communes aux mouvements identifiés, elles font l'objet à chaque fois de valorisations inégales.

Pour ces raisons, l'analyse proposée par Kitschelt sur le rôle des variables exogènes dans la transformation récente des systèmes de partis, essentiellement par l'effet du changement de la structure des clivages sociopolitiques pertinents, est à l'évidence l'un des schémas conceptuels les plus riches et les plus stimulants sur le sujet. Elle fait parfaitement ressortir selon quelles nouvelles lignes de fracture idéologiques, en relation avec les transformations socioéconomiques récentes, le populisme a pu (ré-)émerger et rencontrer un succès durable dans les systèmes de partis européens. Elle permet en outre d'associer de manière cohérente certaines hypothèses formulées à l'occasion de monographies, comme les notions de « contre-révolution » silencieuse, de « gaucho-lepénisme » et d'« ouvriéro-lepénisme ».

Son utilisation conduit cependant parfois à des impasses qui nécessitent la mobilisation de schémas analytiques alternatifs. L'une des limites du modèle est liée au problème des éléments empiriques de validation des hypothèses formulées par Kitschelt. Reprenant le diagnostic formulé par ce dernier et par d'autres auteurs sur le possible effritement du système des clivages isolé par Lipset et Rokkan, Hans-Peter Kriesi estime, on l'a vu, que ce sont les catégories d'analyse qui font actuellement défaut. Selon lui, « il se pourrait très bien que l'impact déclinant de la variable de classe [dans l'explication de la structure des clivages] apparaisse en définitive comme la conséquence d'une modification de la structure de classe selon des dynamiques que l'on est incapable d'isoler avec les instruments traditionnellement utilisés pour mesurer son impact[1] ». L'évolution de la structure sociale tranche de ce point de vue avec l'usage constant de catégories socioprofessionnelles qui ne rendent plus vraiment compte des évolutions en cours. La différenciation interne de la classe ouvrière est par exemple le plus souvent mal rendue par le maintien d'une entrée générique « ouvriers » dans la plupart des études. Si l'on peut estimer raisonnable d'avancer l'obsolescence des catégories d'analyse utilisées par Kitschelt, il paraît difficile de leur substituer dans l'immédiat un quelconque schéma analytique, les statistiques disponibles rendant impossible tout diagnostic ferme sur le sujet[2].

---

1. Kriesi H.-P, « The Transformation of Cleavage Politics. The 1997 Stein Rokkan Lecture », art. cité, pp. 167-168.

2. Certaines tentatives ont cependant déjà été faites sur ce point. Ainsi, dans l'ouvrage collectif publié récemment sous la direction de Nonna Mayer et Daniel

Au-delà de ces problèmes méthodologiques, liés à la collecte des données adéquates, d'autres critiques nous semblent opposables à l'analyse de Kitschelt. Le premier travers important ressortit, de notre point de vue, au caractère essentiellement monocausal de son approche. Même s'il s'en défend plus ou moins directement dans un article postérieur[1], le modèle d'analyse de Kitschelt est fondé sur l'idée que le système politique réagit assez directement aux dynamiques qui lui sont extérieures. Les systèmes de partis se caractérisent dès lors par une hétéronomie relative à l'égard des pressions alimentées par des facteurs socioéconomiques. Or ils fonctionnent également autour de règles du jeu politique, de traditions idéologiques et de conformismes comportementaux qui les rendent assez souvent imperméables ou du moins difficilement influençables par des transformations socioéconomiques plus ou moins substantielles.

Par ailleurs, on a pu montrer récemment que les analyses de Kitschelt insistaient à l'excès sur la crise des référents traditionnels, dont certains continuent d'exercer une influence déterminante sur la structuration des clivages sociopolitiques. Ainsi, Hans-Peter Kriesi a établi que les clivages isolés par Lipset et Rokkan restaient opérants pour la plupart d'entre eux[2]. Dans certains pays, les lignes de fracture religieuses, culturelles ou ethniques qui structuraient traditionnellement le système national de

Boy, *L'électeur a ses raisons*, *op. cit.*, différents contributeurs se sont attachés à modifier les instruments disponibles pour les rendre plus adaptés à la collecte de données pertinentes sur les clivages sociopolitiques. Ainsi N. Mayer et D. Boy, dans le chapitre 3, suggèrent-ils d'amender l'indicateur relatif aux catégories socioprofessionnelles pour y introduire une division public/privé, qui constitue une forme d'opérationalisation de la dimension « degré d'exposition à la globalisation » proposée par Herbert Kitschelt.

1. Kitschelt H., « European Party Systems : Continuity and Change », *in* Rhodes M., Heywood P. et Wright V. (dir.), *Developments in West European Politics*, *op. cit.*, 1997.

2. Kriesi H.-P., « The Transformation of Cleavage Politics. The 1997 Stein Rokkan Lecture », art. cité.

partis continuent d'agir de manière significative. Par exemple, dans le cas de la Suisse, Kriesi démontre que la « crise » de certains clivages n'empêche pas la persistance d'autres modes traditionnels d'identification et de structuration des comportements politiques.

Enfin, dernière critique à adresser au modèle de Kitschelt, son analyse macro-sociologique méconnaît souvent les trajectoires nationales et l'évolution historique des systèmes de partis, autant de facteurs qui ont pu être déterminants dans la formation des lignes de clivage nationales.

Bien plus, pour ce qui concerne plus directement le populisme et les partis étudiés par Kitschelt, ce manque de profondeur historique minore les phases, pour certaines décisives, par lesquelles sont passées les formations assimilables au populisme contemporain. Dans le cas du FN, son positionnement dans le système de partis défini par Kitschelt a pu varier considérablement d'une période à l'autre. Loin d'être cantonné à la catégorie de la droite radicale, le FN possède également des traits propres à d'autres types isolés, notamment le populisme de l'État-providence ou le populisme anti-étatique. Par ailleurs, l'héritage poujadiste, d'autant mieux assuré que Le Pen fut élu député auprès de Pierre Poujade en 1956, a pu constituer une ressource diversement mobilisée à certains moments par le Front national en fonction de thématiques et de dynamiques propres au système de partis français. D'autres cas concrets sont encore plus problématiques. Ainsi, la classification de la Lega semble par bien des aspects abusive. La structure de son électorat paraît en effet relativement atypique par rapport aux cadres d'analyse adoptés par Kitschelt, dans la mesure où ses soutiens électoraux proviennent non seulement des petits-bourgeois menacés, mais également d'éléments issus d'autres classes sociales ainsi que de certains intellectuels. Ces traits particuliers s'expliquent pour partie par la formalisation extrême – pour la première fois au sein du système de partis italien – du clivage Nord-Sud et de la construction d'une identité territoriale complètement fictive autour de la « Padania », autant d'éléments qui ont permis au mouvement d'Umberto Bossi de surdéterminer les lignes de clivage traditionnelles.

La réunion de ces différents éléments critiques suffit à montrer à quel point il est difficile, dans une recherche comparative, de fonder l'analyse sur des variables macro-sociologiques qui visent à la définition d'idéaux-types peu en rapport avec les cas concrets étudiés. Et, de ce point de vue, il nous a semblé nécessaire de mobiliser d'autres variables, susceptibles de donner à l'ensemble une plus grande flexibilité et une plus grande attention aux spécificités nationales.

En outre, à considérer plus précisément le populisme, l'analyse de Kitschelt présente le défaut majeur – déjà dénoncé et commun à une grande partie de la littérature notamment celle d'origine anglo-saxonne – de reposer sur la concordance plus ou moins explicite entre populisme et nouvelle vague d'extrême droite. Le maintien du clivage gauche droite, construit lui-même sur le clivage de classe, mène ainsi inévitablement à classer le populisme comme l'une des dimensions majeures, sinon exclusives de l'extrême droite contemporaine. Or le populisme dépasse sans doute assez largement cette dichotomie, pour alimenter au contraire des dynamiques transversales. En tant que tension constitutive des démocraties représentatives occidentales, il constitue une ressource parmi d'autres du jeu politique, diversement mobilisée par les acteurs politiques dans des contextes précis.

Les « fonctions » politiques du populisme contemporain

Encore une fois, les éléments qui vont suivre ne doivent pas être vus comme un substitut aux analyses proposées par Herbert Kitschelt, mais bien plutôt comme une série de variables complémentaires, endogènes aux systèmes politiques cette fois et qui pourraient permettre de porter un éclairage plus adéquat sur les caractéristiques des mouvements populistes contemporains. L'une des idées principales est de mobiliser une littérature et des travaux centrés sur les dynamiques propres aux systèmes de partis, autrement dit aux facteurs propres au jeu politique et aux règles de fonctionnement traditionnelles des systèmes de partis en Europe.

L'une des caractéristiques majeures de ce type d'approche repose souvent sur le rejet de la dichotomie droite/gauche comme axe de détermination principal des logiques de fonctionnement des systèmes de partis. D'autres modes de polarisation sont alors considérés comme influents, sinon déterminants, et sont définis le plus souvent par rapport aux caractéristiques propres aux régimes représentatifs. La figure ci-après donne une idée de certaines des lignes de fracture les plus couramment utilisées dans la littérature (*cf.* figure n° 3).

Ces différentes lignes de polarisation sont respectivement issues des travaux de Giovanni Sartori[1], Albert O. Hirschman[2], Niklas Luhmann[3] et enfin Andreas Schedler[4]. Elles s'organisent toutes, quoique inégalement, autour de trois catégories principales d'acteurs politiques.

Tout d'abord, les partis démocratiques au pouvoir, qui forment, seuls ou en coalition, le gouvernement à un instant précis. Les dynamiques qui déterminent ordinairement leurs actions sont l'exercice du pouvoir et la volonté de le conserver.

La deuxième catégorie d'acteurs rassemble les partis démocratiques dans l'opposition. Il s'agit en l'occurrence d'organisations appartenant aux « partis de gouvernement », au sens où ils disposent de la légitimité et des moyens nécessaires pour exercer à leur tour le pouvoir. Ils nourrissent et mobilisent ainsi les diverses oppositions démocratiques au pouvoir en place, au sens où leur

---

1. Sartori G., *Parties and Party Systems*, Cambridge, Cambridge University Press, 1976.

2. Hirschman A. O., *Défection et prise de parole*, Paris, Fayard, 1995.

3. Luhmann N., *The Differentiation of Society*, New York, Columbia University Press, 1982.

4. Schedler A., « Anti-Political-Establishment Parties », *Party Politics*, vol. 2, n° 3, 1996, pp. 291-312.

Figure n° 3. Les logiques internes aux systèmes de partis

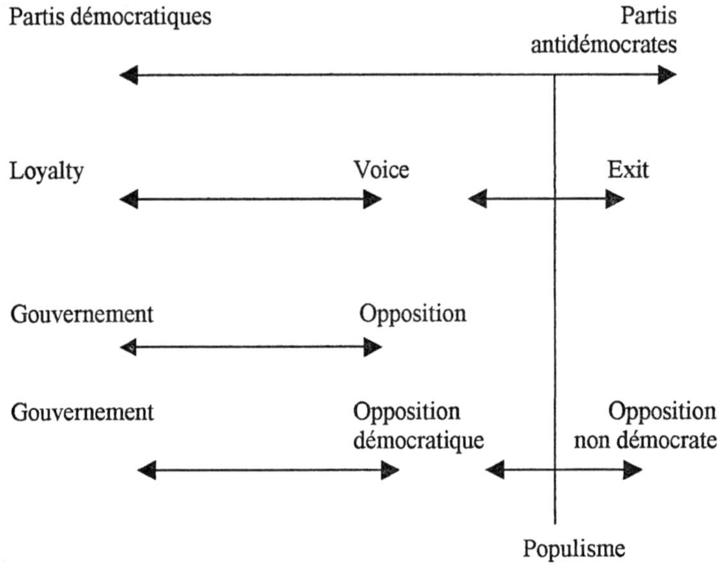

reconnaissance des règles du jeu se double d'une critique des titulaires du pouvoir et de la définition d'une alternative crédible au sein du système.

Ces deux premières catégories sont confondues dans la polarisation définie par Sartori, sous l'appellation de « partis démocratiques ». À l'inverse, une troisième catégorie d'acteurs, les « partis antidémocratiques », selon la terminologie de Sartori, se situent hors du système proprement dit, dans une position extérieure aux règles du jeu (d'où l'analogie avec l'option d'exit tirée des travaux d'Albert Hirschman sur l'action collective). Ces organisations sont dès lors caractérisées par leur critique virulente du système en place, autrement dit de la démocratie représentative traditionnelle dans les pays occidentaux, système auquel ils veulent substituer d'autres modes et d'autres institutions de légitimation et d'exercice du pouvoir. Dans la plupart des pays européens, où les principes démocratiques sont communément admis, cette troisième catégorie regroupe pour l'essentiel des partis ou organisations nazis ou d'extrême gauche, optant le plus souvent pour la contestation violente (notamment par des méthodes terroristes) des régimes démocratiques.

Au sein de ces schémas généraux, on doit à Andreas Schedler d'avoir suggéré un positionnement particulier aux partis populistes, en les situant à la frange du système, entre la contestation violente et la contestation « légitimiste » du système en place[1]. Reprenant les catégories éprouvées pour dresser la configuration des systèmes de partis, Schedler estime en effet que ce qui caractérise le plus directement les partis populistes contemporains, c'est de produire une contestation globale des partis du gouvernement et plus généralement des titulaires des positions de pouvoir dans différents champs sociaux, sans pour autant remettre en cause les idéaux et institutions démocratiques. Il en vient ainsi à définir le populisme contemporain comme l'ensemble des organisations qui se déterminent en fonction d'une opposition à l'égard des élites en place (*anti-political-establishment-opposition*), tout en se distinguant des partis antisystème par leur aptitude à s'insérer dans les logiques politiques traditionnelles, en participant notamment à l'ensemble des compétitions électorales.

De ce point de vue, l'exemple du Front national est tout à fait symptomatique[2]. Ce parti s'est en effet construit pour l'essentiel en manifestant son aptitude à critiquer les partis traditionnels tout en s'attachant à légitimer son action par une participation sans cesse élargie à l'ensemble des consultations électorales, nationales et locales. L'une des thématiques centrales du discours frontiste a toujours été de dénoncer la « bande des quatre », allusion à la

1. Schedler A., *Party, Politics, op. cit.*, 1996 ; voir également Poguntke T., « Anti-Party Sentiment. Conceptual Thoughts and Empirical Evidence : Explorations into a Minefield », *European Journal of Political Research*, 29, 1996, pp. 319-644 ; Ignazi P., « The Intellectual Basis of Right-Wing Anti-Partyism », *ibid.*, pp. 279-296.

2. Birenbaum G., *Le Front national en politique*, Paris, Balland, 1992.

structuration du système de partis français à la fin des années 1970 et au début des années 1980 autour du Rassemblement pour la République (RPR) et de l'Union pour la démocratie française (UDF) à droite, tandis que la gauche s'organisait autour du Parti socialiste (PS) et du Parti communiste (PC). Cette structuration, qui semblait correspondre à une « normalisation » du jeu politique, fondée non seulement sur les clivages sociopolitiques traditionnels à la France, mais également sur les règles du jeu politique instituées par la Constitution de la Ve République (principalement les exigences du scrutin uninominal à deux tours), devait finalement s'éroder peu à peu sous la pression de nouvelles forces politiques contestant un tel système de partis oligopolistique : les Verts et le Front national. Chez ce dernier notamment, tout le discours opposé à « l'établissement », selon son expression, avait pour vocation de s'afficher aux marges du système de partis présenté comme corrompu et dévoyé par rapport aux idéaux démocratiques, tout en proposant une alternative qui devait suivre les logiques « normales » de la compétition démocratique.

La situation est structurellement similaire en Autriche, même si les modalités et les caractéristiques des organisations populistes y suivent des cheminements particuliers. C'est en effet le caractère corporatiste de la représentation sociale et politique qui est dénoncé par le Freiheitlichen Partei Österreich (FPÖ). Autrement dit, si la démocratie n'est pas condamnée en tant que telle (Haider gratifiant même le FPÖ d'une forme de supériorité morale de ce point de vue), c'est la manière dont la démocratie a été interprétée et déclinée en Autriche qui est posée comme problème et permet d'articuler une revendication populiste contre les élites usurpatrices au pouvoir.

Prolongeant son raisonnement, Schedler estime même que la position des partis populistes aujourd'hui en Europe est déterminée par des dynamiques conjointes, que l'on peut représenter sous la forme d'un triangle (*cf.* figure n° 4).

Figure n° 4. Le triangle « antipolitique » selon Schedler

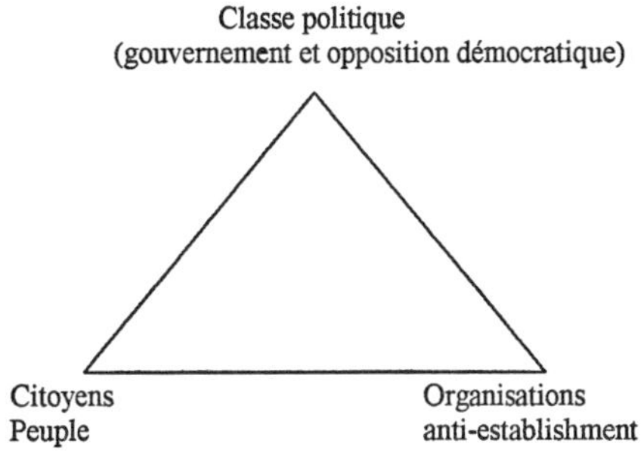

Dans cette perspective, le populisme se caractérise donc, au sein des systèmes de partis, par deux dynamiques connexes.

Classiquement, le populisme est tout d'abord, on l'a vu, une manière de rappeler constamment le caractère déterminant du peuple dans les logiques politiques. C'est donc bien en tant que peuple-souverain seul titulaire de la légitimité dans une communauté politique reposant sur des principes démocratiques que le peuple est ici revendiqué par les organisations populistes[1].

Par ailleurs – et c'est ce qui distingue les populistes des partis antisystème –, cette valorisation du peuple s'accompagne d'une critique de la mise en œuvre de cette suprématie par les élites en place soupçonnées d'avoir trahi les idéaux et les modes de légitimation et d'organisation de la communauté politique.

Les partis populistes ont donc bien une double fonction, au sens le plus classique, dans les systèmes de partis : rappeler constamment les fondements démocratiques du système et mettre en relief les déviances par rapport aux idéaux originels du fait des agissements des titulaires du pouvoir. D'une certaine manière, les partis populistes se caractérisent donc par une double hybridation : ils sont dans le système et en dénoncent les dérives ; ils rappellent le primat du peuple contre les élites en place tout en s'affichant comme les seules organisations « authentiquement » représentatives.

1. Bossi U., *Tutta la verita, op. cit.*, p. 206.

Un tel schéma d'analyse pose à l'évidence de nombreux problèmes liés pour l'essentiel à son postulat systémique. On ne reviendra pas sur les termes d'un débat déjà ancien, sinon pour rappeler deux travers classiques qui semblent particulièrement problématiques par rapport à notre étude du populisme contemporain. La première limite de taille que présente un tel modèle est tout d'abord liée à l'excessive autonomie accordée ici au champ politique. À l'inverse du schéma précédent, la mobilisation exclusive de variables proprement politiques repose en effet plus ou moins explicitement sur l'idée que le fonctionnement endogène des systèmes de partis surdétermine tout autre facteur. On a vu précédemment qu'une telle hypothèse est à compléter par une attention portée au rôle de variables exogènes, liées pour l'essentiel à la traduction dans l'espace politique de dynamiques socioéconomiques par le biais des clivages sociopolitiques pertinents. En outre, une telle perspective de recherche, si elle est utile à une démarche comparative, possède un travers identique au modèle précédent, fondé sur un degré élevé de généralisation et d'abstraction qui tend à minorer les spécificités des cas étudiés. Identifier de ce point de vue des logiques de positionnement lourdes, communes à l'ensemble des systèmes de partis étudiés, constitue un véritable défi au regard des trajectoires historiques nationales à l'étude.

Cette analyse endogène des systèmes de partis nous paraît cependant extrêmement utile, surtout si l'on tente d'associer les deux schémas précités, autrement dit si l'on essaie de construire des hypothèses qui cumulent les deux séries de variables. On peut tout d'abord considérer que le déplacement de l'axe de structuration des systèmes de partis en liaison avec les transformations socioéconomiques récentes a conduit à une relative marginalisation de certains groupes sociaux. Les petits artisans ou commerçants se trouvent de plus en plus directement remis en cause par l'évolution des circuits de distribution contre laquelle ils ne peuvent lutter ni s'adapter. Or, comme le montrent une série d'analyses[1], ces couches socioéconomiques figurent parmi les soutiens les plus précoces et les plus durables des organisations classées comme populistes. On pourrait donc croiser les deux faisceaux de facteurs pour émettre l'idée que c'est cette marginalisation de couches sociales se sentant dépassées par les évolutions socioéconomiques récentes qui a permis le renouveau de partis populistes. Ces derniers ont plus précisément pour « fonction » de garder, à l'intérieur (ou à la marge) du système de partis, des individus ou des groupes qui tendent à s'en détourner pour adopter une attitude passive (dont la croissance de l'abstention serait la manifestation principale) ou au contraire une attitude contestataire qui peut aller jusqu'à l'expression violente d'un mécontentement contre l'ensemble du système social et politique en place. D'une certaine manière, la mobilisation de cet électorat qui se trouve plus ou moins exclu socialement et politiquement (aussi bien dans la classe ouvrière que dans certaines fractions des classes moyennes, voire au sein de la petite bourgeoisie) serait la résultante de la (re-)constitution d'une offre politique adaptée à une demande nouvelle générée par le déplacement de l'axe de structuration des systèmes de partis. D'où l'intérêt de l'emploi des dynamiques isolées par Albert O. Hirschman à propos des caractéristiques de l'action collective. En se plaçant à la marge des systèmes de partis, à la fois légalistes et contestataires, les partis populistes se caractériseraient par des modes de mobilisation, des revendications et des formes organisationnelles qui ressortissent à une participation politique classique (présence aux différents scrutins, réaffirmation constante d'un credo démocratique...) comme à une contestation généralisée du système, ou plus précisément des acteurs identifiés comme dominants au sein de ce système.

Cette hypothèse relative au populisme dans les systèmes de partis européens, qui rejoint des hypothèses générales sur le populisme comme phénomène hybride, caractéristique de certaines

1. *Cf.* notamment les études de Pascal Perrineau et Nonna Mayer sur l'électorat du Front national.

tensions propres aux systèmes démocratiques, semble attestée dans certains cas précis. Ainsi, l'une des originalités du Front national a toujours été de maintenir une certaine ambiguïté sur ses positions, ses objectifs et ses méthodes. Tantôt légaliste à l'excès, dénonçant les élites en place et la corruption du système politique français, le Front national a également souvent joué sur des registres alternatifs, n'excluant pas l'action violente. L'existence de structures paramilitaires, d'organisations de jeunesse ou encore les ambivalences qui ont toujours entouré ses relations avec des groupuscules violents, notamment les *skinheads* revendiquant un héritage nazi, attestent sa position hybride dans le champ politique. Ni parti de gouvernement ni parti antidémocratique, le Front national s'appuie sur des individus et des groupes qui sont marginalisés, ou plus souvent en voie de l'être, alors qu'ils pouvaient se retrouver auparavant dans les valeurs et les principes de la société en voie de disparition. On peut d'ailleurs voir dans la crise récente du FN, qui a précipité sa scission en deux mouvements concurrents, l'effet d'une crise de leadership intimement liée aux options stratégiques désirables pour sortir le parti des marges du système et lever ainsi certaines des ambiguïtés qui pesaient sur son développement.

Cette hybridation des organisations populistes se retrouve très largement dans d'autres pays. En Autriche, les ressorts de la mobilisation de l'électorat, les prises de position et les modes d'organisation du FPÖ reposent sur des dynamiques du même type. Tout en souhaitant s'afficher comme une force de gouvernement possible, le FPÖ, par la voix de son leader Haider, joue sur l'ambiguïté d'une possible filiation avec le régime hitlérien. Ce fut le cas lors de la déclaration désormais célèbre de Haider vantant les politiques sociales du IIIe Reich, ce qui le contraignit à démissionner de son poste de gouverneur de Carinthie. En Italie, les mêmes processus déterminent l'évolution de la position de la Lega Nord. Tout en participant régulièrement aux élections locales et nationales, au point même de servir de force d'appoint au sein de la coalition conservatrice dirigée par Silvio Berlusconi, le mouvement dirigé par Bossi n'exclut pas (du moins dans les discours) la possibilité d'une sécession, y compris par des moyens violents[1].

D'une certaine manière, le populisme contemporain retrouverait ainsi certaines fonctions classiques au sein des systèmes de partis. C'est le cas essentiellement de la fonction tribunitienne, isolée dans les années 1960 par Georges Lavau à propos du Parti communiste[2]. Selon lui, le PC de l'époque tendait à jouer au sein du système de partis français un rôle qui visait à « organiser et défendre des catégories sociales plébéiennes (c'est-à-dire exclues ou se sentant exclues des processus de participation du système politique, comme d'ailleurs du bénéfice du système économique et du système culturel) et leur donner un sentiment de force et de confiance. [...] Le programme politique proposé et l'action politique menée signifient pour ces plébéiens que leur colère est officiellement représentée par des mandataires qui leur ressemblent et parlent leur langage, mais sous une forme politique articulée[3]. »

Comme le Parti communiste français à cette époque, les partis populistes jouent sur un registre particulier, défendant les intérêts de certaines fractions qui se sentent menacées. Lorsque le « peuple » est perçu dans son acception socioéconomique, ce sont les couches menacées par les évolutions récentes qui forment l'« armée de réserve » électorale et le fondement de certaines revendications. La perception du peuple-nation détermine quant à elle des discours, des positionnements et des organisations qui

---

1. Même si cette hypothèse d'hybridation s'applique essentiellement aux partis d'extrême droite ici, on rappellera qu'elle pourrait tout aussi bien être mobilisée à propos d'autres mouvements ou d'autres acteurs politiques récents. Ainsi, la carrière politique éphémère de Bernard Tapie en France peut être analysée sous ce rapport, comme d'ailleurs les premières années d'existence de Forza Italia. D'autres auteurs ont déjà suggéré qu'une telle analyse, ou du moins certains de ces éléments pouvaient également rendre compte de l'émergence et de l'évolution des partis écologistes dans les divers systèmes de partis européens.

2. Lavau G., *À quoi sert le PCF ?*, Paris, Fayard, 1981.

3. Lavau G., « Le Parti communiste dans le système politique français », *in* Bon F. *et al., Le Communisme en France*, 1969.

valorisent la dimension identitaire, qu'elle repose effectivement sur un ancrage national, comme c'est le cas du FN, ou sur une base régionale comme pour la Lega ou le Vlaams Blok. Ces deux déclinaisons du mot « peuple », rendues mobilisables par l'évolution des clivages sociopolitiques pertinents, s'articulent en définitive à la troisième acception, caractéristique des logiques de fonctionnement endogènes des systèmes de partis, où le populisme est alors promotion du peuple-souverain, rappel des fondements de la légitimité démocratique contre les perversions et trahisons des élites en place.

Le populisme contemporain dispose donc d'un positionnement et de « fonctions » particuliers liés tout à la fois aux variations exogènes aux systèmes de partis – celles-ci déterminées par les transformations socioéconomiques récentes – et aux modes de fonctionnement proprement politiques de la compétition électorale et du champ politique. La transformation de la structure des clivages sociopolitiques comme l'évolution des positions respectives des partis traditionnels dans le champ politique ont ainsi contribué l'une et l'autre à créer un espace disponible pour de nouvelles formes d'argumentaires et d'acteurs politiques. En facilitant l'apparition d'une structure d'opportunités politiques favorable à l'émergence ou à la réactivation de mouvements populistes, ces dynamiques exogènes et endogènes ont opéré conjointement à la création d'une demande politique et d'une « niche » potentielle pour de nouveaux acteurs. L'une des particularités du populisme contemporain tient sans doute au fait que cette « niche » a été effectivement et durablement occupée par des mouvements, des organisations et des individus qui ont contribué à la formation et à l'enracinement de mobilisations populistes.

CHAPITRE VI

Les mobilisations populistes

Les précédents chapitres ont conduit à mettre en avant la conjonction de divers éléments : en premier lieu, la mise en évidence d'une tension populiste permanente au cœur du système représentatif, caractérisée par un « noyau dur » idéologique et un registre discursif ou rhétorique particulier; en second lieu, une accentuation de cette tension, en raison de l'évolution récente des régimes occidentaux, cristallisée autour d'un renforcement constant de l'État de droit au détriment des modes de légitimation et de participation populistes; enfin le chapitre V a été l'occasion de montrer qu'une structure d'opportunités favorable était apparue, alimentée tout à la fois par la transformation des clivages sociopolitiques et par un bouleversement « interne » des systèmes de partis (affaiblissement des conflits idéologiques, multiplication des alternances...).

La conjonction de ces facteurs a favorisé la formation d'une « niche » potentielle ou, pour reprendre la métaphore du marché politique, d'une demande virtuelle. Cette dernière recouvre l'existence d'une clientèle *a priori* disponible (les classes sociales en voie de marginalisation) en raison de l'abandon par les formations politiques traditionnelles de certaines « fonctions » du jeu politique, essentiellement la fonction tribunitienne isolée par Georges Lavau.

Une telle présentation ne doit pourtant pas conduire à conclure que la réémergence du phénomène populiste était évidente et nécessaire. À ce titre, il est bon de rappeler qu'un certain nombre de pays européens sont plus ou moins épargnés par cette nouvelle vague populiste. C'est le cas de l'Allemagne[1], pour des raisons qui tiennent aussi bien à l'héritage historique qu'aux logiques institutionnelles et politiques de la compétition électorale. C'est encore le cas de l'Espagne, pour des raisons assez similaires[2], même si certains mouvements ouvertement populistes ont pu y rencontrer récemment des succès limités[3]. Par ailleurs, le populisme ne se limite pas à l'éclosion d'une nouvelle vague de mouvements politiques d'extrême droite. Dans la mesure en effet où nous l'avons conçu ici comme une tension idéologique propre aux régimes démocratiques, il s'agit plus volontiers d'une ressource mobilisable par la plupart des acteurs politiques contemporains, avec des degrés d'instrumentalisation variables selon le positionnement des acteurs, les configurations politico-institutionnelles particulières à chaque pays et la nature des cadres idéologiques légitimes dans un espace donné (*cf.* par exemple en France le succès d'un Tapie ou la mobilisation des chasseurs).

Pour ces différentes raisons, le populisme n'est pas soluble dans une organisation ou un discours particuliers. Il s'agit d'une dimension qui peut permettre d'expliciter ce qui fonde l'originalité d'acteurs, d'organisations politiques ou de discours à un

---

1. *Cf.* Falter J. et Winkler J., « La "résistible ascension" de l'extrême droite en Allemagne », *Pouvoirs*, n° 87, 1998, pp. 43-60.

2. *Cf.* Camus J.-Y., « L'extrême droite en Europe : où, sous quelles formes, pourquoi ? », *Pouvoirs*, n° 87, 1998. Citant José Luis Rodriguez Jimenez, Camus note en particulier que « l'extrême droite espagnole ne perce pas, car elle reste figée sur des positions catholiques intégristes, réactionnaires et passéistes qui l'empêchent de récupérer les déçus du Partido popular, lequel a capté l'électorat du "franquisme sociologique" » (p. 26).

3. *Cf.* l'initiative ponctuelle de Jesus Gil Y Gil, selon une stratégie berlusconienne : les ressources de l'entrepreneur privé doivent être converties en ressources politiques pour garantir l'immunité du leader. Casals X., « National-populisme en Espagne : les raisons d'une absence », Congrès de l'Association française de science politique, Rennes, 1999, table ronde n° 5, « Le national-populisme en Europe », rapporteur général : Pascal Perrineau.

moment donné et dans des contextes précis. De ce point de vue, on pourra faire l'hypothèse que le populisme est une dimension plus importante pour la caractérisation du FPÖ que pour celle du Vlaams Blok par exemple. Ce dernier offre l'exemple d'une combinaison originale entre revendications régionalistes et orientation autoritaire, voire fascisante qui est liée aux origines et aux évolutions du parti. Ainsi, Hans de Witte et Peter Scheepers soulignent « ses liens étroits avec l'extrême droite d'avant, de pendant et d'après la Seconde Guerre mondiale. Le parti cite lui-même explicitement le Verdinaso et le VNV comme sources idéologiques de son programme. Il rend aussi régulièrement hommage aux chefs de file de ces organisations d'extrême droite d'avant guerre[1] ». Les orientations idéologiques et programmatiques du VB rejoignent alors plus directement les caractéristiques de l'extrême droite traditionnelle, notamment la nécessaire dissolution du système parlementaire, facteur de dispersion des intérêts et menace potentielle pour une communauté de destin définie par des critères essentiellement biologiques[2]. À l'inverse, le FPÖ, même si Haider a pu laisser planer un doute à plusieurs reprises, n'est pas la réactivation d'une tendance nazie, mais constitue la déclinaison dans le régime corporatiste autrichien de cette vague populiste nouvelle, dont nous avons tenté d'identifier les conditions et modalités d'apparition.

Encore une fois, on ne saurait confondre, de notre point de vue – c'est souvent ce qui est fait dans la littérature contemporaine –, populisme et vague d'extrême droite nouvelle[3]. Plaquer l'éti-

1. De Witte H. et Scheepers P., « En Flandre : origines, évolution et avenir du Vlaams Blok et de ses électeurs », *Pouvoirs*, n° 87, 1998, p. 100. Le Verdinaso (Verbond van Dietse Nationaal-Solidaristen), mouvement fondé en 1931, et le VNV (Vlaams-Nationaal Verbond), parti politique émanant du premier en 1933, furent l'expression d'un national-socialisme flamand, dont la plupart des membres collaborèrent avec l'occupant allemand pendant la guerre.

2. De manière typique, les libertés individuelles sont redéfinies et limitées par les exigences de la communauté ethnico-nationale flamande, y compris pour ce qui concerne le mariage et la formation de la famille.

3. C'est la thèse centrale de la plupart des travaux récents de Hans-Georg Betz.

quette « populisme » sur les « nouveaux » partis nationalistes et autoritaires conduit en effet à une double simplification : on limite de la sorte la notion de populisme à un nombre limité d'organisations politiques, sans s'interroger sur la similitude ou, à l'inverse, sur la distance entre ces mêmes mouvements et leurs devanciers sur ce pôle de l'échiquier politique[1] ; elle récuse la possibilité de voir dans le populisme autre chose que l'instrumentalisation de thématiques simplistes au profit de partis constitués.

Sur ce dernier point, si nous avons pu citer à plusieurs reprises Jacques Chirac à l'occasion de la campagne présidentielle de 1995 pour illustrer une rhétorique populiste rampante, cela ne signifie pas pour autant que le leader gaulliste soit un acteur authentiquement populiste. Il s'agit tout au contraire de montrer qu'un certain nombre de facteurs ou de caractéristiques populistes constituent une dimension parmi d'autres de son positionnement politique et de son ancrage idéologique liés pour partie à l'héritage gaulliste, dimension qui s'est trouvée réactivée et mobilisée dans le contexte particulier de l'élection de 1995.

Ces différentes précisions introduisent trois implications fondamentales, qui sont autant de conclusions provisoires : les caractéristiques « molles » de cette idéologie interdisent d'en faire tout d'abord le support d'une typologie véritable, applicable à des organisations ou des leaders politiques. Ainsi, il n'existe pas de parti populiste au sens où l'on peut parler de parti communiste ou de parti libéral. L'analyse des acteurs étiquetés « populistes » nous conduit à préférer le terme plus vaste (et sans doute moins rigoureux) de « mobilisation », en insistant ici sur ce qui peut faire l'originalité actuelle des acteurs populistes, aussi bien pour

1. *Cf.*, pour les liens entre « extrême droite » et « populisme » dans la qualification des organisations politiques, Eatwell R., « Towards a New Model of Generic Fascism », art. cité, et surtout Mudde C., « The War of Words. Defining the Extreme Right Party Family », art. cité.

ce qui concerne les organisations politiques auxquelles ce label peut être attaché que pour les leaders ou les électorats qui animent cette « vague » contemporaine de populisme. Par là même, le propos va se concentrer ici sur les organisations pour lesquelles la dimension « populiste » est la plus significative, au sens où elle structure durablement leur positionnement dans le système de partis, leurs orientations idéologiques fondamentales et leurs modes de fonctionnement, soit le Front national français (avant la scission), le FPÖ et la Lega Nord. Ne seront donc évoqués que de manière ponctuelle et résiduelle les partis ou mouvements pour lesquels la variable « populiste » n'est qu'épisodique (Forza Italia ou Alleanza nationale), ou secondaire (Vlaams Blok).

L'attention focalisée sur les acteurs qualifiés de populistes devrait permettre de mieux distinguer ce qui chez eux relève d'une vague populiste nouvelle et ce qui recouvre d'autres dynamiques ou d'autres traditions. Symétriquement, elle devrait nous inciter à rechercher en quoi l'instrumentalisation du populisme les rend différents, originaux et comparables. L'analyse successive des conditions d'émergence et d'enracinement de ces acteurs et de ces formations politiques, de leurs caractéristiques structurelles ainsi que de l'existence éventuelle d'un vote populiste pourra enfin nous aider à comprendre certains paradoxes et certaines spécificités des mouvements contemporains. Ainsi, comment expliquer que ces acteurs, dont l'une des constantes est la dénonciation continue et tonitruante des élites politiques, aient pu se structurer de manière assez classique autour d'organisations partisanes ayant pour vocation de participer aux différents processus de participation et de représentation politiques ? Comment leur marginalité relative dans les systèmes de partis a-t-elle évolué ou est-elle susceptible d'évoluer dans les années à venir ? Quelles sont d'autre part les spécificités nationales (de trajectoire, de tradition, de positionnement...) qui les rendent parfois si différents les uns des autres ? Enfin, comment ces acteurs contribuent-ils à modifier la connaissance ainsi que la pratique traditionnelle de la politique dans les régimes politiques occidentaux ?

GENÈSE ET ENRACINEMENT DES PARTIS « POPULISTES » CONTEMPORAINS

Si l'on s'attache tout d'abord à éclairer les modes d'émergence, de structuration et de diffusion qui ont caractérisé le populisme contemporain dans sa forme partisane, on constatera que la comparaison des systèmes de partis permet d'établir différentes formes de scénarios. Trois types de processus principaux apparaissent : 1) la création *ex nihilo* d'un tout nouveau parti politique ; 2) la conversion d'une organisation traditionnelle, essentiellement par la prise de pouvoir de nouveaux dirigeants ; 3) la fusion de mouvements épars, qui s'accompagne le plus souvent d'un infléchissement de la ligne générale du parti (*cf.* tableau n° 6).

Tableau n° 6. Modes d'émergence des partis

Création	Conversion	Fusion/transformation
Forza Italia	FPÖ Alleanza nazionale	FN Lega Nord Vlaams Blok

La création d'un nouveau parti correspond très clairement à l'exemple de Forza Italia, mouvement politique créé de toutes pièces par Silvio Berlusconi, après que ce dernier eut décidé de se lancer dans la lutte électorale en 1994 [1].

S'appuyant sur les moyens de communication dont il était propriétaire, Berlusconi lança son mouvement, selon ses propres

1. Diamanti I., « La politica come marketing », *Micromega*, 2, 1994, pp. 61-77.

mots, comme un « produit politique » dont la nouveauté nécessitait un lancement publicitaire et un marketing adaptés[1]. On recruta les candidats aux élections en s'appuyant sur les réseaux personnels et économiques du leader et en organisant les soutiens à partir de clubs constitués à l'image des clubs de supporters de football et avec les mêmes slogans élémentaires, *Forza* ! (« Vas-y, fonce ! »).

L'originalité du parti tient non seulement à sa constitution exceptionnellement rapide et à la rupture qu'il provoque dans le système politique italien, mais aux formes mêmes qui le caractérisent à ses débuts. Ni parti de masse, ni parti de cadres, ni parti attrape-tout, Forza Italia s'affirme plus volontiers comme le transfert dans l'arène politique d'une structure d'entreprise au profit d'un homme, Silvio Berlusconi.

C'est seulement par la suite, avec l'enracinement progressif du parti dans le jeu politique italien tel qu'il se cristallise peu à peu, que le parti trouve une forme et des accents plus traditionnels, ce processus d'institutionnalisation le rapprochant aujourd'hui des partis de cadres libéraux existant dans plusieurs pays occidentaux. Avec cette évolution, la tonalité populiste qui a caractérisé assez nettement le parti à ses débuts s'estompe peu à peu au profit d'une doctrine et de structures conformes aux partis libéraux européens[2]. L'acquisition rapide d'un statut de parti de gouvernement potentiel tend à modifier le positionnement de Forza Italia au sein du système de partis italien rénové des années 1990. Toutefois, les accents populistes peuvent resurgir à tout moment dans les joutes politiques s'ils paraissent opportuns. C'est ainsi que, à l'occasion des élections régionales d'avril 2000 et pour le temps d'un scrutin, Berlusconi et Bossi ont oublié leurs querelles

1. Seisselberg J., « Forza Italia : A Media-Mediated Personality-Party », *West European Politics*, 19 (4), 1996, pp. 715-743.

2. *Cf.* l'intégration symbolique de Forza Italia au groupe parlementaire du Parti populaire européen (PPE) au sein du Parlement européen, qui marque la « normalisation » du parti de Berlusconi.

et souscrit à un programme conjoint de lutte contre l'immigration que n'auraient renié ni Haider ni Le Pen.

Le deuxième mode d'émergence recouvre la prise de contrôle par une nouvelle élite partisane d'une organisation traditionnelle et déjà bien ancrée dans le système de partis, qui détermine alors un glissement vers une orientation populiste. Ce type de processus trouve sans doute sa meilleure illustration dans le cas du *Freiheitliche Partei Österreich*. Le FPÖ constituait en effet un parti traditionnel peu à peu réduit à une audience électorale limitée avec la structuration du régime autour d'une organisation corporatiste faisant la part belle au dualisme sociaux-démocrates (SPÖ)/chrétiens-démocrates (ÖVP). Son érosion progressive, couplée à une contestation croissante du modèle corporatiste dans les années 1980, offrit l'occasion à un courant jusque-là marginal de s'affirmer peu à peu autour d'un leader charismatique, Jörg Haider, dont la prise de pouvoir au sein du parti fut d'abord la consécration d'un homme d'appareil. Dès 1970, à l'âge de vingt ans, Haider entra en politique, parallèlement à ses études de droit, en devenant président du Cercle de la jeunesse libérale. Il occupa plusieurs fonctions dans les instances régionales du parti, et mena également une carrière politique locale en restaurant l'audience du parti en Carinthie. Opposé en 1983 à une collaboration avec le SPÖ, il prit la tête du parti à l'occasion du congrès d'Innsbruck (13-14 septembre 1986).

Ce changement fut le signal d'une profonde mutation interne qui devait conduire le parti à opter très clairement pour une orientation populiste. Cette stratégie et ce nouveau positionnement dans le système de partis autrichien furent vite couronnés de succès. La rupture de l'alliance gouvernementale ayant provoqué des élections législatives anticipées en novembre 1986, Haider put éprouver très tôt les bienfaits de son choix, puisque le FPÖ doubla son audience électorale (9,73 % des voix), obtenant 18 députés (contre 12 dans l'assemblée précédente).

Autre exemple de conversion, la transformation au début des années 1990 du Movimento sociale italiano (MSI), formation héritière du mouvement fasciste, en une Alleanza nazionale (AN) qui évolua rapidement vers un conservatisme plus traditionnel[1]. Là encore, deux éléments ont présidé à la re-formation de ce parti politique : un changement de leadership, qui consacre l'arrivée à la tête de Gianfranco Fini en 1991, après un premier passage avorté de celui qui était pourtant considéré comme l'héritier déclaré de Giorgio Almirante, leader historique du parti néo-fasciste ; un changement des équilibres politiques traditionnels en Italie, avec la déliquescence rapide de la démocratie chrétienne, emportée par les affaires de corruption, et qui était la clef de voûte du système politique italien depuis la guerre.

Comme dans le cas du FPÖ, cette re-fondation – devenue effective lors du congrès de janvier 1995 – a vite débouché sur l'acquisition d'une influence et d'une place significatives dans le système politique italien. Cantonnée jusque-là à des niveaux de représentation relativement faibles si l'on excepte un bref intermède au début des années 1970, l'Alleanza nationale (ex-MSI) est devenue depuis sa transformation un parti important de la droite italienne. Crédité de 15,7 % des suffrages aux élections législatives de 1996, le parti de Fini est l'un des éléments clefs de l'alliance organisée autour de Forza Italia, le parti de Silvio Berlusconi, au point d'avoir déjà effectivement participé à la majorité gouvernementale après les élections législatives de 1994.

Pour ces différentes raisons, l'AN est sans doute à présent un cas « limite » si l'on cherche à procéder à une recension et à une classification des formations « populistes ». Sa normalisation tant du point de vue idéologique que de la stratégie et du positionnement électoral en fait aujourd'hui une formation conservatrice assez classique dont la référence explicite est le RPR français. Ses relations avec le Front national français se sont d'ailleurs notablement dégradées depuis sa métamorphose. Par ailleurs, sur le plan interne, la prise de contrôle du parti par Fini et par une nouvelle classe de jeunes dirigeants a suscité le départ de certains nostalgiques du fascisme et du MSI, regroupés autour de Pino Rauti

1. Ignazi P., « La recomposition de l'extrême droite en Italie », *Pouvoirs*, n° 87, 1998, pp. 83-93.

dans un Movimento Sociale – Fiamma Tricolore qui incarne sans doute plus directement la permanence d'une extrême droite résolument fasciste.

Dernière dynamique de création isolable, la fusion de différentes organisations préexistantes dans un seul et même mouvement, cette fusion étant en outre généralement synonyme de nouvelle orientation liée à la nécessité d'entretenir le plus petit dénominateur commun aux mouvements originels. Trois exemples principaux, nous l'avons vu, viennent ici à l'esprit, même s'ils comportent des différences profondes, à savoir le Front national, la Lega Nord et le Vlaams Blok.

Le premier est apparu formellement en 1972 à la suite de la réunification de plusieurs groupuscules d'extrême droite[1]. Il s'agissait alors pour un certain nombre d'activistes venant d'horizons divers (anciens partisans de l'Algérie française, nostalgiques de Vichy, émules du poujadisme...) de redonner une cohérence à une tendance politique laminée par l'instauration de la Ve République et la reformation de la droite française autour de diverses formations gaullistes. Deux groupes essentiels structuraient le FN à ses débuts. Ordre nouveau, créé en 1969 pour entamer un renouveau organisationnel et idéologique de l'extrême droite, et les « nationaux » regroupés autour de Jean-Marie Le Pen. Le mouvement d'extrême droite devait connaître dans les années suivantes autant de scissions que d'adhésions : dans la première catégorie, l'événement majeur intervint en 1974 avec la création du Parti des forces nouvelles, composé pour l'essentiel d'anciens membres d'Ordre nouveau, mécontents de la prise de pouvoir au sein du FN par Le Pen et ses alliés ; dans la seconde catégorie, on note par exemple l'absorption en 1977 d'un courant catholique intégriste, essentiellement autour du mouvement Chrétienté Solidarité et de son leader Bernard Antony.

L'évolution erratique du FN devait alors durablement, entre

---

1. *Cf.* Birenbaum G., *Le Front national en politique*, *op. cit.* ; Camus J.-Y., Mayer N. et Perrineau P. (dir.), *Le Front national à découvert*, *op. cit.* ; Perrineau P., *Le Symptôme Le Pen*, *op. cit.*

autres facteurs, limiter son audience électorale. Toujours crédité de moins de 1 % des voix aux différents scrutins des années 1970, le FN et son leader se retrouvèrent même exclus de la compétition électorale lors de la présidentielle de 1981, Jean-Marie Le Pen ne pouvant obtenir les 500 signatures d'élus nécessaires à toute candidature. Il fallut attendre 1983-1984 pour que le parti puisse disposer d'un début de visibilité politique et électorale, d'abord localement grâce à certains scores notables lors des municipales de 1983 (à Dreux notamment, où le FN était animé par les époux Stirbois), puis lors des élections européennes de 1984, où le parti d'extrême droite obtint 11 % des suffrages exprimés. L'audience électorale du FN ne cessa ensuite de croître, atteignant 15,3 % des voix lors du premier tour de l'élection présidentielle de 1995, meilleur score obtenu par le FN et son leader à ce jour.

La dynamique est analogue lorsque l'on examine les conditions d'apparition et de structuration de la Lega Nord, laquelle s'est constituée sur un terreau favorable à partir d'une multitude d'organisations aux revendications régionalistes disparates voire concurrentes. Toutes les nuances sont loin d'avoir disparu, mais le leadership efficace quoique fruste de Bossi, combiné aux premiers succès électoraux, a permis à la Lega lombarda, devenue Lega Nord, de jouer un rôle fédérateur.

Enfin, en ce qui concerne le Vlaams Blok, si la situation originelle comporte des analogies avec ce qui a pu se passer pour le FN et la Lega, l'enracinement du parti possède des particularités. Comme les deux formations précédentes, il est d'abord le fruit d'une restructuration de différentes tendances plus ou moins latentes. La formation flamande est en effet l'héritière d'une double tradition régionaliste et national-socialiste présente de longue date dans cette partie de la Belgique. Conçu à l'origine en 1978 comme un bloc électoral, le VB rassemblait alors essentiellement des nationalistes flamands opposés à la participation du parti nationaliste Volksunie à un gouvernement national[1] et une

1. Ces nationalistes traditionnels en rupture de ban créèrent en 1977 le Vlaams-Volkspartij (VVP).

frange plus radicale assumant un héritage national-socialiste et collaborateur, rassemblée autour de Karel Dillen, fondateur et leader du Vlaams-Nationale Partij. De manière similaire à ce qui se produisit pour le Front national, la conversion et la structuration du Vlaams Blok en un mouvement autonome devaient se faire essentiellement autour de l'une des deux forces originelles, en l'occurrence le Parti nationaliste radical de Dillen.

L'enracinement au VB suivit cependant une dynamique différente. Le succès au VB apparut d'abord dans une ville, Anvers, où le Parti nationaliste flamand connut une audience électorale notable dès 1987, avec 10,1 % des voix à l'occasion d'élections législatives. C'est donc à partir d'une ville et d'un canton que l'enracinement du Vlaams Blok s'est développé, le parti nationaliste flamand étant même devenu, avec 28 % des voix, le premier parti du canton en 1994, à l'occasion d'élections municipales. L'extension de l'audience électorale est en outre toujours restée limitée à la Flandre, principalement autour de trois pôles : Anvers, Gand et Bruxelles. Aucune extension ne s'est produite en Wallonie, cette région ne disposant pas pour sa part d'une formation nationaliste « équivalente[1] ».

Au-delà des spécificités propres à chaque parcours, ces modes d'émergence se caractérisent malgré tout par deux éléments communs dont la collusion est sans doute au principe du surgissement électoral de ces formations inégalement populistes.

Le premier facteur est lié à la prise de contrôle du parti par une nouvelle élite dirigeante, et notamment par un leader charismatique, qui permet de fédérer des organisations jusque-là disparates, voire concurrentes. Le charisme des différents acteurs isolés

1. *Cf.* De Witte H., « On the "Two Faces" of Right-Wing Extremism in Belgium », *Res Publica*, vol. 38, n° 2, 1996, pp. 397-411. Voir également Luther K. R., « Populism and Consociational Democracies (Austria, Belgium, The Netherlands, Switzerland) », communication au colloque « Populism », RSC/IUE, Florence, 14-15 janvier 2000. On rappellera cependant qu'un Front national belge put recueillir 7,9 % des voix en Wallonie à l'occasion des européennes de 1994, avant de connaître plusieurs scissions.

le plus souvent permis de compenser les dynamiques centrifuges alimentées par l'atomisation traditionnelle de l'extrême droite, l'isolement habituel qui la caractérise et la relative faiblesse, au moins dans un premier temps, des structures organisationnelles du parti. De manière plus précise, on peut remarquer que la légitimité du leader repose non seulement sur un charisme et un style qui lui sont propres, mais également sur le fait que c'est un homme d'appareil (c'est le cas pour Haider et Fini) ou tout au moins un acteur présent depuis longtemps dans cette mouvance politique (Le Pen et Bossi entrent dans cette catégorie).

Deuxième élément, exogène cette fois, la crise du système politique va accélérer les recompositions des formations et des alliances, ouvrant une conjoncture favorable à l'émergence de ces nouvelles formations. Ce fut le cas en France au début des années 1980, l'échec du « socialisme à la française » et le tournant de la rigueur de 1983 radicalisant une partie de la droite, tandis que le Parti communiste, à la fois intégré et affaibli par la participation au gouvernement, épuisait les ressources qui lui avaient permis de remplir jusque-là cette fonction tribunitienne de « défense du peuple » identifiée par Georges Lavau[1]. Un tel choc, exogène au parti lui-même, recouvre également la situation italienne dans les années 1990. Analysant les conditions d'émergence et de transformation du MSI/AN (mais on pourrait appliquer un raisonnement analogue à la Lega), Ignazi note que « ce n'est que grâce à un changement historique du système, des principaux acteurs politiques, des rapports entre partis ou entre partis et électeurs que le MSI entre en jeu[2] ».

Ces parallélismes dans le mode d'émergence des différents partis ne doivent pas faire oublier les variations d'un pays à l'autre (*cf.* tableau n° 7), en raison de l'extrême variété des structures d'opportunité politique qui s'offrent aux mouvements contestataires. Élément commun à l'ensemble des pays, l'irruption de ces nouveaux partis, qui ont tous plus ou moins valorisé le thème de

1. *Cf.* Lavau G., *À quoi sert le PCF ?*, *op. cit.*
2. Ignazi P., « La recomposition de l'extrême droite en Italie », *op. cit.*, p. 88.

l'immigration, n'est tout d'abord véritablement possible qu'au début des années 1980, lorsqu'une forme de xénophobie latente se transforme, avec l'approfondissement de la crise économique, en hostilité plus marquée.

Par ailleurs, l'irruption comme l'installation de ces partis dans les systèmes politiques nationaux restent très directement indexées aux dates respectives des crises politiques propres à chacun[1]. La « maturation » des éléments de crise intervient à ce titre beaucoup plus tôt en France, dès l'alternance socialiste « consommée » en 1983-1984, tandis que les autres pays, et notamment l'Italie, ne connaissent de véritable situation de crise que dans les années 1990, avec le déclenchement de l'opération Mani pulite comme détonateur du mouvement. Cette périodisation variable laisse également penser que l'essor du FN et son intégration rapide et durable au jeu politique ont pu servir de référent, positif ou négatif selon les cas, pour les autres formations populistes alignant une partie de leur stratégie et de leurs structures sur le parti français. Le parti le plus directement concerné par cet effet de mimétisme a sans doute été de ce point de vue le Vlaams Blok flamand, sur la base de relations interpersonnelles durables entre les différents leaders, mais également par le biais de liens organiques, notamment dans le cadre de l'Euro-droite[2]. Cette influence du FN sur le VB se traduisit notamment par l'intégration d'un programme social visant à drainer vers le parti nationaliste flamand de nouvelles clientèles électorales, plus populaires et d'origine ouvrière[3].

1. *Cf.* Dobry M., *Sociologie des crises politiques*, Paris, Presses de la FNSP, 1992.

2. Il s'agissait en fait d'un « groupe technique d'Eurodroite », créé au Parlement européen en 1989, après les succès parallèles du Vlaams Blok, du FN et des Republikaner allemands aux élections européennes de 1989. On ajoutera que ces liens privilégiés entre FN et VB restent suspendus aux désaccords récurrents qui apparaissent en raison des revendications des nationalistes flamands sur la Flandre française et qui ont pu alimenter certaines tensions.

3. Comme le notent De Witte et Scheepers, « à l'instar du FN en France, le Vlaams Blok s'efforce en effet de s'approprier les thèmes et les symboles du mouvement ouvrier », De Witte H. et Scheepers P., « En Flandre : origines, évolution et avenir du Vlaams Blok et de ses électeurs », art. cité, p. 112.

Autre précision, l'arrivée et/ou la prise de pouvoir d'un leader charismatique ne suffisent pas toujours à consacrer l'émergence du populisme sur la scène électorale et à en assurer la pérennité. Dans le cas du FN par exemple, c'est plus la crise du système politique qui constitue l'élément déclencheur, le parti n'obtenant d'audience électorale significative qu'en 1984, soit douze ans après sa création et la prise de pouvoir de Jean-Marie Le Pen. Inversement, dans le cas du Vlaams Blok, la nouvelle génération de leaders charismatiques (Frank Vanhecke et Philip Dewinter notamment) arrive à la tête du parti après les premiers succès électoraux enregistrés sous la direction du leader historique du mouvement, Karel Dillen. Dans ces deux cas, c'est essentiellement la variable exogène, à savoir la crise du système de partis, qui joue le rôle de détonateur, alors que le renouveau du leadership et la refonte du parti paraissent fondamentaux dans le cas du FPÖ et de la Lega.

Tableau n° 7. Percée et enracinement des formations « populistes »

	FN	*FPÖ*	*Lega*	*Vlaams Blok**
Création	1972	1956	1989	1978
Première élection	0,2 %	-	-	2,1 %
Nouveau(x) leader(s)	–	1986	–	1996
Percée électorale	1984 (E) 11,4 %	1990 (L) 16,6 %	1992 (L) 8,6 %	1991 (L) 10,3 %
Dernières législatives	15,7 %	27 %	10,1 %	9,9 %
Européennes 1999	9 %**	23,4 %	4,5 %	15 %

* Flandre uniquement

** Front national + Mouvement national

(E : Européennes ; L : Législatives ; Dernières législatives : Italie (1996), France (1997), Autriche et Belgique (1999).

L'émergence de ces partis dans les démocraties européennes dépend donc d'une multitude d'éléments favorables, inégalement présents selon les pays et surtout qui font système à des périodes distinctes et avec un degré d'intensité variable. La conjonction de dynamiques sociopolitiques communes à l'ensemble des pays européens, ainsi que nous l'avons identifiée dans le chapitre précédent, ne détermine pas mécaniquement l'éclosion du phénomène populiste sur la scène électorale. Seule l'adjonction de facteurs proprement nationaux et l'existence d'une véritable offre politique semblent capables de convertir cette réactualisation de la tension populiste en mouvements constitués.

Des caractéristiques structurelles ?

La qualification des dynamiques structurelles propres aux organisations qualifiées de populistes a souvent tourné autour de la dichotomie parti/mouvement, avec des réponses penchant généralement vers cette seconde option. Dans la mesure où le populisme est porteur d'un discours et de schèmes idéologiques antiélitaires et antisystème, il paraissait en effet logique que les modes d'organisation et de mobilisation s'orientent vers des structures souples, l'agrégation des revendications et la mobilisation des soutiens fonctionnant autour de la figure charismatique du leader[1]. Les exemples abondent dans le passé de l'incapacité congénitale des courants populistes à déboucher sur la constitution de partis politiques fortement structurés. Ainsi, le mouvement initié par Pierre Poujade au milieu des années 1950 en France fit la preuve de ses limites en se montrant incapable de jouer durablement le jeu classique des institutions. Les ambiguïtés de Pierre Poujade

1. *Cf.* notamment Mudde C., « The Paradox of the Anti-Party Party », *Party Politics,* vol. 2, n° 2, pp. 265-276.

lui-même, les incertitudes idéologiques et programmatiques de l'organisation ainsi que l'attraction exercée par de Gaulle sur une partie de l'électorat poujadiste à partir de 1958 se conjuguèrent pour mettre fin à cette initiative populiste antifiscale.

Autre exemple, le mouvement populiste aux États-Unis, même s'il semble faire l'objet d'une forme de tradition réactivée périodiquement, a toujours buté sur l'étape d'une institutionnalisation persistante. Ainsi, le People's Party, actif à la fin du XIXe et au début du XXe siècle, fut incapable de s'immiscer durablement dans le duel entre Parti démocrate et Parti républicain qui structure la compétition politique aux États-Unis. Seuls certains leaders bien enracinés localement, comme Huey Long en Louisiane dans les années 1920-1930, réussirent une implantation qui ne se perpétua pas cependant au-delà de leur propre carrière politique[1]. Même l'entrée en politique de Ross Perot, semblable par certains aspects à l'émergence de Berlusconi dans le champ politique italien, ne s'est pas traduite par une perturbation significative d'un système de partis toujours structuré autour des Partis républicain et démocrate, et ce malgré les succès personnels relatifs de Perot aux deux dernières élections présidentielles.

De ce point de vue, la principale originalité du populisme contemporain en Europe[2] réside sans doute dans la viabilité des organisations et des leaders populistes dans la compétition politique. Contrairement à leurs devanciers qui ne parvinrent jamais à réaliser durablement cette « conversion » dans le champ politique, ce qui frappe dans les mouvements contemporains c'est leur capacité et leur stratégie délibérée d'enracinement dans le système politique. Si l'on s'arrête par exemple au cas français, le contraste est évident entre le poujadisme et le FN, ce dernier

1. Sur Huey Long, outre les références académiques déjà citées (essentiellement Kazin M., *The Populist Persuasion*, *op. cit.*), on pourra lire le roman classique de Robert Penn Warren, *Les Fous du roi*, Paris, Phébus, 1999, qui marque bien les ambiguïtés du populisme et des acteurs qui l'incarnent.

2. On pourrait même étendre cette appréciation aux États-Unis au vu des candidatures successives de Ross Perot à la présidence.

bénéficiant d'un véritable enracinement depuis son émergence en 1983 lors des élections municipales à Dreux et surtout depuis 1984 lors des élections européennes. De la même façon, la conversion du FPÖ et de Alleanza nazionale ont permis à ces deux formations de sortir effectivement et durablement de leur marginalité politique, au point de devenir des forces d'appoint pour les nouvelles coalitions gouvernementales conservatrices.

Cette particularité du populisme contemporain semble tout d'abord s'expliquer par les caractéristiques organisationnelles des formations étudiées ici, qui paraissent atypiques par rapport aux traditions établies du populisme en politique. Ainsi, on avance parfois que c'est précisément l'organisation systématique du Front national sur le modèle partisan classique (en l'occurrence, et de manière tout à fait explicite et consciente, le Parti communiste français[1]), et sa volonté de participer le plus rapidement possible à toutes les formes d'élections envisageables, qui sont au principe, parmi d'autres facteurs, de sa présence durable dans le système de partis français. Autre forme de « distinction », les partis « populistes » contemporains se caractérisent par une très nette différence d'attitude et de mobilisation par rapport aux modes de participation politique valorisés par les mouvements « postmatérialistes » : alors que ces derniers, notamment les écologistes, ont favorisé et développé la mobilisation de répertoires d'action « non conventionnels », c'est-à-dire ne rejoignant pas les formes traditionnelles de la participation politique (*cf.* notamment la difficulté éprouvée en France par les écologistes à installer durablement une organisation et un leadership dans le système de partis), le populisme contemporain se distingue là encore en prenant plus volontiers la forme d'organisations partisanes relativement traditionnelles dans leur forme et leur mode de fonctionnement.

Cette « normalité » organisationnelle et positionnelle des partis « populistes » contemporains repose sur des critères convergents.

---

1. *Cf.* Birenbaum G., *Le Front national en politique, op. cit.,* sur ce point.

Pour la plupart, ces formations sont bien aujourd'hui des partis politiques classiques, associant des structures centrales (« assemblée » du parti, organe central, présidence et/ou comité de gestion restreint...) à des antennes locales bien organisées et hiérarchisées. Ainsi, pour ce qui concerne le Front national, on note l'importance d'une phase de structuration qui a suivi les premiers succès électoraux. Les principaux organes se mirent alors véritablement en place, notamment le bureau politique et le comité central, cependant que des organes locaux s'installaient de manière systématique sous l'autorité de Jean-Pierre Stirbois, alors secrétaire général du parti. Les fédérations et les sections s'organisèrent pour permettre une meilleure information interne, en particulier pour diffuser les outils de propagande et pour assurer une formation homogène aux élites partisanes. De la même façon, après les premiers succès enregistrés localement dès 1987, le Vlaams Blok s'est attaché à disposer d'une structure organisationnelle centralisée, mais comportant également un plus grand nombre de sections locales et de secrétariats d'arrondissement. De plus, comme pour le FN, l'harmonisation interne du parti a pu s'appuyer sur des structures spécialisées, notamment un institut de formation situé à Bruxelles, qui assure la diffusion de l'information et des ressources rhétoriques propres au parti nationaliste flamand.

Ce dernier exemple nous conduit à apporter une légère nuance. Loin d'être toujours fondés sur la structuration d'antennes locales, certains partis « populistes » régionalistes, spécialement le Vlaams Blok et la Lega, défendent des thèses et des revendications qui leur interdisent en pratique toute extension véritable de leur champ d'influence au-delà de la sphère originelle. Le Vlaams Blok est ainsi fermement arrimé à la Flandre belge et ne peut trouver d'équivalent en Wallonie. De la même façon, la Lega s'est créée et s'est intégrée au système politique italien en consacrant une rupture nord/sud de la Péninsule. Dans ce dernier cas, cependant, la Lega a pu tenter, assez paradoxalement, de valoriser et de soutenir des organisations plus ou moins fantoches, ayant pour vocation de décliner les caractéristiques et les discours du parti frère dans le centre, voire dans le sud de la Péninsule. C'est ainsi que fut créée par exemple une Lega toscana, qui avait essentiellement pour vocation d'étendre l'audience électorale de Bossi au-delà de sa sphère d'influence originelle mais dont l'impact a été quasi nul.

Plus que des partis de masse, on peut cependant avancer que ces formations sont caractérisées par deux traits dominants : 1) ce sont avant tout des partis de militants [1] qui disposent par ailleurs de nombreuses structures périphériques qui leur conservent pour partie leur aspect initial de « mouvement »; 2) ce sont des partis fortement centralisés où la démocratie interne passe après les exigences d'un leadership charismatique.

La plupart de ces formations ne comptent en effet pas beaucoup d'adhérents, ce qui ne permet pas de les qualifier de « véritables partis de masse », mais leur base militante se caractérise par une intense activité et souvent par un très grand dévouement, voire une dévotion absolue à l'égard de l'organisation et de son chef. Réduit à quelques milliers d'adhérents au début des années 1980, le FN n'en comptabilise que 42 000 aujourd'hui, tandis que le FPÖ n'en rassemblait que 45 000 [2] en 1996, le Vlaams Blok se limitant à quelque 10 000 personnes. Ces chiffres relativement faibles ne doivent pas cacher cependant qu'il s'agit le plus souvent de militants extrêmement actifs, fréquemment mobilisables et qui assurent au parti une visibilité et une audience,

1. *Cf.* Orfali B., *L'Adhésion au Front national. De la minorité au mouvement social*, Paris, Kimé, 1990; Laffont V., « Militer sur enjeux, immigration et autres. Pour comprendre les militants du FN », Congrès de l'Association française de science politique, Rennes, 1999, table ronde n° 5, « Le national-populisme en Europe », rapporteur général : Pascal Perrineau; Klandermans B. et Mayer N., « Militer à l'extrême droite », *ibid.* Pour un témoignage, voir l'ouvrage d'Anne Tristan, *Au Front*, Paris, Le Seuil, 1987.

2. Chiffre qui contraste fortement avec la tradition des grands partis autrichiens, SPÖ et ÖVP, qui rassemblent chacun 500 000 adhérents environ. Cette singularité du parti de Jörg Haider rejoint d'ailleurs d'une certaine façon sa dénonciation de la mainmise des partis traditionnels sur l'ensemble de la société autrichienne.

notamment au niveau local, sans commune mesure avec le nombre de personnes effectivement recensé. Dans le cadre d'une enquête comparative dirigée par Nonna Mayer et Bert Klandermans, l'analyse du profil des militants d'un certain nombre de formations contemporaines d'extrême droite a pu mettre en évidence la « normalité » de ces militants, contrairement à certaines idées reçues qui en font des individus déviants caractérisés par une personnalité autoritaire[1] aux accents pathologiques. Selon Mayer et Klandermans, « leurs motivations, à bien des égards, ressemblent à celles des militants de gauche, faites de passion pour la politique et la chose publique, de dévouement à une cause et d'altruisme, au moins à l'égard de ceux que l'on considère comme les siens. Et les bénéfices tirés de cet engagement sont de même nature, l'identification à un groupe qui devient une seconde famille et dispose d'une clé d'explication du monde[2] ». Cette « normalité » se teinte malgré tout d'une violence plus marquée ou d'une représentation plus radicale de la société chez certaines fractions des militants, particulièrement au sein des organisations les plus extrémistes, comme le Vlaams Blok flamand, ou de certains courants, les cercles militants ancrés dans l'extrême droite traditionnelle au Front national par exemple.

Au-delà du parti lui-même, ce qui frappe cependant chez ces formations partisanes, c'est l'importance des organismes périphériques qui font plus volontiers d'elles les éléments centraux de « nébuleuses » politiques plus vastes et plus complexes. Le Front national dispose de diverses structures associées qui ont pour vocation de drainer des ralliements au sein de pôles très variés de la société. Le parti d'extrême droite s'appuie par exemple sur une formation destinée à la jeunesse (le Front national de la jeunesse ou FNJ), sur une organisation d'anciens combattants (le Cercle national des combattants), mais également sur une maison d'édi-

---

1. *Cf.* l'ouvrage classique d'Adorno T., Frenkel-Brunswick E., Levinson D. et Sanford N., *The Authoritarian Personality*, New York, Harper & Row, 1950.

2. Klandermans B. et Mayer N., « Militer à l'extrême droite », *op. cit.*, pp. 24-25.

tion (Éditions nationales) et des organes de presse plus ou moins directement liés au parti (le quotidien *Présent*, *National-Hebdo*, *Minute...*) qui ont pour but de diffuser ses positions et sa propagande. De la même façon, le FPÖ dispose d'organisations périphériques destinées à la jeunesse (Ring Freiheitlicher Jugend) à certaines catégories socioprofessionnelles (notamment les professions libérales) ou encore aux personnes âgées[1]. Ainsi, « par le biais de ces organisations, le parti est partout présent dans la société autrichienne et peut mener des campagnes ciblées[2] ».

De manière plus spécifique, on remarque que, ces dernières années, la quête de nouveaux soutiens électoraux a parfois conduit ces différentes formations à rechercher une « extension du domaine de la lutte » sur le terrain syndical. Ce fut le cas très clairement du Front national, après que ses dirigeants eurent pris conscience qu'il s'agissait là d'un nouveau réservoir de voix possible. À partir de 1995 – soit après l'élection présidentielle où Jean-Marie Le Pen est parvenu à réunir sur son nom les suffrages de 30 % de l'électorat ouvrier et de 25 % des chômeurs –, « le FN entrepr[it] de tisser un réseau d'organisations syndicales qui jusqu'alors n'a[vait] pas été le point fort de l'extrême droite française[3] ». Cette stratégie se concrétisa rapidement par la création d'une myriade d'organisations syndicales aussi bien dans les professions qui constituaient traditionnellement l'un des terreaux favorables à l'expansion du FN (syndicats de policiers ou des personnels pénitentiaires) que dans d'autres sphères sociales, notam ment le service public (FN-RATP, Mouvement pour un enseignement national, FN-Poste...). Même dynamique récemment pour le Vlaams Blok, que sa stratégie socialisante et ouvriériste a conduit

1. Patrick Moreau souligne à propos de cette formation particulière qu'elle rassemble plus de 50 000 personnes, « soit 20 % de plus de membres que le FPÖ n'en compte sur le papier », « Le Freiheitliche Partei Österreich, parti national-libéral ou pulsion austro-fasciste ? », *Pouvoirs*, n° 87, 1998, p. 63.

2. *Ibid.*, p. 63.

3. Perrineau P., *Le Symptôme Le Pen*, *op. cit.*, p. 88.

à participer aux mobilisations qui ont entouré le conflit social lié à la fermeture de l'usine Renault de Vilvorde[1].

Cet infléchissement conforte en termes organisationnels la volonté de ces partis de reprendre à leur compte une « fonction tribunitienne » jadis occupée par le Parti communiste dans le cas français ou auparavant accaparée et partagée par les partis traditionnels[2].

L'indétermination relative des structures[3] permet également à ces partis de conserver dans leurs organisations et leur mode de fonctionnement le caractère hybride que leur confère un positionnement particulier dans le système de partis. Ils se singularisent en effet par un balancement constant entre des comportements loyalistes, caractérisés par la volonté de participer le plus largement possible aux compétitions électorales (y compris pour les instances de représentation syndicale) et la caution qu'ils apportent parfois à certains comportements ou certaines pratiques antisystème. Là encore, le Front national offre plusieurs exemples de comportements liés à cette hybridation caractéristique du populisme en politique. Les ambiguïtés savamment entretenues sur les agissements de groupes violents dont les membres adhèrent au Front national, voire les appels récurrents à de possibles mobilisations insurrectionnelles[4] montrent que la

---

1. Sur ce conflit, voir Lagneau É. et Lefébure P., « La spirale de Vilvorde », *Cahiers du Cevipof*, n° 22, janvier 1999.

2. *Cf.* l'exemple autrichien, où le SPÖ pouvait jouer un rôle de ce type à l'encontre de certaines fractions de la population ouvrière, tandis que l'ÖVP drainait une partie des mécontentements de la population rurale.

3. Patrick Moreau note de manière intéressante que le FPÖ, qui était d'abord un parti politique relativement bien identifié et structuré, s'est progressivement transformé en un « mouvement des citoyens » après l'arrivée de Haider à sa tête. *Cf.* Moreau P., « Le Freiheitliche Partei Österreich, parti national-libéral ou pulsion austro-fasciste ? », art. cité. Voir également Luther K., « Die Freiheitlichen », *in* Dachs H. *et al.* (dir.), *Handbuch des politischen Systems Österreichs*, Vienna, Manz, pp. 286-303.

4. La dernière « poussée de fièvre » de ce type date sans doute de 1996, lorsque des mots d'ordre « révolutionnaires » furent distillés par plusieurs leaders du FN. Ainsi, Jean-Marie Le Pen, dans une interview au quotidien Sud-

nébuleuse formée autour de l'organisation principale permet non seulement de s'attacher des ralliements variés, mais également autorise le parti d'extrême droite à mobiliser différents modes de participation et différents répertoires d'action collective. Les déclarations fracassantes de Haider – notamment l'affirmation réitérée selon laquelle la politique de l'emploi du IIIe Reich était « normale[1] » – sont un autre exemple de la tendance de ces formations et de leurs leaders à balancer constamment entre la recherche d'une véritable institutionnalisation et la propension à la diabolisation, qui permet d'entretenir le caractère atypique et hors système du parti.

Le même phénomène est observable au sein de la Lega qui participe à toutes les élections et se prête aux alliances les plus opportunistes tout en revendiquant l'autonomie, voire l'indépendance de la « Padania » et en agitant parfois la menace d'une mobilisation armée... que personne ne prend réellement au sérieux.

Pour gérer les tendances centrifuges qu'alimente cette ambivalence, ces formations politiques reposent en définitive sur deux ciments organisationnels : a) un leadership charismatique qui débouche le plus souvent sur le culte du chef; b) la focalisation des prises de position sur un enjeu particulier, l'immigration.

Au-delà de ces différences structurelles, il reste évident que la

---

Ouest en date du 22 mars 1996, déclarait alors : « Nous nous battons pour que ce sursaut [du peuple français] se manifeste de la manière la plus pacifique possible, à travers les élections. Mais si les structures de l'État ne permettent plus l'expression de la volonté réelle du peuple, il appartient alors à celui-ci d'invoquer le droit à l'insurrection, prévu dans le préambule de la Constitution », cité *in* Perrineau P., *Le Symptôme Le Pen, op. cit.,* p. 86-87.

1. Le 21 juin 1991, en pleine séance du parlement de Carinthie, région dont il était alors le gouverneur, Haider déclara : « sous le IIIe Reich, on a mené une politique de l'emploi normale, ce que n'arrive même pas à faire votre gouvernement, à Vienne », cité *in* Moreau P., « Le Freiheitliche Partei Österreich, parti national-libéral ou pulsion austro-fasciste? », *op. cit.*, p. 66. Le scandale provoqué par cette déclaration obligea Haider à démissionner d'un poste qu'il devait retrouver quelques années plus tard, poste qu'il occupe toujours actuellement.

personnalisation, qui fut le plus souvent, comme on l'a vu, au principe de la constitution de ces différents partis, a continué par la suite à former l'une de leurs principales caractéristiques structurelles. Comme l'écrit Paul Taggart, « pour les néopopulistes, le leadership n'est pas un simple ingrédient : c'est l'essence même de leur message comme de leur parti [1] ». Dans tous les cas recensés ici, la structuration du parti autour d'une figure charismatique constitue le ciment du discours partisan et le vecteur privilégié de mobilisation et de fidélisation de l'électorat. L'organisation elle-même est structurée dans ce sens. Ainsi, pour le FPÖ, tout l'appareil du parti est conçu comme un tremplin pour l'accès possible de Haider au poste de chancelier, Patrick Moreau estimant à ce titre que « le FPÖ des années 1990 est avant tout l'objet et le reflet de la personnalité de son chef [2] ». De la même façon, les modes de fonctionnement internes du Vlaams Blok garantissent la centralisation du pouvoir au profit d'un comité directeur dont les membres ne sont pas élus, pas plus que ne l'est le président du parti.

La crise récente du Front national français, qui a conduit à la scission de 1999 entre le FN conduit par Jean-Marie Le Pen et les partisans de Bruno Mégret réunis dans le Mouvement national, prouve même *a contrario* l'importance décisive du leadership pour ces formations. L'origine du conflit était liée à l'obligation pour le FN de trouver une tête de liste pouvant se substituer à Jean-Marie Le Pen au cas où il serait déclaré inéligible par la justice à la suite de certains égarements lors de la campagne pour les législatives de 1997 [3]. Anticipant dès l'été 1998 sur son inéligibilité, Jean-Marie Le Pen déclara son intention, conformément à

1. Taggart P., « New Populist Parties in Western Europe », *West European Politics*, vol. 18, n° 1, janvier 1995, p. 41.

2. Moreau P., « Le Freiheitliche Partei Österreich, parti national-libéral ou pulsion austro-fasciste ? », art. cité, p. 64.

3. Dans la circonscription de Mantes-la-Jolie, où Le Pen était venu apporter son soutien à sa fille candidate, le leader du FN s'était rendu coupable d'une agression physique sur l'adversaire socialiste de sa fille.

une tradition établie de son parti[1], de proposer à sa place, comme tête de liste du FN pour les élections européennes de 1999, sa propre femme. S'opposant à une telle décision personnelle, Bruno Mégret proposa alors sa propre candidature, arguant de son statut de numéro deux du parti pour justifier une telle décision. Le Pen estimant qu'il n'y avait pas de numéro deux pour la simple et bonne raison qu'il n'y avait qu'un chef, le FN se lança alors dans une lutte interne sanctionnant non seulement un combat des chefs, un désaccord sur la stratégie à suivre (Mégret s'affichant plus favorable à des alliances éventuelles avec la droite traditionnelle), mais également une différenciation sociologique du parti[2]. Dans ce cas précis, seule la lutte pour le leadership et la scission qui s'ensuivit sont apparues comme des facteurs favorables à l'affaiblissement d'une formation dont l'audience et l'influence n'avaient cessé de croître jusque-là[3].

Autre ciment commun à l'ensemble des formations analysées ici, leur focalisation sur un enjeu particulier, celui de l'immigration[4]. Comme on l'a déjà évoqué partiellement (*cf.* chapitre IV), il est clair que ce thème a été pour beaucoup dans les conditions d'émergence et dans l'enracinement des partis étudiés, qui ont pu disposer ainsi d'une « glu » idéologique permettant de les distinguer sur l'échiquier politique. Il est clair que la publicisation pro-

1. Les invalidations successives de Bruno Mégret à Vitrolles (municipales de 1995) et de Jean-Marie Le Chevallier à Toulon furent contournées par la désignation de leurs épouses respectives comme candidates de substitution.

2. *Cf.* sur ce point l'ouvrage de Mayer N., *Ces Français qui votent FN*, *op. cit.*

3. L'issue de la crise invalide ainsi pour partie l'hypothèse, défendue par N. Mayer, d'une possible conversion du capital électoral hors de la figure charismatique du chef. Dans un article faisant suite aux législatives de 1997, N. Mayer estimait en effet que ces élections législatives avaient été l'occasion d'une poursuite de l'enracinement électoral du FN, désormais partiellement déconnecté du simple attachement au leader charismatique; *cf.* « Du vote lepéniste au vote frontiste », *Revue française de science politique*, 47 (3-4), juin-août 1997, pp. 438-453.

4. Ce point est parfaitement analysé par Hans-Georg Betz dans son ouvrage *Radical Right-Wing Populism in Western Europe*, *op. cit.*

gressive du thème de l'immigration au début des années 1980 a sans doute contribué à faciliter l'irruption du Front national dans le jeu politique français. Pour Pascal Perrineau, l'un des déclencheurs de cette émergence de la formation d'extrême droite se produisit « lors des élections municipales de mars 1983 qui [virent] la crise de confiance vis-à-vis de la gauche s'accentuer, [élections au cours desquelles] les thèmes de l'immigration et de l'insécurité, vecteurs privilégiés de la propagande d'extrême droite, [furent] repris et popularisés par le RPR et l'UDF. Avant de faire des voix, l'extrême droite gagn[a] les esprits[1] ». Une fois installée « légitimement » par la droite classique sur son agenda politique, l'immigration constitua par la suite une ressource inépuisable de discours et de revendications pour les leaders du FN qui appelèrent alors à préférer « l'original à la copie ».

Sur le plan idéologique[2], cet enjeu permit non seulement de donner des clefs interprétatives simplistes pour comprendre la crise socioéconomique, mais facilita la déclinaison des différentes acceptions du terme « peuple » dans un discours renouvelé. Stigmatiser les populations immigrées dans le contexte des boule versements socioéconomiques récents permet en effet de réactualiser les thèmes classiques de l'identité nationale menacée tout en autorisant la production de recettes de politique publique simplistes à l'intention des populations qui se sentent délaissées et débouchant sur une critique des dirigeants qu'on déclare incapables de trouver la solution appropriée aux problèmes du moment. Où l'on retrouve la triple acception de peuple-classe (les « petits » sont menacés par les « gros » et la mondialisation), de peuple-nation (atteint dans son identité propre) et de peuple-souverain (trahi par des élites permissives qui se sont éloignées de lui).

1. Perrineau P., *Le Symptôme Le Pen, op. cit.*, p. 32-33.

2. Pour le FN, *cf.* de nouveau les articles précieux de Pierre-André Taguieff, « La métaphysique de Jean-Marie Le Pen » et « Un programme "révolutionnaire" ? », *in* Perrineau P. et Mayer N. (dir.), *Le Front national à découvert, op. cit.*, pp. 173-194 et 195-227.

On comprend par là pourquoi le populisme n'est qu'une dimension parmi d'autres de partis ou de mouvements qui articulent le plus souvent des clientèles opposées, des discours contradictoires et des revendications disparates. La polysémie du terme « peuple » est là pour faciliter la tâche d'entrepreneurs politiques qui tirent leurs succès d'un réel charisme, d'une exposition continue dans les médias et de l'incapacité des partis traditionnels à produire en leur sein une alternative crédible pouvant conduire à une revitalisation de la politique. De manière significative, Patrick Moreau remarque sur ce dernier point, à propos des partis autrichiens face au FPÖ, que « les élites politiques démocratiques ont bien compris le danger de leur silence, mais ne peuvent y parer complètement. Elles laissent, ce faisant, la possibilité au FPÖ de populariser ses critiques et ses pseudo-recettes, dont les plus simples restent le repli du "peuple" sur son "sol national" et la lutte contre l'immigration[1] ».

On ajoutera que les trajectoires des différents partis recensés ici interdisent d'établir l'existence d'un type unique de formation auquel on pourrait affubler l'étiquette populiste, au moins pour ce qui concerne les caractéristiques structurelles. À la fois partis de militants, parfois même inclinant vers la formation d'une contre-société et *issue-parties* focalisés sur l'enjeu de l'immigra tion, les partis identifiés ici comme populistes revêtent des formes extrêmement variées qui incitent à parler, là encore, d'un populisme politique pluriel plutôt qu'à établir l'existence d'une catégorie générique. Ces différences sont liées à un faisceau complexe de facteurs et de phénomènes au sein desquels on pourra cependant distinguer brièvement les conditions de leur émergence, la nature de la structure d'opportunité qui s'est offerte à chacun d'eux, elle-même liée pour partie aux caractères politico-institutionnels propres à chaque régime et enfin aux cadres idéologiques légitimés par l'histoire de chaque pays. Toutefois, la stigmatisation des immigrés, boucs émissaires de toutes les formations

1. Moreau P., « Le Freiheitliche Partei Österreich, parti national-libéral ou pulsion austro-fasciste ? », art. cité, p. 78.

recensées ici, comme le leadership charismatique et le culte du sauveur, semblent en définitive les caractéristiques majeures de ces partis radicaux.

Un vote « populiste » ?

Au-delà des conditions d'apparition et des traits propres au populisme en politique, il reste à comprendre les caractéristiques principales des ralliements que ces formations, ces acteurs et ces discours ont pu susciter dans les pays européens. Plus précisément, l'hybridation et le positionnement particulier de ces formations dans les systèmes de partis nationaux donnent à penser que l'électorat des organisations populistes (encore une fois, au sens d'organisations pour lesquelles cette caractéristique est durablement présente) pourrait provenir de plusieurs classes d'individus, présentant les mêmes spécificités sur le plan socioéconomique et/ou politique. Ce qui nous intéresse par conséquent ici n'est pas de dresser un portrait comparé des électorats des formations de la droite radicale, mais plutôt de comprendre comment la tension populiste peut se décliner sous la forme d'un comportement électoral spécifique, autrement dit de déterminer s'il est possible d'identifier un vote populiste. Pour ce faire, il nous a paru intéres sant de tester certaines hypothèses découlant de l'acception accordée ici au terme « populisme » et de la perspective de recherche induite. Quatre affirmations nous semblent mériter un traitement particulier, qui recouvrent quatre types de population éventuellement et prioritairement mobilisables par les mouvements populistes : 1) les catégories socioprofessionnelles qui se sentent menacées par la mondialisation et l'immatérialisation de l'économie, notamment les petits artisans, les commerçants, les ouvriers ou encore les agriculteurs qui, pour des raisons partiellement propres à chacun, se sentent attachés à l'« ancienne économie »; 2) les individus qui se sentent actuellement exclus des mécanismes socioéconomiques, essentiellement les chômeurs ; 3) les individus qui sont caractérisés par une socialisation limitée – on s'attachera de ce point de vue à tester cette hypothèse sur deux instances particulières de socialisation, l'appartenance religieuse et les antécédents politiques familiaux ; 4) les acteurs insatisfaits par le fonctionnement actuel du système politique, attitude repérable dans les sondages d'opinion et/ou par un comportement électoral antérieur caractérisé par l'abstention ou un vote blanc ou nul.

Pour ce qui concerne tout d'abord les catégories socioprofessionnelles représentatives de l'« ancienne économie », nous avons envisagé trois groupes, à savoir les agriculteurs, les artisans et petits commerçants rassemblés sous le terme générique de « boutique », et les ouvriers. Les deux premières catégories constituent depuis les années 1950 et 1960, qui ont déjà conduit à une forte modernisation des sociétés européennes, un réservoir classique de l'électorat protestataire. Évoquant les positions des Français à la fin de la IVe République, Michel Winock, dans une forme d'inventaire à la Prévert, dressa par exemple la liste des groupes sociaux représentatifs d'une vieille France tentée par le poujadisme et caractérisée par une tendance réactionnaire[1] : « La France fut alors déchirée, non point entre la droite et la gauche, mais entre les adeptes de la modernité et les défenseurs de la société précapitaliste et malthusienne. [...] Dans le premier camp, on comptait tous les sectateurs du progrès, les ingénieurs saint-simoniens, les polytechniciens, les amis du genre humain, les curés progressistes, les femmes savantes, les élèves de l'ENA, les constructeurs automobiles, les syndicalistes, les lecteurs de Fourastié, les économistes de la croissance [...]. Dans l'autre camp, [...] la France du XIXe siècle, radicale, protectionniste, pavillonnaire, avec sa traînée de notaires, d'avoués, d'huissiers, de curés traditionalistes, de boulistes à béret basque, de chiens méchants, de murs sertis de tessons de bouteilles ». Cet ensemble existe tou-

1. Winock M., *La République se meurt*, Paris, Gallimard, 1985, pp. 18-19.

jours aujourd'hui, spécialement chez les agriculteurs, nostalgiques pour certains de ce quelque chose qui faisait le terroir d'antan français et désireux de lutter contre la mondialisation et la « malbouffe ». Nous avons ajouté à ces deux ensembles traditionnels la catégorie des ouvriers, dans la mesure où c'est la classe sociale qui a été le plus directement touchée par les crises économiques successives et par l'immatérialisation et la tertiarisation des économies occidentales, phénomènes qui se sont accélérés et systématisés dans les années 1980 dans la plupart des pays européens.

Les résultats apparaissent au sein du tableaux, qui détaille les votes de ces différentes catégories socioprofessionnelles pour les formations principalement étudiées ici, à savoir le FN, le FPÖ et la Lega lors des dernières élections législatives.

Tableau n° 8. CSP « menacées » et vote « populiste »

<table>
<tr><th></th><th>FN
(1997)</th><th>FPÖ
(1999)</th><th>Lega
(1996)</th></tr>
<tr><td>Agriculteurs</td><td>4</td><td>10</td><td rowspan="2">} 11,3</td></tr>
<tr><td>« Boutique »</td><td>26</td><td>33</td></tr>
<tr><td>Ouvriers</td><td>24</td><td>48</td><td>18,2</td></tr>
</table>

On remarque tout d'abord que les agriculteurs ne semblent guère se mobiliser pour promouvoir les formations « néopopulistes ». Même s'ils ont pu constituer dans certaines circonstances, et plus particulièrement au début de l'implantation électorale des partis considérés, une clientèle significative (17 % des agriculteurs votèrent pour le FN aux législatives de 1986, 16 % se ralliant encore au vote Le Pen lors de la présidentielle de 1995), la proportion d'agriculteurs votant pour ces partis s'est considérablement réduite depuis. Le FN ne draine plus à présent que 4 % des agriculteurs français, tandis que le FPÖ, avec 10 % de la population agricole, peine à concurrencer véritablement le ralliement traditionnel de cette classe sociale au parti conservateur, l'ÖVP (87 % des agriculteurs ont encore voté pour ce parti en 1999). Différentes raisons peuvent être avancées pour expliquer cette faiblesse relative. La profession agricole est d'abord relativement bien « tenue » par des organisations syndicales et par une forme de conformisme régional. Dans un article consacré au vote FN en Bretagne, Jean-Luc Richard estimait ainsi que c'était là une aire géographique peu encline à se rallier au FN en raison de la permanence de structures de socialisation et de représentation traditionnelles[1]. Par ailleurs, on peut penser que les tendances protestataires, au moins pour une partie de la population paysanne, valorisent d'autres formes de répertoires d'action collective qui échappent à l'arène électorale. Enfin, les évolutions récentes des dynamiques socioéconomiques n'ont fait que relayer une redéfinition de la place des agriculteurs dans la société, qui avait déjà largement produit ses effets dans les années 1960.

En revanche, les deux autres catégories socioprofessionnelles semblent constituer une clientèle privilégiée pour les formations retenues ici. En 1997, le FN a pu rallier environ 24 % de l'électorat ouvrier, chiffre qui s'élève jusqu'à 48 % dans le cas du FPÖ, tandis que la Lega a vu son influence s'accroître chez les ouvriers. Les discours protestataires et les explications simplistes fournies par la plupart des acteurs populistes sur les évolutions récentes semblent avoir joué à plein. Les leaders populistes ont en effet pu apparaître comme les seuls tenants d'un discours porteur à des individus en voie de déclassement, ressentant par conséquent les évolutions actuelles de l'économie et de la société comme autant de coups, alors même que les partis ouvriers traditionnels connaissaient le déclin (cas du PCF) ou se trouvaient associés à une gestion du pouvoir incapable de trouver une solution à la

1. Richard J.-L., « L'"extrême ouest" loin de l'extrême droite », *Revue française de science politique*, 46, n° 5, 1996, pp. 792-816. Jean-Luc Richard soulignait également l'importance de l'appartenance religieuse et le rôle particulier des femmes dans la société bretonne, autant de facteurs qui sont traditionnellement défavorables à une forte extension du vote frontiste.

crise (cas de la plupart des partis sociaux-démocrates). Analysant les ressorts du vote ouvrier favorable au Front national, Nonna Mayer a pu montrer qu'il s'agit là d'une forte pénétration dans un milieu traditionnellement étranger à l'extrême droite. Bien plus, c'est là où les indices d'appartenance à la classe ouvrière sont nombreux (attaches professionnelle, parentale, conjugale...) que le FN récolte à coup sûr des suffrages. Nonna Mayer en conclut que le vote FN « ne s'attaque pas à la périphérie du groupe mais à son cœur, aux éléments les plus intégrés à ce milieu, les ouvriers qui y sont nés, s'y sont mariés, y compris chez ceux qui revendiquent spontanément cette appartenance. En cela, toute proportion gardée, il peut se définir comme un vote de classe[1] ».

L'influence des partis « populistes » auprès du monde de la « boutique », tout en étant significative (26 % pour le FN, 33 % pour le FPÖ, 11,3 pour la Lega), est moins surprenante. Il s'agit là d'une clientèle traditionnelle de cette tendance politique, bien analysée par Pierre Birnbaum dans son étude des « petits contre les gros[2] ». Dès 1984 par exemple, lors de sa percée aux élections européennes, le FN a rallié pas moins de 17 % des artisans, petits commerçants, industriels et gros commerçants. L'originalité des mouvements dits populistes est donc ailleurs, pas seulement dans l'attraction d'un électorat ouvrier, mais surtout dans la concordance de deux segments de la société qui se positionnaient traditionnellement, de manière symétrique, aux deux pôles opposés de l'échiquier politique. Comme le note Pascal Perrineau, c'est « le malaise des deux pôles sociaux qui ont structuré pendant des décennies la société industrielle [qui] fait aujourd'hui le succès électoral du FN[3] ».

S'il existe un vote populiste, celui-ci se caractérise donc d'abord par la conjonction de populations non pas tant marginalisées qu'en voie de déclassement ou tout au moins qui se sentent tenues à l'écart des principales dynamiques socioéconomiques.

1. Mayer N., *Ces Français qui votent FN*, *op. cit.*, p. 114.
2. Birnbaum P., *Le Peuple et les Gros*, *op. cit.*
3. Perrineau P., *Le Symptôme Le Pen*, *op. cit.*, pp. 109-110.

Dépassées par la *net economy* comme par la mondialisation, ces catégories socioprofessionnelles se vivent comme menacées, en perte de repères et d'identité. Leur vote est moins idéologisé (c'est peut-être là l'une des raisons de la prudence de la plupart des leaders populistes actuels à l'égard des tendances fascisantes qui peuvent caractériser parfois leurs mouvements, la demande politique faisant ici pression sur l'offre) que réactif, moins stratégique qu'expression d'un mal de vivre cherchant une voie pour s'exprimer. De ce point de vue, le vote populiste rejoint sans doute la fraction de l'électorat FN que Nonna Mayer a pu qualifier de « niniste », à savoir « les électeurs qui nient le clivage [gauche droite] et se définissent explicitement comme "ni de gauche ni de droite"[1] ». Parallèlement à un électorat plus systématiquement identifiable à l'extrême droite traditionnelle, la droite radicale contemporaine se caractériserait ainsi par des ralliements d'individus peu intéressés par la politique, exprimant un ras-le-bol, une forme de dégoût pour la chose publique qui est aussi la marque d'une incompréhension et d'une forme de distanciation à l'égard des élites politiques.

On retrouve un schéma analogue si l'on considère les chômeurs. Nous ne retiendrons ici que les chiffres français, dans la mesure où les taux de chômage en Autriche et en Italie du Nord sont si faibles qu'ils interdisent toute généralisation sur ce point. Les chiffres sont parfois encore trop lacunaires, les chômeurs constituant une population parfois difficile à identifier et à sonder. On peut voir malgré tout dans le cas français que la proportion des chômeurs qui votent pour le Front national est significative. Ainsi, pour les trois derniers scrutins nationaux, on constate que 28 % des chômeurs votèrent pour la liste FN lors des européennes de 1994, proportion qui diminua quelque peu pour la présidentielle de 1995 (25 %), avant de chuter à 15 % pour les élections législatives de 1997. Cette érosion relative, sans doute due pour partie à l'amélioration de la situation économique mais

1. Mayer N., *Ces Français qui votent FN*, *op. cit.*, p. 38.

également à la revitalisation de l'extrême gauche, ne doit pas cacher qu'il s'agit bien là d'un réservoir électoral important pour le Front national. La cartographie du vote FN[1] montre que son ancrage électoral a notamment eu lieu dans des zones urbaines de tradition industrielle, fortement touchées par la crise économique, où les taux de chômage et l'importance de la population immigrée ont pu produire des dynamiques favorables au ralliement au Front national de certaines couches sociales, en particulier des chômeurs. Ainsi, les clientèles du parti d'extrême droite se trouvent dans les régions de l'Est, dans le Bassin parisien ou encore dans la région de Lille. La destruction du tissu économique et communautaire n'a pu que contribuer à exacerber les inquiétudes et les mécontentements, ces derniers se cristallisant sur les populations immigrées. Comme le note Pascal Perrineau, « c'est dans cet univers fini et anémié, où n'existe plus de "nouvelles frontières", qu'apparaissent et que s'avivent les frictions, les intolérances, les craintes et les haines. Le FN, avec son message d'exclusion et de rejet, apparaît comme la seule force politique en phase avec les inquiétudes et les rancœurs distillées par la crise de la société urbaine et par le constat d'impuissance du politique à répondre aux défis de la crise économique[2] ». La dénonciation des effets pervers de la « révolution postindustrielle » s'articule ici en effet sur la production d'un nouveau discours critique à l'égard des élites politiques traditionnelles, incapables de trouver un remède véritable au chômage.

Troisième catégorie de population retenue pour alimenter nos hypothèses relatives à une vote populiste, les individus « peu socialisés » ou en voie de « dé-socialisation ». Il nous a semblé en effet que l'une des dimensions du vote populiste pouvait être liée à l'affaissement du rôle joué par certaines instances traditionnelles, essentiellement la famille et la religion, dans la structuration des jugements et des comportements politiques.

---

1. *Cf.* sur ce point l'ouvrage déjà cité de Pascal Perrineau, *Le Symptôme Le Pen*, qui offre un panorama très complet des caractéristiques et de l'évolution de l'implantation du vote frontiste.

2. *Ibid.*, p. 136.

Tableau n° 9. Vote FN et variable religieuse (en %)

	PC	PS	Verts	RPR/ UDF	FN
Catho. pratiquants réguliers	3	8	12	26	7
Catho. pratiquants occasionnels	8	16	15	26	15
Catho. non pratiquants	40	44	39	36	50
Autres religions	5	5	4	4	4
Sans religion	44	27	30	8	24

Source : Sondage Sofres/Cevipof (26-31 mai 1997), cité *in* Perrineau P., *Le Symptôme Le Pen*, *op. cit.*, p. 113.

Si l'on se rapporte au tableau n° 9, on peut constater que la spécificité du vote pour le FN par rapport aux autres partis français repose ici sur une sur-représentation des catholiques non pratiquants, en rupture de ban vis-à-vis de l'Église. 50 % des électeurs du FN sont des catholiques non pratiquants, ce qui en fait de loin le plus gros contingent, suivis par les gens déclarant n'avoir aucune appartenance religieuse (24 %). Contrairement à une idée reçue, l'électorat frontiste est loin d'être majoritairement catholique pratiquant, si ce n'est la frange extrêmement réduite du catholicisme intégriste. À l'inverse, l'Église continue d'opérer comme une instance de socialisation qui nourrit traditionnellement des comportements politiques plutôt conservateurs (l'électorat du RPR et de l'UDF est composé pour plus de moitié par des catholiques pratiquants réguliers ou occasionnels), mais loin de l'extrémisme politique. S'il y a une spécificité d'un éventuel vote « populiste », elle est plutôt le fait d'individus qui rompent peu à peu leurs attaches traditionnelles, ce qui peut nourrir chez eux la volonté de trouver des repères identitaires de substitution.

Tableau n° 10. Vote FN et antécédents politiques familiaux (en %)

	PC	PS	RPR/ UDF	FN	Ensemble électorat
Père plutôt de gauche	71	55	16	30	36
Père plutôt de droite	8	20	59	31	33
Ni de droite ni de gauche	17	15	15	28	19
Sans réponse	4	10	10	11	12
	(100)	(100)	(100)	(100)	
Mère plutôt de gauche	62	51	13	26	32
Mère plutôt de droite	12	20	59	35	34
Ni de droite ni de gauche	19	19	18	25	22
Sans réponse	7	10	10	14	12
	(100)	(100)	(100)	(100)	

Source : Sondage Sofres/Cevipof (26-31 mai 1997), cité *in* Perrineau P., *Le Symptôme Le Pen*, *op. cit.*, p. 114.

Deuxième instance de socialisation, la famille, analysée ici au travers des antécédents politiques familiaux des électeurs. Le tableau n° 10 offre une analyse comparative des comportements des électeurs français en fonction de l'orientation politique déclarée de leurs parents. On peut ainsi constater que les électeurs du Front national se répartissent en trois groupes à peu près équivalents, environ un tiers d'entre eux ayant des antécédents politiques de gauche, un autre tiers de droite, 28 % des électeurs du FN ayant des pères déclarant n'être ni de gauche ni de droite (25 % pour les mères). La singularité du vote FN réside dans ce dernier chiffre, plus élevé que pour les autres partis, pour lesquels la socialisation familiale joue encore un rôle important. On peut donc considérer que les électeurs du FN, comme c'était le cas pour la variable religieuse, sont caractérisés par une moindre exposition aux dynamiques de socialisation traditionnelles. Leurs jugements et leurs comportements politiques ne tendent pas à être structurés par des instances sociales particulières. Au contraire, ce sont plutôt des individus peu encadrés, peu déterminés qui vont trouver dans le parti d'extrême droite un vecteur d'identification et de structuration des comportements politiques, notamment du choix électoral.

Enfin, dernier type de population testée ici (d'autres catégories auraient pu faire l'objet d'une même attention, notamment les classes d'âge ou les niveaux de diplôme), les individus qui expriment une insatisfaction prononcée à l'égard de la politique en général et des acteurs ou des institutions qui l'incarnent plus particulièrement. Les tableaux n°s 11 et 12 expriment les jugements formulés par les électeurs des principaux partis en Autriche et en France à l'égard du champ politique et des institutions ou des hommes politiques, sur la base de sondages d'opinion et de questionnaires adressés à un panel d'électeurs.

Tableau n° 11. Vote FPÖ et jugements à l'égard de la politique (en %)

	FPÖ	**SPÖ**	**ÖVP**
Le Parlement n'est pas (très) important	21	7	7
Le Parlement remplit ses fonctions moins bien qu'il y a quinze ans	45	28	30
Le Parlement tend à avoir plus d'influence que nécessaire en démocratie	22	7	7
D'accord avec l'idée qu'il est préférable d'avoir un homme fort à la tête de l'État, capable de prendre les décisions rapidement, plutôt qu'un parlement	42	19	17

D'accord avec l'idée que les électeurs devraient pouvoir se prononcer directement et régulièrement sur des sujets particuliers plutôt que de voter tous les quatre ans pour la désignation des députés	81	53	56
(n)	(279)	(518)	(406)

Source : Representative survey of the IFES (novembre-décembre 1997), cité *in* Müller W., « Evil or the "Engine of Democracy" ? Populism and Party Competition in Austria », communication au colloque « Populism », RSC/IUE, Florence, 14-15 janvier 2000, p. 25.

Tableau n° 12. Votes FN et jugements à l'égard de la politique en 1997 (en %)

	FN ninistes	FN droitistes	Non-FN Non-FN
S'intéressent beaucoup ou assez à la politique	28	64	56
Se sentent habituellement peu ou pas du tout proches d'un parti	85	60	44
N'ont confiance ni dans la gauche ni dans la droite pour gouverner le pays	89	57	31
Pensent que les hommes politiques ne se préoccupent pas du tout des gens comme eux	67	49	26
Pensent que la démocratie en France ne fonctionne pas très bien ou pas bien du tout	94	70	53
(n)	(151)	(151)	(1 662)

Source : Mayer N., *Ces Français qui votent FN, op. cit.*, p. 234.

Les résultats de ces enquêtes ne sont pas véritablement surprenants. On note en effet que le vote « populiste » est très directement corrélé à des appréciations négatives à l'égard du système politique et de ses principaux acteurs. Ainsi, les électeurs du FPÖ estiment pour 45 % d'entre eux, que le Parlement fonctionne moins bien aujourd'hui qu'il y a quinze ans, alors que seulement 28 % des électeurs du SPÖ et 30 % de ceux de l'ÖVP souscrivent à cette apréciation. Même défiance à l'égard du système chez les électeurs FN qui estiment très majoritairement (94 % chez les « ninistes » isolés par Nonna Mayer contre 70 % chez les droitistes) que la démocratie en France ne fonctionne pas très bien ou pas bien du tout, alors que cette proportion tombe à 53 % dans les autres catégories de l'électorat. Ces derniers chiffres montrent en outre, conformément à l'hypothèse formulée précédemment, que la frange la plus « authentiquement » populiste de l'électorat frontiste, les « ninistes » de Nonna Mayer, se caractérise par une défiance encore plus accusée à l'égard du système et des hommes politiques que la fraction de l'électorat du FN plus idéologisée et plus conforme aux traits de l'extrême droite traditionnelle. En ce sens, on peut avancer que le vote « populiste » est sans doute avant tout un vote de défiance à l'égard des règles du jeu politique et des élites traditionnelles, il exprime et incarne cette tendance antipolitique isolée par Andreas Schedler dans les démocraties contemporaines et dont le noyau normatif repose sur « la conviction que la fonction essen tielle remplie par le champ politique – la gestion des affaires publiques – ne sert à rien[1] ».

Ce diagnostic négatif débouche sur l'assurance que d'autres modes de régulation et de représentation seraient sans doute mieux appropriés. Ainsi, les électeurs du FPÖ sont 42 % à partager l'idée qu'il est préférable d'avoir à la tête de l'État un homme fort capable de prendre les décisions rapidement, plutôt qu'un

1. Schedler A., « Introduction : Antipolitics. Closing and Colonizing the Public Sphere », *in* Schedler A. (dir.), *The End of Politics?*, *op. cit.*, p. 9.

parlement, cette proportion se limitant à 19 % de l'électorat du SPÖ et à 17 % de celui du parti conservateur ÖVP. De la même façon, les partisans déclarés de Jörg Haider estiment pour 81 % d'entre eux que la démocratie directe devrait être encouragée, en développant notamment les mécanismes par lesquels les électeurs devraient pouvoir se prononcer directement et régulièrement sur des sujets particuliers plutôt que de voter tous les quatre ans pour la désignation des députés (53 % pour les partisans du SPÖ, 56 % pour ceux de l'ÖVP). Leurs appréciations, alimentées par la propagande des partis concernés, rejoignent ainsi la lecture populiste de la démocratie précédemment identifiée. Rappel de la souveraineté populaire, prétendûment bafouée par les élites en place, valorisation des instruments de la démocratie directe au détriment du système représentatif, consécration du chef charismatique, autant de thématiques qui déclinent dans les systèmes politiques contemporains les structures élémentaires du populisme comme idéologie politique.

En définitive, cette attention particulière portée aux mobilisations populistes contemporaines nous semble conforter certaines hypothèses formulées précédemment. La plus importante d'entre elles repose sur l'idée que le populisme n'est qu'une dimension parmi d'autres permettant de caractériser les formations de l'extrême droite contemporaine en Europe. Comme le montre parfaitement la division des électorats identifiés par Nonna Mayer dans le cas du Front national, les bases sociales de ces partis recouvrent des catégories distinctes d'individus : les uns, mobilisés, idéologisés, appartiennent à la clientèle traditionnelle de l'extrême droite qui peut même aller jusqu'à l'intégration d'éléments fascisants et violents ; à l'inverse, les autres, que Nonna Mayer qualifie de « ninistes » (ni droite ni gauche), sont plus conformes à l'idée que l'on peut se faire d'un vote populiste, dans la mesure où ce sont des individus vaguement indéterminés, parfois en phase de « dé-socialisation » ou de déracinement social, et qui expriment une forme d'incompréhension et de rejet pour des dynamiques et des acteurs politiques « qui ne se préoccupent pas du tout des gens comme eux ». Même hybridation au niveau organisationnel, les formations incarnant cette « tension » politique oscillant constamment entre une stratégie légaliste, largement couronnée de succès au vu de leur présence durable dans le jeu politique, et une attirance pour la violence, voire l'insurrection, qui peut prendre dans certains cas la forme d'un rappel du passé. Si l'extrême droite radicale contemporaine en Europe est donc bien populiste par de nombreux aspects, elle n'est pas que populiste. Elle est aussi régionaliste, nationaliste, voire fasciste, dimension valorisée dans le cas du Vlaams Blok pour des raisons qui tiennent notamment à l'histoire du nationalisme flamand. Inversement, la tension populiste dépasse largement le cercle restreint de ces formations politiques. Plus qu'en un type d'acteur ou d'organisation, elle s'incarne dans des ressources idéologiques, discursives, des modes de mobilisation et des comportements politiques diversifiés. Si l'extrême droite radicale contemporaine n'est donc pas que populiste, elle n'a pas non plus le monopole du populisme en politique aujourd'hui.

Par ailleurs, on a pu noter à quel point les spécificités nationales ont pu jouer, déterminant non seulement les conditions et les modes d'évolution de ces formations politiques, mais permettant d'expliquer pourquoi chaque parti ou chaque leader populiste se caractérise avant tout par une déclinaison particulière des tendances lourdes isolées précédemment. Parler de « révolution postindustrielle », de « dégel » des clivages ou de refonte des systèmes de partis ne suffit en effet pas à expliquer les rythmes d'apparition comme les modes de structuration de cette tendance politique. L'intégration des logiques institutionnelles respectives, des traditions politiques ou idéologiques, voire des dynamiques socioéconomiques de chaque pays est nécessaire à la compréhension des formes concrètes des mobilisations populistes contemporaines.

CONCLUSION

Le populisme a longtemps découragé, on l'a vu, la recherche en science politique. Phénomène éphémère le plus souvent, resurgissant dans certains moments de crise, mais sous des formes chaque fois différentes et dans des contextes particuliers, son caractère pluriforme n'avait peut-être d'égal que la polysémie du mot « peuple » qui lui sert de constante référence. Son indétermination apparente, spécialement sous l'angle idéologique, semblait devoir interdire tout usage du populisme comme concept opératoire de la sociologie politique. Ainsi, l'image qu'il renvoie s'appuie généralement sur le fait que la plupart des acteurs politiques qui lui sont attachés sont [furent] des leaders charismatiques incarnant par leurs comportements et discours une image légitime du peuple plutôt que formulant une pensée cohérente à caractère eschatologique. Cette « faiblesse » normative lui a valu des qualificatifs dépréciatifs dont le plus connu est sans doute celui avancé par Peter Wiles défendant l'idée d'une « pensée molle[1] ».

Cependant, comme le remarquait Norbert Elias, « la pauvreté qui, dans bien des cas, ressort de l'analyse des idéologies naît, en fin de compte, de la tendance à considérer ces mêmes idéologies comme des systèmes de pensée fondamentalement rationnels qui correspondraient aux différents intérêts des groupes. Cela revient

1. *Cf.* Wiles P., « A Syndrome, not a Doctrine », *in* Gellner E. et Ionescu G. (dir.), *Populism*, *op. cit.*

à négliger leur charge affective, les fantasmes qu'elles véhiculent, leur caractère irréel, égocentrique ou ethnocentrique, comme étant seulement le moyen de masquer sciemment un noyau extrêmement rationnel[1] ». Au-delà même de la diversité des intérêts susceptibles d'instrumentaliser une idéologie particulière, ces « charges affectives » ou ces « fantasmes » évoqués par Elias sont la plupart du temps attachés à des histoires particulières, à des situations sociopolitiques spécifiques qui affectent un même phénomène de significations différenciées[2].

La mise au jour des spécificités et des variations historiques et sociales du populisme ne nous a cependant pas incités à opter pour un relativisme qui aurait conduit à dissoudre cet « objet politique » sous les multiples déclinaisons qu'il a pu susciter. Au-delà de son contenu normatif supposé, l'attention souvent portée à la variété des formes empruntées par le populisme a souvent débouché sur une négation de son caractère unitaire. Les phénomènes à considérer paraissant trop dissemblables, toute perspective généralisante, déterminée par la mise au jour des structures fondamentales du populisme a paru inutile, rendant nécessaires d'autres modes de qualification du phénomène. Dans un article récent, Pierre-André Taguieff a ainsi rejeté toute prétention à voir dans le populisme « un contenu idéologique particulier. C'est un style politique applicable à des modèles idéologiques variés[3] ». Avant lui, Margaret Canovan, dans un ouvrage général fondé sur la recherche d'une classification du populisme, concluait même que « la littérature existante laisse apparaître que nous ne pouvons espérer réduire tous les cas de populisme à une seule défini-

1. Elias N., *Qu'est-ce que la sociologie ?*, La Tour-d'Aigues, Éditions de l'Aube, 1991, p. 26-27.

2. Nous n'avons cependant pas considéré ici les facteurs psychosociologiques susceptibles de déterminer de telles charges affectives, nous contentant de l'identification des éléments sociohistoriques pertinents. Pour une approche possible sous l'angle de la psychanalyse, *cf.* notamment Braud Ph., *L'Émotion en politique*, Paris, Presses de Sciences Po, 1996.

3. Taguieff P.-A., « Political Science Confronts Populism : From a Conceptual Mirage to a Real Problem », *Telos*, n° 103, 1995, p. 9.

tion ou trouver une essence singulière derrière tous les usages établis du terme[1] ».

La spécification du mot, par son association à une catégorie de phénomènes particuliers (des régimes populistes[2], des partis populistes...) ou par l'ajout d'une dimension annexe censée en réduire et en préciser le sens (évocation d'un national-populisme, d'un populisme de droite, de gauche...) n'a pas connu non plus de véritable fortune. Dans les études qu'il a pu mener ces dernières années sur le Front national, Pierre-André Taguieff a par exemple été conduit à parler d'un national-populisme pour qualifier l'originalité idéologique du parti d'extrême droite par rapport à ses devanciers, avant de relativiser progressivement un terme qui a même été instrumentalisé par le FN[3]. La classification récente de Hans-Georg Betz, qui réduit, comme on l'a vu, l'usage des termes populisme/populiste aux nouveaux partis d'extrême droite en Europe, ne paraît pas non plus satisfaisante, l'acception donnée au phénomène se limitant à la proposition suivante : « Ils [les nouveaux partis d'extrême droite] sont populistes par leur instrumentalisation et leur usage sans scrupule des sentiments publics diffus d'anxiété et de désenchantement, et par leur appel à l'homme du commun et à son sens commun supposé supérieur[4]. » Sans être totalement éloignées d'une tentative de caractérisation du populisme en soi (la définition de Taguieff apporte notamment une utile précision sur ce que peut signifier le populisme au sein du FN), de telles définitions n'en conduisent pas

1. Canovan M., *Populism, op. cit.*, p. 7.

2. *Cf.* l'emploi récurrent du terme dans les études sur l'Amérique latine, Hermet G., « L'autoritarisme », *in* Grawitz M. et Leca J. (dir.), *Traité de science politique*, vol. 2 : *Les Régimes politiques contemporains*, Paris, PUF, 1985.

3. *Cf.* notamment les articles de P.-A. Taguieff, « La rhétorique du national-populisme », *Mots*, n° 9, octobre 1984, pp. 113-139 ; « La doctrine du national-populisme en France », *Études*, janvier 1986, pp. 27-46 ; « Un programme révolutionnaire ? », *in* Mayer N. et Perrineau P. (dir.), *Le Front national à découvert*, *op. cit.*

4. Betz H.-G., *Radical Right-Wing Populism in Western Europe*, *op. cit.*, p. 4.

moins à rejeter toute appréhension globale du phénomène. On se retrouve ainsi avec un terme aux multiples facettes et aux usages presque aussi nombreux dont la dernière variation, le populisme comme concept journalistique[1], n'a pas véritablement contribué à l'éclaircissement de la notion. Le concept lui-même semble dès lors voué à l'abandon, au moins pour sa dimension idéologique, son emploi « scientifique » se prêtant désormais plutôt, selon certains auteurs, à des analyses qui relèvent d'autres perspectives[2].

L'une des explications possibles à cette forme d'aporie que semble invariablement engendrer l'étude du populisme tient sans doute à l'économie faite, dans la plupart de ces travaux, de toute définition opérationnelle de l'idéologie. Lorsqu'elle ne se déduit pas de la seule étude des écrits – comme dans l'histoire traditionnelle des idées précédemment évoquée –, l'idéologie semble en effet tantôt analysée comme une rationalisation ou une construction cognitive liée aux conflits d'intérêts à un moment donné, tantôt comme un phénomène qui serait tout à la fois un révélateur et un remède pour une (des) tension(s) psychosociale (s) dans un contexte précis. Dans la première perspective, l'idéologie découle de la configuration sociale et de la nature des conflits qui la déterminent, ce qui limite sa pertinence aux intérêts qu'elle incarne. Conçue à l'inverse comme le produit/le mode de résolution de tensions psychosociales, l'idéologie devient alors le simple produit d'une situation sociale vécue de manière problématique, sans réelle attention portée aux conséquences éven-

1. Goriely G., « Un concept journalistique nouveau : le populisme », *Bulletin de la classe des lettres et des sciences morales et politiques*, vol. 3, n°s 1-2, 1992.

2. *Cf.* par exemple l'usage du « populisme ». comme concept opératoire pour les sciences sociales, que fait Nicos Mouzelis, « On the Concept of Populism : Populist and Clientelist Modes of Incorporation in Semiperipheral Polities », *Politics and Society*, vol. 14, 1985, pp. 329-348. Dans une perspective structuro-fonctionnaliste assez lâche, le populisme devient ici un mode parmi d'autres d'intermédiation sociale entre les élites et les masses, fondé sur un type particulier d'allocation de l'autorité, « un leadership plébiscitaire plutôt qu'un réseau intriqué de patronage, qui fournit le modèle de base pour l'intégration politique », art. cité, p. 334.

tuelles des schèmes idéologiques pertinents dans ce contexte particulier. Dans un article déjà ancien, Clifford Geertz, après avoir pointé les défauts des deux approches dominantes, proposait dès lors de concevoir les idéologies comme « des cartes d'une réalité sociale problématique et des matrices pour la création d'une conscience collective[1] » qui permettent aux individus d'interpréter leur monde et d'y envisager une série d'actions. Elles forment ainsi des systèmes cognitifs culturellement et historiquement déterminés, par lesquels peuvent s'exprimer des intérêts ou se résoudre des tensions sociales, notamment lorsque les structures cognitives et normatives éprouvées ne semblent plus fonctionner. En effet, c'est précisément lorsque « ni les orientations culturelles les plus générales d'une société, ni celles qui sont les plus pragmatiques, les plus terre à terre ne suffisent plus à fournir une image adéquate du processus politique que les idéologies commencent à devenir cruciales comme sources des attitudes et des significations politiques[2] ». En ce sens, le populisme est bien une idéologie, dans la mesure où il fournit, à des périodes récurrentes, certains vecteurs de sens qui permettent tout à la fois la compréhension de la situation vécue comme critique, celle des insuffisances des structures et des schèmes politiques éprouvés. Il offre de surcroît des « solutions » à la crise en proposant une lecture et une projection particulières du politique.

Pour cette raison, la spécificité du populisme réside ailleurs que dans la négation de son statut idéologique. Le populisme offre une « carte » plus grossière, plus vague que d'autres schèmes interprétatifs du lien social, ce qui expliquerait sa présence au sein de contextes sociohistoriques, mouvements et courants de pensée différents. Analysant ses origines comme ses filiations majeures, nombre d'auteurs ont en effet remarqué sa proximité avec d'autres modèles idéologiques et politiques comme sa relative faiblesse, qui pourrait justifier qu'il ait été intégré et phago-

1. Geertz C., « Ideology as a Cultural System », *in* Apter D.E. (ed.), *Ideology and Discontent*, New York, The Free Press, 1964, p. 64.

2. *Ibid.*, p. 64.

cyté par d'autres systèmes idéologiques plus élaborés. À titre d'exemple, de nombreux travaux ont insisté sur les itinéraires proches du populisme et du socialisme dans la Russie de la fin du XIXe siècle[1], ce qui conduisit Michael Curtis à établir que « ni le populisme ni le socialisme ne sont des concepts statiques, mais, l'un comme l'autre, ils devinrent la base des mouvements politiques du XIXe siècle, l'un comme l'autre, ils réagirent à des conditions sociales et économiques analogues et, l'un comme l'autre, partagèrent une hérédité intellectuelle en partie coïncidente[2] ». D'une façon similaire, certains travaux ont pu mettre en évidence l'existence de liens entre le populisme et le fascisme ou le nazisme[3]. Lorsqu'il est associé à de tels mouvements, le populisme est conçu le plus souvent comme un stade précoce de développement d'une idéologie plus élaborée, comme s'il constituait le point de passage obligé pour toute doctrine soucieuse de légitimation dans un système politique fondé en théorie sur le consentement des membres de la communauté, cette instrumentalisation devant également faciliter les mécanismes de mobilisation. Dans cette optique, il est souvent réduit à une dimension résiduelle d'idéologies consacrées par leur relative permanence et leur acti-

---

1. *Cf.* notamment Venturi F., *Roots of Revolution : A History of the Populist and Socialist Movements in Nineteenth Century Russia,* London, Weidenfeld, 1960 ; Walicki A., « Russia », in Gellner E., Ionescu G. (dir.), *Populism, op. cit.*, pp. 62-96.

2. Curtis M., « Populismo : destra o sinistra ? », *Rivista Italiana di Scienza Politica*, XV, n° 23, décembre 1985, pp. 460-461.

3. 15 Cf. par exemple De Felice R., *Le Fascisme. Un totalitarisme à l'italienne ?*, Paris, Presses de la Fondation nationale des sciences politiques, 1988 ; Broszat M., *L'État hitlérien. L'origine et l'évolution des structures du IIIe Reich*, Paris, Fayard, 1985. Utilisant ces travaux, Taguieff montre par exemple que le sentiment antibourgeois constitue un dénominateur commun, par lequel le populisme est intégré par le fascisme italien : « Au sein du fascisme italien orthodoxe, les sentiments antibourgeois suivent deux routes séparées : comme populisme, si l'accent est mis sur le sentiment anticapitaliste ; comme héroïsme "révolutionnaire", si le terme de "bourgeoisie"» est réduit à l'"esprit bourgeois" », Taguieff P.-A., « Political Science Confronts Populism : From a Conceptual Mirage to a Real Problem», art. cité, p. 16.

vation au sein de mouvements véritablement organisés et durables. Selon une logique constamment reprise, on retrouve ainsi, dans de nombreux travaux, des propositions du type : « le maoïsme est populiste », « le fascisme est populiste », « le socialisme est populiste », tandis que les propositions inverses (« le populisme est maoïste ») ne seraient pas fondées.

Il reste cependant à notre avis, derrière cette extrême variété de conditions et la forme de statut intermédiaire assignée au populisme, la possibilité d'interroger la notion en elle-même, sous un angle idéologique, au sens défini par Geertz, ce qui permet d'éviter à la fois l'écueil essentialiste et la dilution relativiste de la notion. Deux niveaux d'analyse nous ont paru appropriés dans cette optique, pour essayer de dépasser la faiblesse prétendue du populisme comme schéma idéologique et l'extrême variété de ses formes concrètes : l'étude d'une forme de noyau dur cognitif et normatif, axé sur un nombre limité de propositions, dont la généralité et le caractère consubstantiel au principe du consentement populaire expliquent l'instrumentalisation répétée dans des cadres de pensée plus étendus ; une multiplicité de déclinaisons, directement indexées aux caractéristiques sociohistoriques d'une communauté politique donnée, qui s'appuient sur des perceptions différenciées du « peuple », essentiellement parce qu'elles dépendent de contextes socio-historiques précis.

De l'histoire des mouvements populistes à la résurgence d'organisations ou de discours présentant des traits similaires dans la période contemporaine, on a pu déduire ainsi, de manière plus précise, un petit nombre de principes généraux qui soutiennent l'argumentation et cimentent les mouvements populistes à intervalles réguliers. Deux éléments complémentaires, correspondant aux deux niveaux d'analyse, nous sont apparus fondamentaux : 1) l'élaboration d'une proposition générale, qui se mue en véritable croyance, selon laquelle *les vertus intrinsèques du peuple justifient qu'il doive être la source exclusive de la légitimité de l'organisation politique et sociale de la communauté considérée, ainsi que des processus de légitimation qui assurent la permanence du groupe et des liens qui le structurent*, ce qui emporte des conséquences sur la perception des régimes représentatifs contemporains ; 2) cette supériorité présumée repose sur *la construction de cette même communauté autour d'une série de facteurs historiques, sociaux et normatifs, qui font de cet ensemble une « communauté imaginée »*, au sens où Benedict Anderson a pu employer cette notion pour analyser la nation, c'est-à-dire « des artefacts culturels d'un genre particulier ». Le même auteur précise aussitôt que, « pour les comprendre véritablement, nous devons considérer précisément comment ils se sont historiquement constitués, par quelles voies leurs significations ont changé au fil du temps, et pourquoi, aujourd'hui, ils nourrissent une légitimité émotionnelle aussi profonde[1] ». Il s'agit ainsi de voir comment le populisme, sous l'angle de la sphère politique (au sens de *politics*), se nourrit de perceptions différenciées de la *polity*, la communauté politique.

Si l'on accepte que le populisme, réduit à son noyau normatif le plus dur, se définisse par sa référence aux doubles notions de peuple comme source du pouvoir et de communauté comme cadre légitime de la définition du peuple, il est aisé de comprendre combien il constitue un élément perturbateur de nos schèmes de pensée, de nos référents habituels, de nos classifications conceptuelles et pratiques.

Par sa référence constante au peuple, le populisme se situe d'emblée dans le cadre démocratique. Le *dêmos* constitue en effet l'alpha et l'oméga de la pensée populiste dans ses formes primitives comme dans ses formes contemporaines, dans son expression rurale archaïque comme au sein des populations urbaines marginalisées. Grâce à cette filiation, il peut trouver des points d'ancrage à gauche, apparaître dans certains contextes comme progressiste, modernisateur voire révolutionnaire. Ses préoccupations de justice sociale au profit des laissés-pour-compte et des éclopés du progrès renforcent cet aspect et expliquent l'image brouillée que présentent certains hommes de droite (tentés par ce versant du populisme) ou la communauté épisodique de langage

1. Anderson B., *Imagined Communities, op. cit.*, 4.

entre discours populistes et discours de gauche (*cf.* l'analyse par G. Lavau de la « fonction tribunitienne du PCF »).

Toutefois, comme on l'a montré, le populisme se démarque des partis classiques non seulement par sa définition du peuple, mais plus encore par la fonction et le rôle qu'il lui attribue dans le fonctionnement du système politique. En refusant la représentation ou en vitupérant les représentants, en considérant le constitutionnalisme comme une entrave insupportable au pouvoir du peuple, il est profondément antilibéral. Tout ce qui fait l'essence du libéralisme et sa traduction politico-institutionnelle, c'est-à-dire le constitutionnalisme, est fondamentalement rejeté par les populismes, tous les populismes. Certes, la position de nombreux mouvements populistes paraît plus nuancée, ne serait-ce qu'en raison de l'impossibilité pratique de se défaire de cet héritage et de l'opportunisme programmatique qui les caractérise le plus souvent. Les populismes de tout bord semblent donc accepter un certain nombre d'acquis soit dans le domaine des institutions, soit dans celui des droits fondamentaux, soit plus généralement au sein du complexe juridico-politique désigné comme l'« État de droit ».

Acceptation relative qui trouve ses limites immédiates dans l'affirmation d'un principe supérieur, celui de la remise en cause à tout moment et pour quelque raison que ce soit des limites instituées par le droit. Ce que le peuple a fait, il peut le défaire car rien ne doit arrêter une pulsion qui émane du peuple. Cette logique héritée de la Révolution française dans sa version illibérale a sa logique. Si le peuple est la source du pouvoir, rien ne doit endiguer sa capacité à décider et remettre en cause. Il y a du Rousseau, du Robespierre et du Marx dans le populisme, et son combat s'adresse aux héritiers de Montesquieu, Sieyès ou Tocqueville.

Or, comme on a tenté de le montrer, les régimes occidentaux sont des constructions bâtardes, pragmatiques et baroques qui mêlent ces divers héritages. Si le bât populiste blesse, c'est que cette composante fait aussi partie de notre conception de la démocratie et de nos institutions. La démocratie ne peut se passer du peuple même lorsqu'elle a poussé les artefacts du constitutionnalisme à un degré extrême de raffinement. Nous devons vivre avec cette part de « populisme » inhérente aux principes constitutifs de la démocratie, sauf à renier les fondements mêmes de ce mode particulier d'organisation de la communauté politique. Comme le « vicomte pourfendu » d'Italo Calvino, qui doit réconcilier les deux parts antagonistes de sa personnalité, les démocraties sont toujours à la recherche d'un équilibre satisfaisant entre leurs deux composantes. Le populisme nous rappelle, sous des formes le plus souvent excessives voire déplaisantes, que les constructions savantes du gouvernement des hommes ne sauraient occulter le peuple au profit des élites, le commun des mortels au bénéfice des experts, les aspirations au changement face aux règles d'airain des chartes fondamentales.

Vu sous cet angle, le populisme ne peut et ne saurait encore une fois être réduit à l'extrême droite, pas plus qu'à un (ou des) parti(s) qualifié(s) ainsi. Comme l'a souligné G. Germani, nulle part davantage que dans le populisme ne coexistent des éléments mêlés, déformés, réajustés d'idéologies de droite et de gauche[1]. Mais surtout cette dimension fondamentale du populisme met l'accent sur une revendication qui va bien au-delà de ce qu'il est convenu de définir comme parti ou mouvement populiste. La définition du peuple comme source directe et exclusive du pouvoir trouve des échos dans de nombreuses formations politiques ou courants de pensée selon des traductions temporelles et spatiales spécifiques : le jacobinisme en France par exemple, dans ses manifestations de gauche comme de droite; les défenseurs les plus rigides du principe de la souveraineté du Parlement (en fait la latitude du parti au pouvoir) en Grande-Bretagne; les avocats des droits des États aux États-Unis; les adversaires du consociativisme néerlandais, belge, autrichien; les souverainistes de tout poil qui refusent « au nom du peuple » les décisions de Bruxelles (« le diktat des bureaucrates »), etc.

---

1. Germani G., *Authoritarianism, Fascism and National-Populism*, New Brunswick, Transaction, 1978, p. 88 *sq*.

Le populisme, parce qu'il met le peuple au centre de son discours est et sera une composante constante des systèmes démocratiques. Nous sommes condamnés à vivre avec lui. Parce que son idéologie est le peuple, on comprend qu'il soit malléable, opportuniste, variable et changeant. Cette permanence et cette versatilité peuvent même être considérées comme des éléments nécessaires, voire salutaires de nos sociétés démocratiques, en nous rappelant que si elles sont composites, il faut veiller à ne pas trop déséquilibrer le partage entre l'élément libéral et l'élément populaire. Le populisme comme force latente est donc plus susceptible d'apparaître dans les moments de tension, de crise, comme un indicateur de fièvre du corps social et politique. Comme tout malaise, il est plutôt désagréable, mais il est souvent un salutaire rappel à l'ordre : si le peuple n'est pas tout, il doit pourtant toujours être « quelque chose »; si la démocratie est le moins mauvais des régimes, encore faut-il sans cesse chercher sa perfectibilité; s'il n'y a pas de « fin de l'Histoire », la remise en cause des équilibres acquis constitue une dynamique non seulement utile, mais nécessaire.

Encore faut-il que les élites, les partis et les systèmes puissent entendre ces appels et ces remises en cause en sachant réformer et se réformer. Affrontons la réalité dans sa brutalité : Le Pen est aussi le produit de la dégénérescence des programmes, des idéaux et des politiques des partis de gouvernement; Bossi ou Berlusconi, les produits frelatés d'une démocratie corrompue, inefficace et à bout de souffle; Haider et ses homologues suisse ou flamand, le résultat de systèmes corporatistes, fermés et cartellisés, devenus insupportables non seulement aux électeurs qui se portent vers eux, mais même à ceux qui se refusent (pour combien de temps ?) à leur apporter leur voix et leur soutien.

L'analyste du populisme et de ses excès ne devrait jamais oublier de se pencher sur l'électorat de ces formations. Mis à part une composante irréductible, mais réduite, d'électeurs d'extrême droite, le gros des troupes est composé de transfuges (de droite mais aussi de gauche) et surtout de jeunes électeurs marginalisés socialement et économiquement, indifférents à la politique et aux partis ordinaires. Le populisme, au sommet, est souvent caricatural et, après la tragédie des mouvements de masse autoritaires de l'entre-deux-guerres, peut sembler une farce. Mais à la base il est une détresse, un appel au secours auquel le système démocratique, sous peine de faillite, ne peut rester sourd et muet. Certains en Italie ne l'ont pas compris et ce fut le naufrage. Ce fut sans doute le mérite de Jacques Chirac de le percevoir le temps d'une campagne électorale, mais pour y répondre seulement par une réforme constitutionnelle inutile, inadaptée et inutilisée (élargissement du référendum césarien). Son échec de 1997 était dans le hiatus entre le diagnostic de la situation et son traitement. Les crises belge et autrichienne sont d'autres illustrations de l'incapacité des élites au pouvoir à prendre la juste mesure du problème, et aussi de celle des élites européennes en général à prendre toute la mesure de la crise du système politique autrichien. Réduire Haider et le FPÖ à un problème d'extrême droite condamne à un diagnostic partiel et donc erroné de la situation, conduit à méconnaître la profonde aspiration au changement dans un pays qui, depuis un demi-siècle, étouffe sous le consensus mou d'un système formellement bi-partisan, mais devenu factuellement une sorte de « parti unique » organisé en grande coalition, maîtresse de toute la vie politique, économique et sociale du pays. Haider est certainement une réponse erronée au problème, mais, compte tenu de la fermeture du système, la seule issue offerte à l'électorat. Quand on analyse le populisme, il faut par conséquent tenter de considérer dans le même mouvement la demande et l'offre possible ou disponible.

La deuxième dimension forte du populisme, à savoir la définition de la communauté d'appartenance, celle qui fonde la définition du peuple, est encore plus problématique. Comme toute construction de communauté, celle que promeut le populisme procède par inclusion et par exclusion.

Ce qui en revanche rend peut-être le populisme contemporain si particulier, ce sont les principes qui justifient l'inclusion et l'exclusion et qui se rattachent clairement aux théories et aux pratiques du nationalisme. Les populismes véhiculent en effet traditionnellement une vision homogène et globalisante des communautés qui dépassent les individus, leur sont antérieures et leur survivront. Les communautés sont constituées d'individus associés librement mais en vertu d'un territoire, d'une langue, d'une religion, d'un passé, bref d'un destin qui leur est commun. Cette vision n'est pas propre au populisme et on la retrouve très fréquemment, aujourd'hui encore, en Allemagne où l'influence de Fichte et de Herder a été profonde et durable. Elle apparaît comme contradictoire avec la vision dominante en France, celle propagée par Renan. Or la vision « française » non seulement n'a jamais bénéficié d'un monopole, vigoureusement contestée qu'elle était par les vues de la droite et de l'extrême droite – proches à cet égard de l'approche allemande –, mais, de surcroît, elle a souffert de nombreuses anomalies. Sous prétexte d'intégration républicaine par exemple, la politique linguistique de la France de 1870 à nos jours est plus conforme à l'idée d'une communauté fondée sur l'identité linguistique que sur le seul « vouloir vivre ensemble ».

L'idée d'une communauté organique peut pousser aussi bien dans le sens de la « réunification » que dans celui de la sécession, afin de faire coïncider les frontières de la communauté politique avec celles de la communauté de chair et de sang. C'est ainsi que Haider, à ses débuts en politique, représentait le courant négateur de l'identité autrichienne favorable au pangermanisme. Comme il semble que son opportunisme politique soit plus fort que ses principes, il abandonna rapidement un point de vue peu susceptible alors de mobiliser l'électorat autrichien. Mais à l'inverse, en tant que gouverneur de Carinthie il a multiplié les déclarations et les mesures poussant à l'isolement de la minorité slovène en particulier et des « non-germaniques » en général.

En Italie, en revanche, Bossi a cherché à justifier ses revendications autonomistes, voire indépendantistes par l'existence d'une « communauté de la Padania » constituée à partir des populations de la plaine du Pô et des Alpes. Rarement la construction d'une « communauté imaginée » aura été tentée de manière si pressante... et si maladroite !

Ailleurs, la construction de cette communauté identitaire se greffe sur des problèmes ethnolinguistiques déjà présents (comme en Flandre) ou, de manière plus diffuse, procède par l'exclusion De certains groupes considérés comme ne faisant pas partie du peuple. Les discours xénophobes trouvent là un immense champ d'expansion, alors même que, dans toutes les démocraties, les étrangers sont exclus de la citoyenneté et donc du peuple au sens politique et constituant du terme. Toutefois, des prétextes fondés sur le rejet de l'autre permettent de renforcer l'identité et le caractère « populiste » de la communauté : le droit de vote octroyé aux résidents de l'Union européenne lors des élections locales et européennes fut une occasion de choix ; l'attribution des mêmes droits sociaux aux travailleurs étrangers qu'aux salariés nationaux a également suscité ce que d'aucuns ont qualifié de *welfare chauvinism*.

Ces deux illustrations concrètes de la conception communautariste du populisme nous montrent à la fois que ce programme n'est pas son apanage exclusif et qu'il brouille les lignes de clivage habituelles. Sur une question comme celle du droit de vote aux étrangers, il n'est pas surprenant que Le Pen ait une position de rejet. Mais Villiers, Pasqua, Séguin et bien d'autres ont, c'est le moins qu'on puisse dire, des états d'âme sur le même problème. Plus que le clivage droite/gauche, c'est donc la conception de la communauté nationale qui commande les prises de position politiques pratiques. Le même brouillage intervient lorsque l'on considère le rapport entre la nation et les instances de décision et de régulation supranationales européennes ou « globales ». Là encore, les populistes sont en général à la pointe du combat contre une mondialisation destructrice des identités et des communautés. Mais ils sont loin de détenir le monopole de la critique radicale. « Souverainistes » de droite et de gauche sont prêts à faire sur ce terrain un bout de chemin ensemble.

Les uns et les autres attirent en définitive l'attention sur un problème fondamental en même temps qu'ils s'enferment dans une impasse logique : la démocratie, disent-ils tous ensemble, a été constituée au niveau de l'État-nation, ne fonctionne et n'est concevable que sous cette forme et dans ce cadre. Tout transfert ou mise en commun de souveraineté ne peut alors être perçu que comme un vecteur d'évidement de la démocratie et de son contenu. La conséquence logique est simple : il faut renoncer à ces transferts ou – version plus modérée – les limiter au minimum indispensable. Ce choix logique et d'une certaine manière rigoureux débouche malheureusement sur une contradiction fondamentale : le repli, l'enfermement au sein d'une base nationale, certes démocratique, mais sans prise sur les développements les plus importants et les plus neufs de l'activité économique et sociale. Cantonner la démocratie au seul niveau national où elle s'est historiquement épanouie signifie la reconstitution d'un blocage conceptuel analogue à celui qui sévissait avant les révolutions américaine et française, c'est-à-dire l'incapacité à concevoir la démocratie autrement que comme le régime idéal de petites cités, d'États minuscules, la Corse, par exemple, pour Rousseau. De ce point de vue, les révolutions de 1787 et 1789 ne furent pas seulement des révolutions sociales, mais aussi un renversement complet de perspective. La mondialisation ou, à l'échelle régionale, la construction européenne nous invitent à une utopie similaire plutôt qu'à la crispation sur un passé révolu.

Là encore, le populisme dans ses diverses expressions et manifestations peut être salutaire non pas tant par les solutions qu'il propose que par les problèmes sur lesquels il attire l'attention. La solution du repli identitaire et communautaire – dont on a vu la pire expression dans l'implosion de l'ex-Yougoslavie – ne résoudra aucun des défis de la mondialisation. Elle ne pourra malheureusement que renforcer le constat que de plus en plus d'éléments fondamentaux de la condition humaine échappent à toute régulation politique. En revanche, la question que soulève le populisme dans ses formes radicales ou larvées est non seulement pertinente mais cruciale : comment restituer au champ démocratique ce qui, depuis vingt ans, tend à lui échapper sous la double pression du marché et de la mondialisation ? Sauf à se résigner à ce que la démocratie ne concerne que l'accessoire et non le principal, à ce que des pans entiers de l'activité économique et sociale lui soient soustraits au nom de l'efficacité du marché et des impératifs de la mondialisation, la situation présente et plus encore celle à venir sont inacceptables. Dans ce monde global où le « peuple » en tant qu'instance mythique de référence est encore à construire, il n'y a place au mieux que pour quelques gardiens, quelques *watchers*, au demeurant bien faibles et peu légitimes : quelques autorités de régulation, quelques cours ou tribunaux de création récente ou en voie de constitution. Mais *who will watch the watchers ?* : qui gardera les gardiens ? – pour reprendre l'expression américaine.

La mondialisation de l'économie, de la finance, de l'environnement, etc. n'est plus un rêve, mais une réalité bien tangible. Elle nous appelle pourtant à penser l'utopie, celle d'une communauté ouverte, en construction, capable progressivement de se constituer en une *polity* globale et donc en tant que telle soumise au politique. Le chemin à parcourir est au rebours de ce que proposent les populismes réactivés depuis quelques années dans les systèmes politiques européens. Encore une fois, il est utile de rappeler que le populisme existera tant qu'existera la démocratie, sinon comme régime politique effectif, du moins comme modèle de référence idéal de l'organisation politique. Sa mobilisation (privilégiée mais non exclusive) par la droite radicale des sociétés occidentales postindustrielles n'est sans doute qu'une occurrence historique. Pour autant, les préoccupations implicitement portées par ces acteurs et ces mouvements sont stimulantes. Il est en effet inacceptable que la démocratie se réduise comme peau de chagrin, qu'elle se rétracte sur les problèmes du voisinage ou du pays, bref du ghetto dans un monde par ailleurs universalisé. Si nous refusons le populisme identitaire et tribal, il nous reste alors à construire la citoyenneté du monde, une cité cosmopolite. Encore un mot que le populisme abhorre...

BIBLIOGRAPHIE

ANDERSEN J. G. et BJØRKLUND T. (1990), « Structural Changes and New Cleavages : the Progress Parties in Denmark and Norway », *Acta Sociologica*, 33 (3), pp. 195-217.

ANDERSEN J. (1992), « Denmark : the Progress Party-Populist Neo-Liberalism and Welfare State Chauvinism », *in* Hainsworth P. (ed.), *The Extreme Right in Europe and the USA*, London, Pinter Publishers, pp. 193-205.

ANDERSON B. (1991), *Imagined Communities*, London/New York, Verso.

ARTER D. (1999), « Party System Change in Scandinavia since 1970 : "Restricted Change" or "General Change" ? », *West European Politics*, 22 (3), pp. 139-158.

BACHRACH P. (1967), *The Theory of Democratic Elitism. A Critique*, Boston, Little Brown.

BADIE B. et HERMET G. (1990), *Politique comparée*, Paris, PUF.

BADIE B. (1986), *Les Deux États*, Paris, Le Seuil.

BARBER B. (1995), *Jihad vs McWorld. How Globalism and Tribalism Are Reshaping The World*, New York, Ballantine Books.

BARTOLINI S. (1999), « Collusion, Competition and Democracy. Part I », *Journal of Theoretical Politics*, 11 (4), octobre, pp. 435-470.

BARTOLINI S. (2000), « Collusion, Competition and Democracy. Part II », *Journal of Theoretical Politics*, 12 (1), janvier, pp. 33-65.

BARTOLINI S. et MAIR P. (1990), *Identity, Competition and Electoral Availability : the Stabilisation of European Electorates 1885-1985*, Cambridge, Cambridge University Press.

BETZ H.-G. et IMMERFALL S. (1998), *New Politics of the Right : Neo-Populist Parties and Movements in Established Democraties*, Basingstoke, Macmillan.

BETZ H.-G. (1994), *Radical Right-Wing Populism in Western Europe*, New York, St. Martin's Press.

BETZ H.-G. (1993), « The New Politics of Resentment : Radical Right-Wing

Populist Parties in Western Europe », *Comparative Politics*, 25 (4), pp. 413-427.

BEYME K. von (1996), « Party Leadership and Change in Party systems : Towards a Postmodern Party State ? », *Government and Opposition*, 31 (2), pp. 135-139.

BEYME K. von (1988), « Right-Wing Extremism in Post-War Europe », *Government and Opposition*, 11 (2), pp. 1-18.

BIORCIO, R. (1991/92). « The Rebirth of Populism in Italy and France », *Telos*, 90, Winter, pp. 43-56.

BIRENBAUM G. (1992), *Le Front national en politique*, Paris, Balland.

BIRNBAUM P. (1979), *Le Peuple et les Gros*, Paris, Grasset.

BLONDEL J. (1998), « Governments and Supporting Parties : What Relationship can one expect in the Twentieth Century », *European Review*, 6 (2), mai, pp. 175-190.

BOSSI U. (1995), *Tutta la verita*, Milano, Sperling & Kupfer Editori.

BOSSI U. et VIMERCATI D. (1993), *La Rivoluzione. La Lega : Storia e Idee*, Milan, Sperling & Kupfer.

BOSSI U. (1992), *Vento dal Nord*, Milan, Sperling & Kupfer.

BOY D. et MAYER N. (dir.) (1997), *L'électeur a ses raisons*, Paris, Presses de Sciences Po.

BRAUD P. (1997), *Science politique. 1. La Démocratie*, Paris, Le Seuil.

BRAUD P. (1996), *L'Émotion en politique*, Paris, Presses de Sciences Po.

BRÉCHON P. (1993), *La France aux urnes*, Paris, La Documentation française.

BRÉCHON P. et MITRA S. (1992), « The National Front in France : The Emergence of an Extreme Right Protest Movement », *Comparative Politics*, 25 (1), pp. 63-82.

BURNS J. (1978), *Leadership*, New York, Harpen & Row.

CANOVAN M. (2000), « Taking Politics to the People. Populism as the Ideology of Democracy », *Workshop on Populism*, European University Institute, 14-15 janvier, non publié.

CANOVAN M. (1999), « Trust the People ! Populism and the Two Faces of Democracy », *Political Studies*, 47 (1), pp. 2-16.

CANOVAN M. (1987), *Populism*, New York and London, Harcourt Brace Jovanovich.

CANOVAN M. (1981), *Populism*, London, Junction.

CHARLOT M. (1986), « L'émergence du Front national », *Revue française de science politique*, 36, février, pp. 31-45.

CHELES L., FERGUSON R. et VAUGHAN M. (eds.) (1995), *Neo-Fascism in Europe*, Burnt Mill, Longman.

CHIRAC J. (1994), *La France pour tous*, Paris, NiL Éditions.

COBB R. et ULDER C. (1972), *Participation in American Politics. The Dynamics of Agenda-Building*, Baltimore, Johns Hopkins University Press.

COHEN E. (1997), « Mondialisation et souveraineté économique », *Le Débat*, n° 97, pp. 20-32.

CROUCH C. (1999), *Social Change in Western Europe*, London, Oxford University Press.

CROZIER M., HUNTINGTON S. et WATANUKI J. (1975), *The Crisis of Democracy. Report on the Governability of Democracies to the Trilateral Commission*, New York, New York University Press.

CURTIS M. (1985), « Populismo : destra o sinistra ? », *Rivista Italiana di Scienza Politica*, XV, n° 23, décembre, pp. 460-461

DAHL R.A. (1999), *The Past and Future of Democracy*, Occasional Papers, CIRCAP, Siena, 5.

DAHL R. (1989), *Democracy and its Critics*, New Haven and London, Yale University Press.

DALTON R. (1996), *Citizen Politics. Public Opinion and Political Parties in Advanced Industrial Democracies*, Chatham, Chatham House.

DALTON R. et KUECHLER M. (dir.) (1990), *Challenging the Political Order. New Social and Political Movements in Western Democracies*, Cambridge, Polity Press.

DALTON R. (1988), *Citizen Politics in Western Democracies : Public Opinion and Political Parties in the United States, Britain, West Germany and France*, Chatam NJ, Chatam House.

DIAMANTI I. (1995), *La Lega : Geografia, Storia e Sociologia di un Nuovo Soggetto Politico*, Roma, Donzello.

DIAMANTI I. (1993), *La Lega*, Rome, Donzelli.

DIAMANTI I. (1992), « La Mia Patria è il Veneto. I Valori e la Potesta Politica delle Leghe », *Polis*, 6, août, pp. 225-255.

DONEGANI J.M. et SADOUN M. (2000), « Les vertus dormitives de l'opium judiciaire », *Le Débat*, 108, (janvier), p. 52.

DONEGANI J.M. et SADOUN M. (1988), *La Ve République, naissance et mort*, Paris, Calmann-Lévy.

DYSON K. et FEATHERSTONE K. (1999), *The Road to Maastricht : Negotiating Economic and Monetary Union*, Oxford, Oxford University Press.

ELLIS R. (1991), « Explaining the Occurrence of Charismatic Leadership in Organizations », *Journal of Theoretical Politics*, 3 (3), juillet, pp. 305- 319.

ESPING-ANDERSEN G. (1999), *Social Foundations of Postindustrial Economies*, Oxford, Oxford University Press.

ETZIONI A. (1975), *A Comparative Analysis of Complex Organizations*, New York, Free Press.

EVANS J. (1998), *Electoral Deviancy as Normality : Modelling Left-Wing Voter Defection to the Extreme Right in France*, Thèse de doctorat, Florence, Institut universitaire européen.

FINLEY M. (1994), *L'Invention de la politique. Démocratie et politique en Grèce et dans la Rome républicaine*, Paris, Flammarion.

FLANAGAN S.C. (1987), « Value Change in Industrial Society », *American Political Science Review*, 81, p. 1303.

FLIGSTEIN N. (1997), « Rhétorique et réalités de la "mondialisation" », *Actes de la recherche en sciences sociales*, n° 119, p. 38

FRITZ G. (1988), *L'Idée de peuple en France*, Strasbourg, Presses universitaires de Strasbourg.

GALLAGHER M., LAVER M. et MAIR P. (1995), *Representative Government in Modern Europe*, London, McGraw-Hill.

GAXIE D. (1996), *La Démocratie représentative*, Paris, Montchrestien.

GEERTZ C. (1964), « Ideology as a Cultural System », *in* Apter D.E. (dir.), *Ideology and Discontent*, New York, The Free Press.

GERMANI G. (1978), *Authoritarianism, Fascism and National-Populism*, New Brunswick, Transaction.

GOODWYN, L. (1978), *The Populist Moment*, Oxford, Oxford University Press.

HAGUE R. et HARROP M. (1982), *Comparative Government*, London, MacMillan.

HAIDER J. (1993b), *Die Freiheit, die ich meine*, Berlin, Ullstein.

HAINSWORTH P. (dir.) (1992), *The Extreme Right in Europe and the USA*, London, Pinter.

HARMEL R. et SVÅSAND L. (1997), « The Influence of New Parties on Old Parties Platforms : the Cases of the Progress Parties and Conservative Parties of Denmark and Norway », *Party Politics*, vol. 3, n° 3, pp. 315-340.

HARMEL R. et SVÅSAND L. (1993), « Party Leadership and Party Institutionalisation : Three Phases of Development », *West European Politics*, 16 (2) (avril), pp. 67-88.

HASSENTEUFEL P. (1999), « Le national-populisme, un populisme du Welfare ? », Congrès de l'Association française de science politique, IEP de Rennes (28 septembre-1er octobre), Table ronde n° 5, « Le national-populisme en Europe », rapporteur général : Pascal Perrineau.

HASSENTEUFEL P. (1991), « Structures de représentation et "Appel au peuple". Le populisme en Autriche », *Politix*, 14, pp. 97-98.

HAYWARD J. (1996), *Elitism, Populism and European Politics*, Oxford, Oxford University Press.

HELD D., MCGREW A., GOLDBLATT D. et PERRATON J. (1999), *Global Transformations*, Stanford, Stanford University Press.

HELMS L. (1997), « Right-Wing Populist Parties in Austria and Switzerland », *West European Politics*, 20 (2), pp. 37-52.

HERTZKE A. (1993), *Echoes of Discontent. Jesse Jackson, Pat Robertson, and the Resurgence of Populism*, Washington, Congressional Quaterly.

HICKS J.D. (1961), *The Populist Revolt*, Lincoln, University of Nebraska Press.

HOBBES T. (1971), *Léviathan*, Paris, Sirey.

HOFFMANN S. (1956), *Le Mouvement Poujade*, Paris, Colin.

IGNAZI P. (1996a), « The Intellectual Basis of Right-Wing Anti-Partyism », *European Journal of Political Research*, 29, pp. 279-296.

IGNAZI P. (1996b), « The Crisis of Parties and the Rise of New Political Parties », *Party Politics*, vol. 2, n° 4, p. 550.

IGNAZI P. (1994), *L'Estrema Destra in Europa*, Bologna, Il Mulino.

IGNAZI P. (1992a), « The Silent Counter-Revolution. Hypothesis on the Emergence of Extreme Right-Wing Parties in Europe », *European Journal of Political Research*, 22 (3), pp. 3-34.

IGNAZI P. et YSMAL C. (1992b), « New and Old Extreme Right Parties : The French Front national and the Italian Movimento Sociale », *European Journal of Political Research*, 22 (1), pp. 101-121.

IMMERFALL S. (1996), « Party Politics of the Right : Neo-Populist Parties and the Future of the West European Party System », *West European Politics*, 19 (2), pp. 410-415.

INGLEHART R. (1990), *Culture Shift in Advanced Industrial Society*, Princeton, Princeton University Press.

INGLEHART R. (1977), *The Silent Revolution*, Princeton NJ, Princeton University Press.

IONESCU G. et GELLNER E. (dir.) (1969), *Populism : Its Meanings and National Characteristics*, London, Weidenfeld and Nicolson.

JACKMAN R.W. et VOLPERT K. (1996), « Conditions Favouring Parties of the Extreme Right in Western Europe », *British Journal of Political Science*, 26, pp. 501-521.

JONES B.D. (dir.) (1989), *Leadership and Politics : New Perspectives in Political Science*, Lawrence, University Press of Kansas.

JULLIARD J. (1997), *La Faute aux élites*, Paris, Gallimard.

JULLIARD J. (1992), « Le peuple », *in* Nora P. (dir.), *Les Lieux de mémoire*, III. *Les France*, 1. *Conflits et partages*, Paris, Gallimard.

KATZ D. (1973), « Patterns of Leadership », *in* Knutson J.N. (dir.), *Handbook of Political Psychology*, San Francisco, Jossey Bass Publishers, p. 211 *sq.*

KATZ R.S. et MAIR P. (1995), « Changing Models of Party Organization and Party Democracy : The Emergence of the Cartel Party », *Party Politics*, 1 (1), janvier, pp. 5-28.

KAZIN M. (1995), *The Populist Persuasion*, New York, Basic Books.

KITSCHELT H. (1997), « European Party Systems : Continuity and Change », *in* Rhodes M., Heywood P. et Wright V. (dir), *Developments in West European Politics*, London, MacMillan.

KITSCHELT H. (1995), en collaboration avec MCGANN A., *The Radical Right in Western Europe*, Ann Arbor, University of Michigan Press.

KITSCHELT H. (1986), « Political Opportunity Structures and Political Protest : Anti-Nuclear Movements in Four Countries », *British Journal of Political Science*, 16 (1), pp. 57-85.

KLINGEMANN H.-D. et FUCHS D. (1998), *Citizens and the State*, Oxford, Oxford University Press.

KNIGHT R. (1992), « Haider, the Freedom Party and the Extreme Right in Austria », *Parliamentary Affairs*, 45 (3), pp. 285-299.

KRAUSHAAR W. (1986), « Die Neue Leutseligkeit », *in* Dubiel H. (ed.), *Populismus und Aufklärung*, Frankfurt am Main, Suhrkamp, pp. 278-315.

KRIESI H. (1998), « The Transformation of Cleavage Politics. The 1997 Stein Rokkan Lecture », *European Journal of Political Research*, 33, pp. 165-185.

KRIESI H. (1993), *Political Mobilization and Social Change : The Dutch Case in Comparative Perspective*, Aldershot, Averbury.

LAGROYE J. (1993), *Sociologie politique*, Paris, Presses de la FNSP.

LASCOUMES P. (1999), *Corruptions*, Paris, Presses de Sciences Po.

LASCOUMES P. (1997), *Élites irrégulières. Essai sur la délinquance d'affaires*, Paris, Gallimard.

LAVAU G. (1981), *À quoi sert le PCF ?*, Paris, Fayard.

LAVAU G. (1969), « Le Parti communiste dans le système politique français », *in* Bon F. *et al.*, *Le Communisme en France*.

LAWSON K. et MERKL P.H. (dir.) (1988), *Why Parties Fail : Emerging Alternative Organizations*, Princeton, Princeton University Press.

LECA J. (1996), « La démocratie à l'épreuve du pluralisme », *Revue française de science politique*, 46 (2), pp. 225-279.

LECA J. (1994), « Types de pluralisme et la viabilité de la démocratie », Communication au XVIe Congrès de l'AISP, Berlin, août.

LE GALL G. (1996), « La tentation du populisme », in *Sofres – L'État de l'opinion*, Paris, Le Seuil, pp. 187-211.

LEGA NORD (1994), *Proposta di Riforma Federalista della Costituzione della Repubblica Italiana*, Varese.

LIPSET S.M. et SCHNEIDER W. (1983), *The Confidence Gap*, New York, Free Press.

LIPSET S. et ROKKAN S. (dir.) (1967), *Party Systems and Voter Alignments*, New York, The Free Press.

MAIR P. (2000), « Populist Democracy, Party Democracy, and the Blair Paradox », Workshop on Populism, European University Institute, 14-15 janvier; non publié.

MAIR P. (1998), « Representation and Participation in the Changing World of Party Politics », *European Review*, 6 (2), mai, pp. 161-174.

MAIR P. (1993), « Myths of Electoral Change and the Survival of Traditional Parties », *European Journal of Political Research* (Stein Rokkan lecture), 24, pp. 121-133.

MAIRET G.R. (1997), *Le Principe de souveraineté*, Paris, Gallimard.

MANIN B. (1995), *Principes du gouvernement représentatif*, Paris, Calmann-Lévy.

MANNHEIMER R. (1994), « La Natura Composita dell'Eletorato Leghista », *in* Mannheimer R. et Sani G. (dir.) (1994), *La Rivoluzione Elettorale*, Milan, Anabasi, pp. 119-148.
MANNHEIMER R. (1993a), « The Electorate of the Lega Nord », *in* Pasquino G. et McCarthy P. (dir.) *The End of Post-War Politics in Italy*, Boulder, Westview Press, pp. 85-107.
MANNHEIMER R. (1993b), « L'eletoratto della Lega Nord », *Polis*, 2, août, pp. 253-274.
MANNHEIMER R. (1992), « Gli Elettori e Simpatizzanti della Lega Lombarda dopo le Elezioni Politiche del 1992 », paper presented at the Annual Conference of the American Political Science Association, Chicago.
MANNHEIMER R. (1991), *La Lega Lombarda*, Milano, Feltrinelli.
MARKS G., SCHARPF F., STREECK W. et SCHMITTER P. (1996), *Governance in the European Union*, London, Sage.
MAYER N. (1999), *Ces Français qui votent FN*, Paris, Flammarion.
MAYER N. (1996), « The National Front Vote and Right-Wing Extremism (1988-1995) », *Research on Democracy and Society*, 3, pp. 197-222.
MAYER N. et PERRINEAU P. (1992), « Why Do They Vote for Le Pen ? », *European Journal of Political Research*, 22 juillet, pp. 123-141.
MAYER N. et PERRINEAU P. (1989), *Le Front national à découvert*, Paris, Presses de la Fondation nationale de sciences politiques.
MAZZOLENI G. et SCHULZ W. (1999), « Mediatization of Politics : A Challenge for Democracy », *Political Communication*, 16 (3), juillet/septembre, pp. 247-261.
MÉGRET B. (1997), *L'Alternative nationale*, Saint-Cloud, Éditions nationales.
MELANDRI P. (1997), « La rhétorique populiste aux États-unis », *Vingtième Siècle. Revue d'histoire*, 56, p. 190.
MÉNY Y. et RHODES M. (dir.) (1998), *The Future of European Welfare : a New Social Contract ?*, Basingstoke, Macmillan.
MÉNY Y. et KNAPP A. (1998), *Governments and Politics in Western Europe*, Oxford, Oxford University Press.
MÉNY Y. (1992), *La Corruption de la République*, Paris, Fayard.
MERKL P. et WEINBERG L. (dir.) (1997), *The Revival of Right Wing Extremism in the Nineties*, London, Frank Cass.
MICHELAT G. et SIMON M. (1977), *Classe, religion et comportement politique*, Paris, Presses de la Fondation nationale des sciences politiques.
MICHELS R. (1971), *Les Partis politiques*, Paris, Flammarion.
MILLER A.H. et LISTHAUG O. (1990), « Political Parties and Confidence in Government : A Comparison of Norway. Sweden and the United States », *British Journal of Political Science*, 29 (3), pp. 357-386.
MINKENBERG M. (1992), « The New Right in Germany : The Transformation of Conservatism and the Extreme Right », *European Journal of Political Research*, 22 (1), juillet, pp. 55-81.

MOSCA G. (1974), *La Classe Politica*, Bari, Laterza.

MOUZELIS N. (1985), « On the Concept of Populism : Populist and Clientelist Modes of Incorporation in Semiperipheral Polities », *Politics and Society*, vol. 14, pp. 329-348.

MUDDE C. (1999), « The Single-Issue Party Thesis : Extreme-Right Parties and the Immigration Issue », *West European Politics*, 22 (3), juillet, pp. 182-198.

MUDDE C. (1996), « The War of Words. Defining the Extreme Right Party Family », *West European Politics*, 19 (2), pp. 225-248.

MUDDE C. (1995), « Right-Wing Extremism Analyzed. A Comparative Analysis of the Ideologies of Three Alleged Right-Wing Extremist Parties (NPD, NDP, CP'86) », *European Journal of Political Research*, 27 (2), pp. 203-224.

MÜLLER-ROMMEL F. (1998), « The New Challenges : Greens and Right-Wing Populist Parties in Western Europe », *European Review*, 6 (2), mai, pp. 191-202.

MÜLLER-ROMMEL F. (dir.) (1989), *New Politics in Western Europe*, Boulder, Westview Press.

NEVEU E. (1997), *Une société de communication ?*, Paris, Montchrestien.

NEVEU E. (1996), *Sociologie des mouvements sociaux*, Paris, La Découverte.

NORRIS P. (1999), *Critical Citizens. Global Support for Democratic Government*, Oxford, Oxford University Press.

OAKESHOTT M. (1996), *The Politics of Faith and the Politics of Scepticism*, New Haven, Yale University Press.

OFFE C. (1987), « Challenging the Boundaries of Institutional Politics : Social Movements Since the 1960s » *in* Maier C. (dir.) *Changing the Boundaries of the Political*, Cambridge, Cambridge University Press, pp. 63-105.

OFFERLÉ M. (1998), *Sociologie des groupes d'intérêt*, Paris, Montchrestien.

OHMAE K. (1990), *The Borderless World*, New York, Harper Collins.

OSTROGORSKI M. (1993), *La Démocratie et les partis politiques*, Paris, Fayard.

PARETO V. (1968), *Traité de sociologie générale*, Genève, Droz.

PERRINEAU P. (1997), *Le Symptôme Le Pen*, Paris, Fayard.

PERRINEAU P. (1995), « La dynamique du vote Le Pen : le poids du gaucho-lepénisme » *in* Perrineau P. et Ysmal C. (dir.) *Le Vote de crise*, Paris, Presses de Sciences Po, pp. 243-262.

PERRINEAU P. (1988), « Front national : l'écho politique de l'anomie urbaine », *Esprit*, mars-avril, p. 22-38.

PHARR S. and PUTNAM R. (dir.) (2000), *Why Western Citizens Don't Trust their Governments*, Princeton, Princeton University Press.

PITKIN H. (1967), *The Concept of Representation*, Berkeley, University of California Press.

POGUNTKE T. (1996), « Anti-Party Sentiment. Conceptual Thoughts and

Empirical Evidence : Explorations into a Minefield », *European Journal of Political Research*, 29, pp. 319-644.

POMBENI P. (1998), « Typologie des populismes en Europe (XIe-XXe siècles) », *Vingtième Siècle. Revue d'histoire*, 56, pp. 48-77.

PRZEWORSKI A. (1985), *Capitalism and Social Democracy*, Cambridge, Cambridge University Press.

PUJAS V. et RHODES M. (1999), « Party Finance and Political Scandal in Italy, Spain and France », *West European Politics*, 22 (3), pp. 41-63.

RECCHI E. (1996), « Parliamentary Recruitment and Consociationalism in the First and Second Italian Republics », *West European Politics*, 19 (2), avril, pp. 340-360.

RIEDLSPERGER M. (1992), « Heil Haider ! The Revitalization of the Austrian Freedom Party Since 1986 », *Politics and Society in Germany, Austria and Switzerland*, 4 (3), pp. 18-58.

RIEDLSPERGER M. (1989), « FPÖ : Liberal or Nazi ? », *in* Parkinson F. (dir.) *Conquering the Past : Austrian Nazism Yesterday & Today*, Detroit, Wayne State University Press, pp. 257-278.

RUZZA C. E. et SCHMIDTKE (1993), « Roots of Success of the Lega Lombarda : Mobilization Dynamics and the Media », *West European Politics*, 16 (2), pp. 1-23.

SADOUN M. (dir.) (2000), *La Démocratie en France*, Paris, Gallimard, 2 vol.

SARTORI G. (1976a), *Democratic Theory*, Westport, Greenwood Press.

SARTORI G. (1976b), *Parties and Party Systems*, Cambridge, Cambridge University Press.

SCHAIN M. (1990), « Immigration and Politics », *in* Hall P. A., Hayward J. et Machin H. (dir.) *Developments in French Politics*, New York, St. Martin's Press, pp. 253-268.

SCHAIN M. (1987), « The National Front in France and the Construction of Political Legitimacy », *West European Politics*, 10, avril, pp. 229-252.

SHAPIRO I. et HACKER-CÓRDON C. (eds.) (1999), *Democracy's Edges*, Cambridge, CUP.

SCHATTSCHNEIDER E. (1975), *The Semisovereign People. A Realistic View of Democracy in America*, Hinsdale, Dryden Press.

SCHARPF F. (2000), *Gouverner l'Europe*, Paris, Presses de Sciences Po.

SCHARSACH H.-H. (1992), *Haider's Kampf*, Vienna, Orac.

SCHEDLER A. (dir.) (1997), *The End of Politics ?*, Basingstoke, MacMillan.

SCHEDLER A. (1996), « Anti-Political-Establishment Parties », *Party Politics*, 2 (3), pp. 291-312.

SHIELDS J.G. (1991), « The Politics of Disaffection : France in the 1980s », *in* Gaffney J. et Kolinsky E. (dir.), *Political Culture in France and Germany*, London/New York, Routlegde, pp. 69 90.

SHILS E. A. (1956), *The Torment of Secrecy*, London, William Heinemann Ltd.

SCHUMPETER J. (1990), *Capitalisme, Socialisme et Démocratie*, Paris, Payot.

Sofres-L'État de l'opinion, 1993 et années successives, Paris, Le Seuil.

SOUCHARD M., WAHNICH S., CUMINAL I. et WATHIER V. (1997), *Le Pen. Les mots. Analyse d'un discours d'extrême droite*, Paris, Le Monde Éditions.

STATERA G. (1986), *La Politica-spettacolo*, Milan, Mondadori.

STEIN M. (1973), *The Dynamics of Right-Wing Protest : A Political Analysis of Social Credit in Quebec*, Toronto, University of Toronto Press.

STORING H. (dir.), *The Complete Anti-Federalist*, vol. II, 9, 42.

SVENSSON P. et TOGEBY L. (1991), « The Political Mobilization of the New Middle Class in Denmark during the 1970s and 1980s », *West European Politics*, 14 (4), pp. 149-168.

SWYNGEDOUW M. (1995a), « The "Threatening Immigrant" in Flanders 1930-1980 : Redrawing the Social Space », *New Community*, 21 (3), 325-340.

SWYNGEDOUW M. (1995b), « Les nouveaux clivages dans la politique belgo-flamande », *Revue française de science politique*, 45 (5), pp. 775-790.

SWYNGEDOUW M. (1992a), « National Elections in Belgium : The Breakthrough of Extreme Right in Flanders », *Regional Politics and Policy*, 2 (3), pp. 62-75.

TAGGART P. (2000), « Populism and the Pathology of Representative Politics », *Workshop on Populism*, European University Institute, 14-15 janvier, non publié.

TAGGART P. (1996), *The New Populism and the Politics : New Protest Parties in Sweden in a Comparative Perspective*, Basingstoke, MacMillan.

TAGGART P. (1995), « New Populist Parties in Western Europe », *West European Politics*, 18 (1), pp. 34-51.

TAGUIEFF P.-A. (1997), « Le populisme et la science politique. Du mirage conceptuel aux vrais problèmes », *Vingtième Siècle. Revue d'histoire*, 56.

TAGUIEFF P.-A. (1986), « La doctrine du national-populisme en France », *Études*, janvier, pp. 27-46.

TRIBUTSCH G. (dir.) (1994), *Schlagwort Haider. Ein politisches Lexicon seiner Aussprüche von 1986 bis heute*, Wien, Falter Verlag.

VAUGHAN M. (1991), « The Extreme Right in France : "Lepenisme" or the Politics of Fear », *in* Cheles L., Ferguson R. et Vaughan M. (dir.) *Neo-Fascism in Europe*, London, Longman.

VEEN H.-J., LEPSZY N. et MNICH P. (1993), *The Republikaner in Germany : Right-Wing Menace or Protest Catchall ?*, Westport, Praeger.

VENTURI F. (1960), *Roots of Revolution : A History of the Populist and Socialist Movements in Nineteenth Century Russia*, London, Weidenfeld.

WALICKI A. (1969), *The Controversy Over Capitalism : Studies in the Social Philosophy of the Russian Populists*, Oxford, Clarendon Press.

WARE A. (1996), *Political Parties and Party Systems*, Oxford, Oxford University Press.

WEBER M. (1995), *Économie et Société*, Paris, Pocket.

WEBER M. (1963), *Le Savant et le Politique*, Paris, Plon.

WELSH W. (1979), *Leaders and Elites*, New York, Holt, Rinehart & Winskin.

WESTHIND D. (1996), *The Politics of Popular Identity : Understanding Recent Populist Movements in Sweden and the United States*, Lund, Lund University Press.

WESTLE B. et NIEDERMAYER O. (1992), « Contemporary Right-Wing Extremism in West Germany : "The Republicans" and their Electorate », *European Journal of Political Research*, 22 (1), pp. 83-100.

WOODS D. (1992), « The Centre No Longer Holds : The Rise of Regional Leagues in Italian Politics », *West European Politics*, 15 (2), avril, pp. 56-76.

Table des matières

CHAPITRE III
Aux sources du populisme contemporain

CHAPITRE IV
Au(x) nom(s) du peuple

CHAPITRE V
Populismes et systèmes de partis en Europe

CHAPITRE VI
Les mobilisations populistes

Impression réalisée sur CAMERON par
BRODARD ET TAUPIN
La Flèche

pour le compte des Éditions Fayard
en juillet 2000

Imprimé en France
Dépôt légal : juillet 2000
N° d'édition : 5158 – N° d'impression : 3280
35-62-0277-02/0
ISBN : 2-213-60077-5